글쓰기는
주제다

글쓰기는 주제다

아카넷

세종대왕은 훈민정음 창제 이유를 이렇게 설명하고 있다.

어리석은 백성이 이르고자 하는 바가 있어도 마침내 그 뜻을 실어 펴지 못하는 사람이 많다. 그래서 내가 스물넉 자를 새로 만들었으니 모두 쉽게 배워서 일상생활에 편하게 사용하기 바란다.

백성들이 어려운 한자로 자기 생각을 적지 못하는 것이 안타까워서, 배우기 쉽고 쓰기 쉬운 훈민정음, 곧 한글을 지었다는 말이다. 이런 의미에서 우리는 한글로 문자 생활을 아주 쉽게 할 수 있게 되었으니 어느 민족 못지않게 광범위하게 글쓰기 생활을 해 왔어야 한다. 좋은 글을 많이 써서 우리 자신은 물론이고 세계 사람들에게 유익한 글을 많이 제공했어야 한다. 그러나 우리 현실은 전혀 그렇지 못했다. 배우기 쉽고 쓰기 쉬운 글자를 가지고 있으면서도 글쓰기를 제대로 하지 않았던 것이다. 글자가 쉽다고 해서 그 민족이 좋은 글을 많이 써 낸다는 보장이 없는 셈이다. 왜 그럴까? 글에는 글의 논리가 있는데 그것을 갈고 닦는 노력을 하시 않았기 때문이다. 이 책은 글의 논리를 밝혀 모든 사람이 쉽게 글쓰기를 하도록 이끄는 것을 목표로 삼는다.

나는 우리나라 사람들이 지금보다 훨씬 더 많은 글을 써야 한다고 생각하며 다양한 부문에서 글로 소통할 수 있기를 바란다. 그래서 누구나 살아가면서 최소한 몇 권의 책을 저술하고, 한 해에 몇 편의 글을 이런저런 매체에 기고하여야 한다고 생각한다. 글로 소통하는 사회가 말로 소통하는 사회보다 더 문화적이고 발전적이라고 믿기 때문이다.

안타깝게도 많은 사람이 글을 쓰는 것을 어려워하고 심지어 두려워한다. 숫제 글쓰기는 자기와 상관없는 일처럼 생각하기도 한다. 모든 일이 그렇듯이 자기와 상관없는 일이라고 생각하면 진짜로 상관없는 일이 되지만, 관심을 가지고 시도해 보면 뜻밖에도 자기의 삶을 보람차게 해 주는 경우가 많다. 글쓰기도 마찬가지다. 나는 글쓰기가 어렵다고 생각하는 사람들에게 글을 쓴다는 것이 사실은 단순한 일이어서 누구나 할 수 있는 일임을 설명하고 이분들이 글쓰기를 시작하도록 이끌고 싶다.

현대인은 자기가 속한 사회의 일원으로서 가지는 권한과 책임에 부응하는 주체적인 삶을 살고자 한다. 특히 민주주의를 근간으로 삼는 민주 사회에서는 몇 명의 천재나 소수의 지도자에게 자신의 운명을 맡기지 않고 지도자로 하여금 자신들이 행복해질 수 있는 정책을 시행하도록 요구하고 감시하며 견제하는 일을 하고자 한다. 그러려면 국가나 지방자치단체, 기업 등 모든 단위의 사회에서 자신의 운명을 결정하는 의사결정 과정에 참여하고 그 결과에 따른 이익과 손해를 감수해야 한다. 글쓰기는 현대인이 참여를 통한 권한과 책임의 공유를 가능하게 하고 서로 다른 생각을 조율하는 데 사용할 수 있는 가장 품위 있는 '연장'이다. 그래서 현대인은 글쓰기를 해야 한다. 글쓰기는 현대인의 권리이자 의무이다.

이름 있는 작가나 저술가 또는 글쓰기 지도자에게 글쓰기 요령을 물으면 어김없이 하는 말이 있다. "좋은 작품을 베껴 써 보세요." 잘 된 글을 베껴 쓰다 보면 글쓰기가 자연스럽게 된다는 것이다. 실제로 많은 사람들이 이런 방식으로 글쓰기를 연습하고 또 작은 성공을 거두기도 한다. 미술에서도 이 방법이 곧잘 쓰인다. 유명한 화가의 작품을 모사하여 그 화가의 기술을 습득하는 방법으로 그림을 배우는 것이다. 세상에는 새로운 것이 없으므로 앞선 사람의 것을 모방하여 자기 것 또는 새로운 것을 만든다는 논리는 어느 부분에서는 타당하다. 그러나 글쓰기를 전업으로 삼으려는 사람에게 개인적으로 그렇게 해 보라고 권할 수 있을지언정 그것을 글쓰기 원리로 제시하는 것은 바람직하지 않다. 누구의 글을 베끼고 누구의 그림을 흉내 내느냐에 따라서 자칫 그 사람의 아바타가 될 수 있기 때문이다(아바타가 되는 데까지 이르지 못하는 경우가 더 흔하다). 한 작품을 깊이 있게 이해하기 위해서 베끼는 것은 무방한 일이지만 글쓰기에 두려움을 가지고 있는 사람에게 명작 베끼기는 추천할 만한 방법이 아니다.

글쓰기는 매우 단순한 작업이다. 모든 글은 주제 제시와 그 뒷받침이라는 단순한 구도로 파악할 수 있기 때문이다. 이것이 글의 논리이다. 문학 작품을 쓰는 작가에게는 주제 제시와 뒷받침 작업을 사건의 전개나 표현의 문제로 승화시켜야 하는 절박한 문제가 있어서 단순히 주제 제시와 뒷받침만을 요구할 수 없지만, 일반인에게는 이 두 요소만으로 글쓰기를 지도해도 전혀 부족함이 없다. 논문을 쓰거나 보고서를 제출하는 일, 사건을 기록하고 여행기를 쓰고 싶은 경우, 안내문이나 제안서, 기안문을 쓸 일 등을 비롯해 자기 경험을 여러 사람과 나누고 싶어서 글을 쓰고자 하는 사람이라면 주제 제시와 그 뒷받침이라는 간단한 원리를 이해하는 것만으로도 얼마든지 좋은 글을 쓸 수 있다. 그래서 이 책은 '주제'와 '주제화'라는 두 개념을 중심으로 글쓰기를 안내한다.

이 책은 네 개의 장으로 되어 있다. 제1장에서는 주제와 주제화에 관하여 설명한다. 주제를 제시하는 방법, 곧 주제문 쓰기에 대해 설명하고, 글을 주제문에 접근시키는 방법(이것을 주제화라고 한다)에 대해서 설명한다. 제2장에서는 글의 가장 작은 단위인 '단위 글'을 쓰는 요령을 설명하고, 실제로 글을 쓰는 연습을 한다. 제2장을 마칠 즈음이면 간단하지만 구성이 탄탄한 몇 줄의 글을 누구나 쓸 수 있게 될 것이다. 제3장에서는 '단위 글'을 쓰는 실력을 활용하여 '짜임글'을 쓰는 요령을 설명한다. 짜임글이란 단위 글 몇 개로 짜인 글을 의미하는데 우리가 일반적으로 제목을 붙이고 내용을 적는 형식의 모든 글을 가리킨다. 여기서는 특히 제목과 소제목을 붙이는 것으로 글을 주제화하는 요령을 덧붙여 여러분이 책을 저술하는 경우에 대비하도록 했다. 제4장에서는 여러분이 실제로 글을 쓰도록 돕는다. 먼저 기록하는 글을 써 보기를 권하고, 기회가 되면 개인사나 가족사를 저술해 볼 것을 권한다. 그리고 글쓰기 앞에서 머뭇거리는 사람을 위해서 이 책의 「부록」에 여럿이 함께 할 수 있는 프로그램을 소개한다. 독자들의 적극적인 참여를 권한다. 내가 궁극적으로 바라는 것은 여러 사람이 글쓰기 공동체를 만들어 서로의 글을 공유하고 소통하는 것이다.

글쓰기를 주제 제시와 주제화 과정으로 이해하고 글을 쓰기 시작하면 글쓰기가 매우 편해진다. 여러분이 무엇에 대하여 어떤 이야기를 해야겠다고 생각하는 순간 주제가 결정되고, 주제가 결정되는 순간 주제화를 생각하게 된다. 그래서 글을 쓰기 위해서 무엇을 준비하고 어떻게 글을 써 나갈 것인지 설계를 한다. 어떤 이는 글쓰기를 최고의 자기 계발 방법이라고 말하는데, 자기 계발은 주제화 과정에서 자연히 얻어지는 부수입에 지나지 않는다.

이제 여러분은 주제와 주제화라는 개념을 인식하는 것만으로 글쓰기를 시작할 수 있고, 글쓰기를 해 가면서 언젠가 여러분의 이름으로 된 글로 사회와 소통하는 날을 기대할 수 있을 것이다. 그날이 여러분이 사회인으로서 권한과 책임을 공유하는 현대인으로 거듭나는 순간이 아니겠는가.

나의 뜻을 이해하고 이 책을 내는 데 도움을 준 아카넷 출판사의 차이준 주간과 김일수 팀장께 고마움을 표한다. 두 분이 끈기 있게 내 원고를 읽어 주지 않았다면 이 책이 세상에 나올 수 없었을 것이다. 책을 예쁘게 잘 만들어 준 출판사 관계자에게도 감사한다.

2014년 4월

남영신

차례

제1장

주제와 주제화

1. 들머리

어떤 기관이 대한민국 발명 대회에서 우수 발명품을 만들어 입상한 중·고등학생을 대상으로 '발명은 나의 힘'이라는 주제로 글을 쓰게 하여 그 가운데 잘 쓴 글 16꼭지를 나에게 보내왔다. 책으로 내려고 하니 문장 교열을 해 달라는 것이었다. 아무래도 책으로 펴내게 되면 여러 사람이 읽게 될 터이니 글에 어문 규정을 어긴 점이나 문법에 어긋난 부분, 표현이 어색한 부분이 있으면 교육적으로 좋지 않을 것 같아서 요청한다는 취지를 듣고 나는 학생들의 글을 꼼꼼히 읽어 보았다.

좋은 글감을 가지고 쓴 글이어서 대체로 발명과 자신의 관계를 개성 있게 드러낸 좋은 글이 많았다. 그러나 여러 학생이 공통적으로 부족한 점이 있음을 보고 학교에서 글쓰기 교육을 제대로 하지 않았거나 학생들이 글쓰기 수업을 제대로 받지 못했다는 느낌을 받았다. 한두 사람에게서 나타나는 문제라면 그 학생들의 글쓰기 능력을 나무랄 수 있겠지만 한두 사람을 뺀 나머지 학생들에게 나타난 문제라면 학교 교육의 문제를 생각해야 할 것이다.

이들의 공통적인 문제는 크게 두 가지였다. 첫째, 학생들이 단위 문장을 작성하는 데 서툴렀다는 점이었다. 주어와 서술어를 중심으로 여러 문장 성분을 문법적으로 맞게 얽어 하나의 완전한 문장을 만드는 능력이 무척 부족했다. 이는 문법 공부를 제대로 하지 않았기 때문에 나타나는 현상이다. 둘째, 주제가 드러나지 않을 만큼 글이 느슨하다는 점이다. 이는 학생이 자기 글에서 이야기할 주가 되는 내용(핵심적인 내용)을 정하고 그 내용이 잘 전달되도록 유용한 글감을 단계적으로 연결하여 전개하는 능력을 갖추지 못한 탓이다. 글이란 주제 의식을 가지고 그것을 드러내기 위하여 쓰는 것이므로 그 목적에 이를 때까지 긴장감 있게 전개되어야 한다.

문법적 완성도의 문제

글쓰기 이야기를 시작하는 마당이니 이 경험을 조금 더 소개하는 것이 유익할 것 같아서 한두 예를 보이고자 한다. 첫째로 주어와 서술어로 이루어지는 하나의 문장을 구성하는 능력이 부족하다는 것은 아래와 같은 문장을 쓰는 데서 알 수 있다.

■ 예문 1

어느 날 어머니가 밖으로 빨리 나가시다가 현관문 밑에 문을 고정하는 장치가 걸려서 부서졌다.

예문 1은 '어머니'가 나가는 행위로 시작하여 '고정 장치'가 부서진 사태로 끝났다. 즉 주어가 다른 두 절이 연결되어 하나의 문장이 된 것이다. 두 절을 잇는 데 사용한 연결어미는 '-다가'이다. 두 절을 분리하여 표시하면 아래와 같다.

① 어느 날 어머니가 밖으로 빨리 나가시다가
② 현관문 밑에 문을 고정하는 장치가 걸려서 부서졌다.

①은 주어(어머니가)와 서술어(나가시다)가 호응하도록 정확하게 구성한 절이다. 그러나 ②는 주어(장치가)와 서술어(걸려서 부서졌다)의 호응에 문제가 있다. '고정하는 장치가 걸려서 부서졌다.'에서 '걸려서'의 부사어가 되어야 할 '무엇에'가 빠졌다. 문법적으로는 '무엇에'를 필수 부사어로 보기 때문에 생략하면 안 된다. 아마 '어머니 발에'가 생략되었을 것이다. 그렇다면 '고정 장치가 어머니 발에 걸려서'가 되는데, 이렇게 되면 마치 고정 장치가 어머니 발을 걸었다는 표현이 되어 주객이 뒤바뀌게 된다.* 고정된 장치가 움직이는 것에 걸린다고 표현한 셈이기

◆ '어머니 발에 걸려서'를 능동문으로 바꾸면 '어머니 발을 걸어서'가 된다.

때문이다. 따라서 이 부사어가 생략되지 않았다고 해도 위 문장은 태생석으로 분법에 어긋난다.

이 글처럼 주어가 다른 두 문장을 연결할 때에는 매우 신중하게 생각해서 문장을 구성해야 한다. 아래 두 문장을 살펴보자.

①´ 어느 날 어머니가 밖으로 빨리 나가셨다.
②´ 현관문 밑의 고정 장치가 부서졌다.

이 두 문장을 어떻게 연결할 수 있을까? 두 문장을 연결할 수 있는 것은 '어머니가 나가시다가 고정 장치에 걸린' 사실이다. 그러면 이 사실을 어떻게 엮어야 두 문장이 무리 없이 연결될 수 있을지 생각해 보자. 우선 '어머니가 나가시다가 고정 장치에 걸린' 사실은 어머니를 주어로 하는 행위이므로 같은 주어를 가진 ①´문장과 하나로 연결되어야 한다. 그러면 아래의 ①″문장을 만들 수 있게 된다.

①″어느 날 어머니가 밖으로 빨리 나가시다가 현관문의 고정 장치에 걸리셨다.

이제 이 문장과 ②´ 문장을 연결하면 아래와 같은 문장이 된다.

어느 날 어머니가 밖으로 빨리 나가시다가 현관문의 고정 장치에 걸리시는 바람에 그 고정 장치가 부서졌다.

'고정 장치에 걸리시는 바람에' 대신에 '고정 장치를 발로 차시는 바람에'로 고친다면 더 명료한 문장이 될 수 있다. 또 다른 예문을 하나 보이겠다.

▌ 예문 2

엄마는 내가 이런 질문을 던질 때마다 생각으로만 끝나게 하지 않으려고 예쁜 수첩을 사주셨다.

예문 2의 구성은 앞의 문장보다 조금 더 복잡하다. 이 문장의 주된 부분은 "엄마는 예쁜 수첩을 사주셨다."이다. 그러면 이 문장에는 '언제'와 '왜'에 대한 보완 정보가 필요하다는 점을 알 수 있을 것이다. '언제'는 '내가 이런 질문을 던질 때마다'이고, '왜'는 '생각으로만 끝나게 하지 않으려고'기 준비되어 있다. 아래의 세 부분이 이 문장을 구성하고 있는 셈이다.

① 엄마는 예쁜 수첩을 사주셨다.
② 내가 이런 질문을 던질 때마다
③ 생각으로만 끝나게 하지 않으려고

이 세 문장을 하나의 문장으로 연결하려면 상당히 머리를 써야 한다. ①과 ②만을 하나의 문장으로 연결하기는 매우 쉽다. 아래와 같이 연결하면 되기 때문이다.

엄마는 내가 이런 질문을 던질 때마다 예쁜 수첩을 사주셨다.

이제 ③문장을 여기에 연결해야 하는데 상당히 난감하다. "생각으로만 끝나게 하지 않으려고"가 수첩을 사 준 이유임이 분명한데 다른 문장과 매끄럽게 연결이 안 된다. 무엇이 '생각으로만 끝나는 것'인지 분명하지 않기 때문이다. 추측하여 본다면 이것은 '질문을 던질 때 생각했던 내용을 질문 후에 곧 잊어버리는 상황'을 가리킬 것으로 보인다. 그렇다면 '왜'의 내용을 '질문을 잊지 않게 하려고'로 바꾸는 것이 자연스럽다.

① 엄마는 예쁜 수첩을 사주셨다.
② 내가 이런 질문을 던질 때마다
③ 그 질문을 잊지 않게 하려고

이렇게 되면 이 세 문장을 쉽게 연결하여 한 문장을 이룰 수 있다. "엄마는 내가 이런 질문을 던질 때마다 그 질문을 잊지 않게 하려고 예쁜 수첩을 사주셨다." ③문장을 '그 질문을 적어 두도록 하려고'로 바꾸어 "엄마는 내가 이런 질문을 던질 때마다 그 질문을 적어 두게 하려고 예쁜 수첩을 사주셨다."라고 하면 수첩을 사 준 이유가 더욱 명료하게 드러난다. 문법적으로 더 완전한 문장을 만들려고 노력한다면 그 만큼 더 좋은 문장을 만들 수 있다.

주제 구현의 문제

이번에는 학생들의 글에서 부족하다고 느낀 둘째 문제점인 '목적의식이 드러나지 않을 만큼 글이 느슨하다는 점'에 대해서 설명해 보겠다. 지금부터 할 이야기가 이 책에서 여러 각도로 설명하게 될 주제의 문제이므로 신중히 읽어 주기 바란다.

사람이 목적을 지향하는 삶을 살게 되면 자신의 모든 노력을 그 목적을 이루는 데 도움이 되는 일을 하는 데 쏟게 되고 목적이 이루어질 때까지 긴장을 풀지 않을 것이다. 만일 목적을 지향하는 삶을 살지 않는다면 그의 삶은 도무지 갈피를 잡을 수 없게 될 것이고, 때로는 게으름을 피우고 때로는 해찰을 하고 때로는 엉뚱한 일을 저지르면서 시간을 낭비하게 될 것이다. 목적의식 없이 쓴 글은 목적의식 없이 사는 삶처럼 불필요한 내용, 엉뚱한 내용, 긴장감이 없이 느슨한 내용으로 된 글이 되기 쉽다. 예가 될 만한 글을 하나 살펴보자.

제목: 반짝반짝 드림 팩토리

- 소제목1: 발명은 내 삶의 에너지
- 내용: 발명가가 되겠다고 생각하게 된 과정

- 소제목2: 진짜 발명가가 되다
- 내용: 여러 행사, 대회에 나가서 상을 받은 경험

- 소제목3: 발명은 내 인생의 요술 램프
- 내용: 발명에 대한 나의 생각, 글짓기 대회 수상 경험, 발명을 통해서 이루고자 하는 포부

위 예시는 글의 흐름만 알 수 있도록 간추린 글의 소제목과 간단한 내용이다. 제목과 소제목은 원문에 있는 대로 제시한 것이고 내용은 원문을 읽고 요점을 정리한 것이다. 아마 소제목과 내용을 보면 '발명은 나의 힘'이라는 글의 흐름을 짐작할 수 있을 것이다. 여기서 내가 주목한 것은 이 학생이 어떤 목적의식을 가지고 글을 썼을까 하는 점이다.

이 작품은 발명이 '꿈'을 만들어내는 공장일 뿐만 아니라(왜 영어로 '드림 팩토리'라고 했을까?) 희망을 제시하는 원천이라는 뜻을 밝힌 것으로 볼 수 있다. 그러면 글쓴이가 어떤 관점에서 이런 생각을 하게 되었고 발명을 통해서 어떤 꿈을 이루고자 하는지 살펴보자.

이 학생은 소제목1에서 중학교 1학년 때에 선생님의 추천으로 '영재학급'에 들어가서 발명에 관한 여러 가지를 접하고 발명 관련 대회에 나가면서 점점 발명에 깊은 관심을 가지게 되었고, '청소년발명가프로그램'에 참가하여 더욱 발명에 집중하게 되었다고 말했다. 글쓴이가 어떻게 해서 발명에 접하게 되었는지 과정을 설명하는 내용만 있을 뿐, 실제로 발명이 그의 삶의 에너지였다는 생각을 독자가 공감하기에는 부족하다. 소제목이 내용보다 앞서 간 것이다. 만일 실제로 발명이 그의 삶의 에너지가 되었다면 발명에 무관심하였던 학생이 어떻게 발명으로 학창생활을 활력 넘치게 할 수 있게 되었는지 설명하는 것이 주제를 구현하는 데 도움이 되었을 것이다.

소제목2에서 그는 '청소년발명가프로그램'을 통해서 발명에 대한 새로운 내용을 접하고, 한 발명품 대회에서 상을 받자 자신감이 생겨 자신이 발명가가 될 수 있겠다는 생각을 하게 되었으며, 몇 군데 대회에 나가서 좋은 성적을 올리지는 못했지만 주위의 격려 덕에 전국 학생과학발명품 경진대회에 참가하게 되었다고 소개했다. 여기서도 이 학생은 '진짜 발명가가 되다'라는 제목에 어울리는 내용을 적극적으로 보여주지 못했다. 그렇게 된 이유는 이 제목이 그가 이룬 내용에 비해서 앞서 갔기 때문일 수도 있다.

소제목3에서 이 학생은 전국 학생과학발명품 경진대회에 참가한 뒤로 자신의 의식이 어떻게 변했는지 설명을 하였다. 그는 자신의 발명에 대한 생각이 폭넓게 변했다고 말하고 그 예로 '전국 초·중학생 발명 글짓기/만화 공모전의 글짓기 부문'에서 금상을 수상하게 된 점을 꼽았다. 마지막으로 발명에 대한 자신의 열정이 주변을 요술로 가득 찬 세상으로 만들어 줄 것이라고 믿는 것으로 글을 마무리했다. 여기서 아쉬운 점은 그의 발명에 대한 생각이 어떤 점에서 폭넓어졌는지 말하지 않았다는 점이다. 발명에 대한 글짓기 대회에서 금상을 받았다고 해서 발명에 대한 생각의 폭이 넓어졌다고 판단하기는 어렵기 때문이다. 그리고 '발명이 꿈의 공장'이라고 했는데 그 꿈을 단순히 요술이라는 단어로 치환한 것이 아쉽다.

이 글의 특징은 대회 참가와 관련한 사실을 지나치게 자주 적어서 글의 긴장감과 집중도가 떨어졌고, 발명에 대한 생각을 추상적으로 그리고 결론 중심으로 제시함으로써 발명이 그의 의식을 구체적으로 어떻게 변화시켰는지 명확하게 드러나지 않았다는 점이다. 중학생으로서 이 정도의 글을 쓴다는 것만으로도 칭찬을 받을 수 있으나 조금만 더 노력했다면 그가 생각한 대로 발명이 어떻게 알라딘의 요술 램프처럼 세상을 바꿀 수 있다고 생각할 수 있었는지 독자가 수긍할 수 있게 글을 전개할 수 있었을 것이다.

주제 뒷받침하기

주제를 구현하는 일은 글쓰기에서 가장 핵심적인 과정이다. 제목에서부터 소제목 붙이는 일이며, 각 소제목을 설명하는 과정이 모두 주제를 구현하는 과정이다. 앞의 학생은 주제를 구현하기 위하여 세 개의 소주제를 제시하였다. 여러분도 동의하겠지만 이 학생이 내건 세 개의 소주제는 주제를 구현하는 데 상당히 도움이 되는 것들이었다. 다만 그 소주제를 뒷받침하는 내용이 부족해서 소기의 목적을 달성하는 데 역부족이었을 뿐이다. 이런 점에서 우리는 소제목을 달 때에 그것을 무엇으로 어떻게 뒷받침할 것인지도 깊이 생각해야 한다.

언젠가 인터넷에 아래와 같은 이야기가 떠돈 적이 있었다. 2010년 캐나다 밴쿠버에서 열렸던 동계올림픽 여자 피겨스케이팅 결승에서 김연아 선수의 경기를 해설한 두 해설가의 해설 내용을 비교한 것인데, 한국 해설가는 오직 성적만 생각하며 해설하고, 서양의 해설가는 선수의 멋진 기량을 감상하며 해설하는 차이를 보였다는 내용의 글이다. 물론 한국 해설가의 수준을 낮게 평가한 이야기였다. 여기에도 주제 뒷받침의 문제가 들어 있어서 잠깐 두 사람의 해설을 검토해 보려 한다.

- 한국 해설자: 저 기술은 가산점을 받게 되어 있어요.
- 서양 해설자: 나비죠? 그렇군요. 마치 꽃잎에 사뿐히 내려앉는 나비의 날개 짓이 느껴지네요.
- 한국 해설자: 코너에서 착지 자세가 불안정하면 감점 요인이 됩니다.
- 서양 해설자: 은반 위를 쓰다듬으면서 코너로 날아오릅니다. 실크가 하늘거리며 잔물결을 흩뿌리네요!
- 한국 해설자: 저런 점프는 난이도가 높죠. 경쟁에서 유리합니다.
- 서양 해설자: 제가 잘못 봤나요? 저 점프! 투명한 날개로 날아오릅니다. 천사입니까? 오늘 그녀는 하늘에서 내려와 이 경기장에서 길을 잃고 서성이고 있는 천사입니다. 감사하고 감사할 따름이네요.!
- 한국 해설자: 김연아가 경기를 완전히 지배했습니다. 금메달이네요! 금메달! 금메달!
- 서양 해설자: 울어도 되나요? 정말이지 눈물이 나네요. 저는 오늘밤을 영원히 기억할 겁니다. 이 경기장에서 연아의 아름다운 몸짓을 바라본 저는 정말 정말 행운아랍니다. 감사합니다. 감사합니다. 오 신이시여!

쉽게 이해할 수 있겠지만 한국 해설자는 김연아의 기량을 점수로 평가하여 금메달을 딸 수 있을지 없을지 알려 주는 데 주력한 반면에 서양의 해설자는 김연아의 기량을 나무랄 데 없이 좋은 것으로 판단하고 경기를 감상하는 데 주력했다고 볼 수 있다. 이러한 차이는 피겨스케이팅을 이해하는 수준과 관련이 있다고 보아야 한다. 당시 한국의 시청자는 온통 김연아가 실수를 하지 않고 무사히 경기를 마쳐 주기만 간절히 바라고 있었던 데 반해서 시양의 시청자들은 최고의 경기를 펼치는 선수의 모습을 감상하고 싶었을 것이다. 그러니 경기를 해설하는 사람도 그에 따라서 해설하는 것이 시청자들에게 도움이 될 것임은 의심할 나위가 없다. 특히 서양 해설자가 김연아의 경기 모습을 문학적인 수사와 예술적인 언사로 표현한 것은 서양인들에게는 자연스럽고 멋지기까지 하겠지만 아직 피겨 스케이팅의 기술적인 부분을 잘 인지하지 못하는 한국 사람들에게는 김연아 연기의 우수성과 예술성에 대한 기술적인 설명이 더 필요했을 것이다.

김연아의 연기를 점수로 환산하면서 칭찬한 한국 해설자는 서양 해설자에 비해서 객관적인 방향으로 해설을 했다고 볼 수 있다. 다만 점수와 관련한 설명을 시청자가 이해할 수 있도록 근거를 제시하지 않은 것이 문제가 된다. 예를 들면 "저 기술은 가산점을 받을 수 있어요."라는 해설로 끝낼 것이 아니라, "그 기술이 어떤 기술인데 보통은 어느 정도면 되지만 김연아는 그보다 어느 정도 높은 수준의 기술을 구사했기 때문에 가산점을 받을 수 있어요."처럼 설명했어야 했다. 마찬가지로 "저런 점프는 난이도가 높죠."라고 말할 것이 아니라 "저 점프는 고난도 점프인데, 보통의 점프와 어떻게 다르고, 저런 점프를 할 수 있는 선수는 몇뿐이다."라는 식으로 점프를 해설해 주는 것이 좋았을 것이다. 물론 시청자의 수준이 높다면 굳이 기술을 자세히 설명하지 않아도 되겠지만, 어느 수준 이상의 기술에 대해서는 친절하게 해설해 주어야 한다. 특히 용어가 외국어인 경우가 많기 때문에 용어 해설까지 곁들여 해설하면 더 좋았을 것이다. 결론적으로 말하면 한국의 해설가는 자신의 주장에 합당한 뒷받침을 하지 않아서 점수에만 집착하여 해설한 것으로 평가를 받고 말았다.

2. 주제와 주제문

주제에는 크게 두 가지 뜻이 있다. 하나는 '주된 제목'이고 다른 하나는 '중심이 되는 문제'이다. 여기서는 '주제'를 후자의 의미로 쓴다. 글의 주제는 글이 관심을 가지고 다루려는 문제이다. 그리고 주제에 대해서 글쓴이가 가지고 있는 생각이나 판단을 문장으로 표현한 것이 주제문이다. 주제는 글의 중심이 되는 문제이기도 하고, 주제문의 핵심 내용이기도 하다.

영국인 뉴턴이 1687년에 발표한 「자연철학의 수학적 원리」는 만유인력을 증명하는 것이 주제였고, 다윈이 1859년에 출판한 책 『종의 기원에 대하여』는 자연선택에 의한 종의 진화를 증명하는 것이 주제였다. 만일 여러분이 청산도를 여행한 뒤에 기행문을 쓴다면 대체로 청산도의 아름다움을 묘사하는 것이 주제가 될 확률이 크다. 국회의원 선거에 나온 후보의 연설 주제는 자신이 다른 후보에 비해서 국회의원으로서 자질이 나음을 증명하는 내용일 것이고, 형사소송의 판결문은 피고가 어떤 죄목으로 어느 정도의 형을 받아야 한다는 내용이 주제가 될 것이다. 이처럼 주제는 글의 핵심 내용이자 글이 나타내고자 하는 목적이며, 글의 지향점이기도 하다.

글의 목적은 독자의 생각을 주제문에 닿게 하는 것이다. 여러 설명, 예시, 논증 등의 방법으로 주제 논의를 이끌어 결국 주제문에 이르게 하는 것이 글을 쓰는 행위이다. 따라서 주제에 대한 글쓴이의 생각은 주제문으로 모아져야 한다. 마치 볼록렌즈가 빛을 초점에 모으는 것처럼 모든 글을 주제문으로 수렴시키는 작업이 글쓰기 작업이다.

아주 간단하고 단순한 주제는 몇 마디의 설명이나 사례 또는 근거 제시로 쉽게 주제문에 이르게 할 수 있다. 만일 제주도 남쪽에 있다고 하는 이어도가 섬인지 아닌지 판단하는 글을 쓴다고 생각해 보자. 그러면 아래와 같은 매우 간단한 설명으로 이어도가 섬이 아니라는 주제문을 뒷받침할 수 있게 될 것이다.

▌예문 3

섬이란 물로 둘러싸인 땅을 가리키는 말이다. 이어도는 마라도 서남쪽으로 149km 떨어진 물속에 잠겨 있다가 10m 정도의 매우 높은 파도가 칠 때만 순간적으로 보일 뿐 평상시에는 보이지 않는다. 그래서 이어도는 섬이 아니다.

이 글은 이어도가 섬이 아니라는 주제문으로 논의를 수렴한 글이다. 이 글의 순서를 아래와 같이 바꾸더라도 글이 주제문에 모아지는 것은 마찬가지이다.

■ 예문 4

이어도는 섬이 아니다. 섬이란 물로 둘러싸인 땅을 가리키는 말이다.
그런데 이어도는 마라도 서남쪽으로 149km 떨어진 물속에 잠겨 있다가
10m 정도의 매우 높은 파도가 칠 때만 순간적으로 보일 뿐 평상시에는
보이지 않기 때문이다.

위 예문처럼 몇 개의 문장만으로도 쉽게 주제문에 이끌 수 있는 단
순한 주제가 있는가 하면 상당히 많은 정보와 설명이 있어야 주제문에
이를 수 있는 주제도 있다. 다음 예문을 검토하여 보자.

■ 예문 5

인류의 역사를 되짚어보면 집단선택*의 과정이 작용할 여지가 상당히
컸음을 알 수 있다. 첫째, 이타적인 사람들이 많은 집단은 분쟁에서 승리
할 가능성이 그만큼 높다. 집단 간에 전쟁이 일어나는 경우 이타적인 사
람들은 자기를 희생하면서 싸울 테니, 이타적인 사람들이 많은 집단은
그만큼 용감한 전사를 많이 보유하는 셈이 된다. 고고학자들의 연구에
따르면 고대 원시부족 간의 전쟁은 아주 빈번하게 일어났으며 우리의 상
상을 초월할 정도로 치사율이 높았다. 즉 부족 간의 전쟁은 대부분의 경
우 패배한 부족의 말살로 이어지곤 했다. 그만큼 집단선택이 강하게 작

◆ 집단선택이란 '공공의 이익을 위하여 희생하는 사람이 많은 집단이 그렇지 않은 집단과의 경쟁
에서 승리했을 것'이라는 이론이다.

용했을 가능성이 높다. 둘째, 인류가 농경사회에 진입하기 이전까지 수렵과 채취는 가장 **중요한** 경세행위였다. 특히 사냥은 단백질과 지방의 섭취를 위해 **빼놓을** 수 없는 중요한 행위가 되었다. 사냥이 얼마나 성공적일 수 있는가는 참가자들이 얼마나 이타적으로 협조를 하는가에 달려 있다. 이타적인 사람들이 많을수록 그 부족은 그만큼 사냥에서 높은 성공률을 보이게 되고, 따라서 마을 사람들은 높은 영양을 섭취할 수 있었을 것이다. 셋째, 현생인류는 마지막 빙하기를 거치면서 살아남은 존재다. 수만 년에 걸친 혹독한 환경을 헤쳐 나가는 데에는 뛰어난 두뇌와 불을 다루는 능력 등이 큰 역할을 했겠지만, 안정적이고 안전한 거주지를 찾아내고 다른 짐승들의 습격으로부터 사람들을 지켜나가는 데에 이타적 협조 행위가 필요했을 것이다. 그리고 이타적인 사람들이 많이 있는 집단이 이러한 혹독한 환경에서 살아남을 가능성이 높았을 것이다.

— 최정규, 『이타적 인간의 출현』

위 글은 공공의 이익을 위하여 희생하는 이타적 인간이 많은 집단이 경쟁에서 살아남을 가능성이 높다는 가설을 증명하는 것이 주제이다. 글의 주제문은 맨 앞에 나와 있다. 그리고 이를 세 가지 관점에서 추론하였다. 즉, 분쟁에서 이기는 조건, 사냥을 더 잘할 수 있는 조건, 빙하기 같은 혹독한 환경에서 살아남을 조건에서 이타적 인간이 더 많은 집단이 성공할 확률이 높았을 것이라는 추론을 이용해서 집단 선택의 과정이 작용했을 것으로 주장한 것이다. 이처럼 다양한 각도에서 주제문을 뒷받침하여야 주제화하는 데 유리한 주제도 있다. 아래 예문도 몇 가지 예시를 통해서 주제화한 경우이다.

■ 예문 6

(전략) 원래 공무원들은 특강을 해서 그걸로 돈을 받을 수는 없다는 게 국제적인 상식이다. 공무원을 나라에서 세금으로 월급을 주는 것은 공무에만 집중하라는 뜻이다. 강의가 공무의 범주에 있으면 당연히 나서야 하고 공무의 범주가 아니면 하지 말아야 옳다. 공무를 한다는 이유로 돈을 받을 수는 없다.

그런데 우리나라는 공무원들이 특강을 하고 돈까지 번다. 외부특강으로 돈을 버는 것도 이상한데 국가기관에서 강의를 하고도 돈을 받는다. 그렇게 할 수 있도록 규정까지 정해져 있다. 총리는 100만 원, 장관은 40만 원, 차관은 30만 원, 과장급 이상은 23만 원으로 국민권익위원회가 규정을 정해 놓았다. 각종 인허가권을 갖고 있는 부처 공무원들이 이해관계가 얽힌 곳에 가서 특강이라는 명목으로 뭉칫돈을 받는 것이 문제가 되자 그러지는 말라고 기준을 정한 것이다. 특강을 빙자한 뇌물을 막겠다는 뜻은 좋지만 공무원이 특강을 해도 좋다는 규정이 되어 버리니 문제다.

더구나 이 기준은 중앙공무원교육원이라는 국가기관에서 특강을 하고 받는 비용이다. 그러니까 중앙공무원교육원이라는 국가기관이 공무원들을 부려서 특강을 시키면서 꼬박꼬박 특강료를 지불한다는 뜻이기도 하다. 심지어 이명박 대통령이 이곳에서 특강을 했을 때는 대통령 특강료 기준이 없다고 총리에 준해 100만 원을 지급했다는 기록까지 나온다. 이게 말이 되는가. 세금으로 임금을 받는 공무원에게 세금으로 운영되는 국가기관이 특강료를 준다는 것은 업무가 아닌 일을 국가가 시키고 돈까지 주는 이중착복을 국가가 자행하고 있다는 뜻이다.

공무원들의 임금이 적어서 '알바라도 뛰어야' 하는 실정이라도 문제가 될 텐데 우리나라 고위공무원들의 임금은 이제 적지 않다. 장관급이면 연봉이 1억이 넘는다. 그런데도 이들이 '알바를 뛰어야' 하는 이유가 뭘까. 국제수준을 모르고 공직이 무엇인지 모르고 돈만 된다면 부끄러운 줄 모르기 때문일 것이다.(이하 생략)

— 서화숙 칼럼,《한국일보》, 2012년 7월 6일자

이 글은 특강이라는 이름으로 돈을 받는 공무원의 행위가 옳은지 판단하는 것이 주제이고, 주제문은 "(본래의 임무가 아닌 특강을 하면서) 공무를 한다는 이유로 돈을 받을 수는 없다."이다. 글의 앞부분에 주제문이 (조금은 명료하지 못하지만) 제시되어 있다. 그리고 이를 뒷받침하기 위하여 여러 사례를 제시하고 그것의 부당함을 설파하였다. 주제문까지 이르기 위하여 많은 글감이 쓰인 글이다.

3. 주제화

(1) 주제화란 무엇인가

주제화(主題化)는 주제를 구현하는 일이다. 즉 주제 논의를 주제문에 이르기까지 이끌어 가는 일을 주제화라고 한다. 글의 시작부터 끝까지 일관성 있게 주제를 구현해 나가는 과정이 주제화 과정이다. 앞의 예문 3에서는 주제문에 이르기 위하여 두 문장을 제시하였는데 이 두 문장을 제시하는 것이 주제화 과정이다. 예문 5에서는 3가지 관점을 내세워 각 관점에서 집단선택이 일어났을 것을 추정하는 내용을 제시한 것이 다 주제화 과정이다. 예문 6에서 알바 뛰는 공무원의 행위가 옳지 않음을 논증하는 과정이 주제화이다. 결국 주제화는 주제를 내세우고 그에 대한 자신의 주장이나 생각을 제시해 나가는 과정을 가리키는 말이다. 주제와 주제화를 이해하는 데 도움이 될 것 같아 두 가지 에피소드를 소개한다.

아래 대화는 인터넷에 올라와 많은 사람들의 관심을 끌었던 것으로서 그 내용은 남녀의 다정한 대화가 감정싸움으로 번지는 과정을 소개한 것이다. 어제까지 잘 딜리던 자동치가 오늘 시동이 안 걸리자 여자가 남자 친구에게 이 사실을 알리는 이야기로 시작하여 여자가 남자에게 화를 내는 말로 끝나는 전화 대화이다. 이 대화를 주제와 주제화의 관점에서 점검해 보자.

> 여자: 자동차 시동이 안 걸려.
> 남자: 그래? 배터리 나간 거 아냐? 라이트는 켜져?
> 여자: 어제까지 제대로 됐는데. 왜 시동이 갑자기 안 걸리지?
> 남자: 엔진트러블이면 곤란한데. 일단 배터리 문제인가부터 확인해봐.
>   라이트는 들어와?

여자: 아이 참, 나 약속 있는데 차 없으면 안 되는데.

남자: 그거 큰일이네. 라이트 켜져?

여자: 아, 어제는 분명히 괜찮았는데.

남자: 그래. 그런데 라이트는 켜져?

여자: 왜?

남자: 아, 시동 안 걸리는 거 아냐? 배터리가 나가서 그러는 걸 수도 있으니깐.

여자: 무슨 말이야?

남자: 자동차 배터리 나갈 수 있으니까 확인해 보라고!

여자: 지금 나한테 화내는 거야?

남자: 화 안 냈어. 어서 해봐.

여자: 화냈잖아. 내가 뭘 잘못했는데?

남자: 잘못한 거 없어. 괜찮으니깐 어서 해봐.

여자: 뭐가 괜찮은데?

남자: 배터리 말이야.

여자: 지금 차가 중요해?

이 말싸움을 읽은 많은 여자들이 자기 이야기와 비슷하다고 공감하는 댓글이 달린 것을 보았다. 그렇다면 이런 말싸움은 남녀 간에 쉽게 일어날 수 있는 모양이다. 어떻든 이 말싸움은 여자가 전화한 목적을 분명하게 제시하지 않아서 일어난 것이다. 달리 말하면 여자가 전화하는 주제를 명확하게 드러내지 못했고 남자의 전화에 응하는 것이 주제화를 지향하지 못해서 일어난 사건이다.

여자가 차 시동이 걸리지 않은 상태를 남자에게 전화로 알린 것은 일단 주제를 제시한 행위라고 볼 수 있다. 문제는 여자가 남자의 논의를 주제화로 이끌어 가지 못하였다는 점이다. 여자가 생각한 주제문이 '이렇게 하면 시동이 켜질 수 있어.'라는 남자의 대답이라면 그 대답이 나오도록 유도해야 한다. 만일 여자가 남자에게서 듣고 싶은 말이 공감과 위로의 말이었다면 남자가 자동차 고장에 지나치게 몰입하지 않도록 대화의 방향을 틀어 주어야 한다. 그런데 여자는 자기가 전화한 주제가 무엇인지 생각하지 않고 기분이 내키는 대로 자기 이야기만 하고 상대의 권고를 무시하였다. 그래서 결국 주제나 주제문과 사뭇 다른 '지금 차가 중요해?'라는 엉뚱한 논쟁으로 번졌다. 대화에도 주제 의식과 주제화 기술이 필요하다.

지난 동아시아컵 축구 대회에서 한국과 일본의 응원단은 통상적인 자국의 국기를 들고 응원하는 것에 보태어 좀 더 자극적인 응원 도구를 사용했다. 한국은 '역사를 잊은 민족에게 미래는 없다'라는 문구를 넣은 펼침막과 안중근 의사, 이순신 장군의 모습을 그린 걸개그림을 내보였다. 일본은 일본 우익이 즐겨 사용하는 이른바 '욱일승천기'를 내보였다. 두 나라 응원단이 축구 경기를 정치적 의사표시의 마당으로 이용한 셈이다. 그러나 축구 경기는 구경꾼들의 정치적 의사표시를 하라고 펼치는 경기가 아니다. 이런 행위는 주제를 벗어난 행위인 것이다.

한국과 일본이 격돌한 올림픽 축구경기 동메달 결정전에서 우리는 정말 멋지게 일본을 이기고도 '독도는 우리 땅'이라는 정치적 문구가 담긴 우리 선수의 피켓 세리머니 때문에 그 승리의 기쁨을 즐길 새도 없이 이 선수가 메달을 박탈당할까 전전긍긍했던 기억이 있다. 많은 국민이 그를 애국투사로 묘사했지만, 사실 그는 축구선수일 뿐이고, 애국은 그가 축구 경기를 잘함으로써 한 것이지 '독도는 우리 땅'이라는 피켓을 들어 주는 행위로써 한 것은 아니다.

축구장에서 선수에게는 축구 경기를 하는 것이 주제이고, 경기에서 이기는 것이 주제문이다. 관중에게는 경기를 즐겁게 관람하는 것이 주제이고 자기편이 경기에서 이기는 것이 주제문이다. 어떤 경우이든 축구장에서는 경기를 통해서 주제화를 해야 한다. 그런 점에서 경기장에서 경기와 관련이 없는 행위를 하는 것은 주제를 벗어난 행위이고, 그것으로 애국심을 고취하려 한 행위는 주제문과 동떨어진 행위이다.

(2) 주제화 요령

앞의 남녀 말다툼에서 만일 여자가 남자에게 "지금 차 시동이 안 걸리는데 어떻게 해야 할까?"라고 물었다면 어땠을까? 아마 남자와 여자는 시동이 안 걸리는 이유와 대책을 찾기 위하여 함께 노력하였을 것이고, 만일 그들의 노력으로 시동을 걸 수 없었다면 보험회사에 전화하여 시동을 걸어 달라고 부탁하자는 결론을 내렸을 것이다. 어떻게든 논의의 결론을 얻게 되지, 불필요한 말다툼으로 끝나지는 않았을 것이다. 여기서 우리가 착안할 일은 여자가 처음부터 주제를 인식하고 알맞은 주제문을 생각해 내어 남자에게 말해야 했다는 점이다. "지금 차 시동이 안 걸리는데 어떻게 해야 할까?"라고 묻는 것이 바로 주제문을 설정하는 일이다.

주제문을 설정했으면 그 문제를 해결하기 위한 다양한 방법을 제시해야 한다. 자동차 시동 걸기 문제라면 시동을 걸기 위해 무엇을 해야 할지 다양한 방법을 제시하는 것이다. 만일 남자나 여자가 시동을 거는 문제와 관련이 없는 이야기를 하면 문제 해결에 도움이 되지 않는다. "오늘 중요한 일이 있는데 하필 시동이 안 걸린다."라고 짜증을 내는 것도 문제 해결에 도움이 되지 않고, "이제까지 멀쩡하게 잘 굴러가던 차가 왜 오늘은 시동이 안 걸리는지 모르겠다."라고 푸념하는 것도 시동 걸기에 도움이 되지 않는다. 오로지 시동을 어떻게 하면 걸 수 있을지에 대해 논의를 집중해야 한다. 즉 좋은 방법을 제시해야 한다. 시동을 걸 수 있는 방법을 제시하는 것이 글쓰기에서 뒷받침문장을 쓰는 일이다. 주제문에 도움이 되는 문장으로 뒷받침하여 논의를 주제문에 이르게 하는 것이 글쓰기 작업이다. 그렇다면 주제화 요령은 아래 두 가지로 요약할 수 있다.

첫째, 주제문을 작성한 다음에 글쓰기를 시작하라.
둘째, 주제문에 도움이 되는 내용으로만 뒷받침문장을 작성하라.

제 2 장

'단위 글'과 주제화

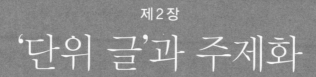

1. 단위 글이란 무엇인가

단위 글이란 주제문과 몇 개의 뒷받침문장으로 구성되는 '글의 최소 단위'이다. 글이란 종합적인 생각(판단)을 적은 것이다. 단순히 주어의 동작이나 상태를 나타내는 문장과는 구별되는 개념이다. 그래서 글에는 판단과 그것을 뒷받침하는 설명이나 논거가 있어야 한다. 글의 판단 부분을 주제 문장 또는 주제문이라고 하고 뒷받침 부분을 뒷받침문장이라고 한다. 하나의 주제문과 몇 개의 뒷받침문장으로 이루어진 글이 단위 글인데 만일 주제문이 없거나 뒷받침문장이 없으면 글이 되지 않는다. 그래서 하나의 주제문과 하나 이상의 뒷받침문장으로 구성된 글을 단위 글이라고 한다.

단위 글을 쓰는 경우는 크게 두 가지이다. 하나는 독립한 글로서, 단순한 주제에 대해서 간단히 주제문에 이를 수 있는 글을 쓰는 경우이다.

"우리와 함께 여행하는 것에 대해서 어떻게 생각하십니까?"라는 질문에 대답하는 전지편지를 쓴다면 "우리는 따로 여행하겠습니다. 여행하는 동안 우리끼리 해야 할 일이 있기 때문입니다."라고 쓸 수 있을 것이다. 이것이 단위 글이다. 하나의 주제문과 하나의 뒷받침문장으로 이루어진 단위 글이다. 또, "내일 비가 내리면 행사를 취소할까요?"라는 질문 편지에 대해서, "비가 내리면 실내에서 행사를 진행합시다. 행사를 취소하면 다음 행사일을 지정해야 하는데 그날 또 비가 안 내린다는 보장이 없습니다. 그리고 내일 행사를 하지 않으면 다음 행사일까지 계속 행사 준비를 해야 하는데 이는 준비하는 사람들을 힘들게 하는 일입니다. 행사를 연기하면 행사비도 상당히 늘어날 것인데 추가 경비를 확보하기도 쉽지 않습니다. 그러니 비가 내린다면 실내에서라도 행사를 해야 합니다."라고 답장을 썼다면 이것도 단위 글이다. 하나의 주제문(비록 앞뒤에 두 번 나왔지만)에 서너 개의 뒷받침문장으로 뒷받침하였기 때문이다. 이처럼 단위 글은 주제문 하나에 뒷받침문장이 하나 이상 붙은 글을 가리킨다.

단위 글의 다른 한 형태는 짜임글(제3장에서 설명함)의 최소 단위로 사용되는 경우이다. 짜임글에는 하나의 주제에 최소한 두세 개의 소주제가 있는데 이 소주제를 구현하는 것이 짜임글의 문단이다. 이 문단이 바로 둘째 형태의 단위 글이다.

독립한 단위 글이든 짜임글의 한 문단으로 사용되는 단위 글이든 기본적으로 하나의 주제문(또는 소주제문)과 하나 이상의 뒷받침문장으로 구성되는 것은 같다. 그리고 짜임글은 단위 글의 연속(또는 연합)으로 이루어지는 글이므로, 글쓰기의 기본은 단위 글을 제대로 쓰는 것이라고 말해도 틀림이 없다. 그래서 우리는 단위 글을 쓰는 요령에 대해서 자세히 공부할 필요가 있다.

(1) 단위 글의 구성

단위 글은 아래 표와 같이 단순하게 구성된다.

단위 글 = 주제문 + 뒷받침문장 + ⋯ + 뒷받침문장

이 표는 단위 글이 하나의 주제문과 하나 이상의 뒷받침문장으로 구성됨을 보여 준다. 단위 글 몇 개를 검토해 보자. 밑줄 친 부분이 주제문이다.

▌ 단위 글 1

만약 스티브 잡스가 미국인이 아니고 한국인이었다면 학벌이 받쳐 주지 않아 그의 계획은 분명 난항을 겪었을 것이다. 아직도 우리나라 사람들 대부분은 사람의 가치를 그 사람이 지금 하려고 하는 일에 두기보다는 그가 어떤 그룹에 소속된 사람인지를 두고 가늠하기 때문이다.

위 글은 자기 의견을 제시하고 그렇게 생각하는 이유를 뒷받침으로 제시한 글이다. 이 글을 주제문과 뒷받침문장으로 구분하여 보면 아래와 같다.

주제 = 주제문	스티브 잡스가 한국인이었다면 학벌이 받쳐 주지 않아 그의 계획은 난항을 겪었을 것이다.
뒷받침문장	아직도 우리나라 사람들 대부분은 사람의 가치를 그 사람이 지금 하려고 하는 일에 두기보다는 그가 어떤 그룹에 소속된 사람인지를 두고 가늠하기 때문이다.

이것이 단위 글의 가장 단순한 모습이다. 하나의 뒷받침문장으로 주제화한 것이다. 아래의 글도 단순한 구성의 단위 글이다.

▌단위 글 2

　그대들의 신은 우리의 신이 아니다. 그대들의 신은 그대들만 사랑할 뿐 내 종족은 미워한다.

위 글은 자기의 판단을 제시하고 그 판단의 이유를 제시한 글이다. 이 글을 주제문과 뒷받침문장으로 구분하면 아래와 같다.

주제 = 주제문	그대들의 신은 우리의 신이 아니다.
뒷받침문장	그대들의 신은 그대들만 사랑할 뿐 내 종족은 미워한다.

이제 여러분은 단위 글을 쓰는 일이 매우 단순한 일이라는 것을 알게 되었을 것이다. 그리고 주제화 작업도 매우 쉽게 이루어짐을 알았을 것이다. 여기서 혹시 여러분 가운데에서 뒷받침문장이 주제를 드러내는 데 부족함을 느끼는 사람이 있을지 모르겠다. 그럴 때는 뒷받침을 조금 더 붙여 보완하면 된다.

■ 단위 글 1의 보완

　만약 스티브 잡스가 미국인이 아니고 한국인이었다면 학벌이 받쳐 주지 않아 그의 계획은 분명 난항을 겪었을 것이다. 아직도 우리나라 사람들 대부분은 사람의 가치를 그 사람이 지금 하려고 하는 일에 두기보다는 그가 어떤 그룹에 소속된 사람인지를 두고 가늠하기 때문이다. 아무리 애플과 같은 회사를 준비하려 해도 그가 하버드, 프린스턴, 예일을 나오지 못했으므로 '저 사람의 생각은 분명 별 볼 일 없을 거야.'라고 여겼을 것이고, 도움을 주는 사람도 없었을 것이다.

— 혜민, 『멈추면 보이는 것들』

　첫 뒷받침문장에 하나 더 뒷받침문장을 붙이니 주제가 좀 더 잘 구현되는 것을 알 수 있다. 첫 뒷받침문장은 추상적인 데 비해서 둘째 뒷받침문장은 구체적이어서 주제를 구현하는 데 요긴하다.

■ 단위 글 2의 보완

　그대들의 신은 우리의 신이 아니다. 그대들의 신은 그대들만 사랑할 뿐 내 종족은 미워한다. 그 신은 아버지가 갓난아기를 다루듯 백인을 감싸서 이끌어 주지만, 붉은 피부의 자식은 내버리고 말았다. 그 신은 날마다 그대들을 강하게 만들어 주니 조만간 온 땅은 백인으로 가득 찰 것이다. 우리 종족은 다시 돌아오지 못할 썰물처럼 스러져 간다. 백인의 신은 우리를 사랑하지도 보호하지도 않을 것이다.

— '아메리카 시애틀 추장의 연설' 일부

단위 글 2는 뒷받침이 너무 부족해서 그마저도 무언가 뒷받침을 해야 할 정도이다. 그래서 위와 같이 뒷받침을 늘려 보완했다.

(2) 복수 주제문

주제는 꼭 하나의 문장만으로 나타내는 것은 아니다. 주제가 좀 어렵거나 다른 표현이 필요한 경우에는 두 문장으로 표현할 수도 있다. 아래 단위 글이 그런 예이다.

■ 단위 글 3

　등산과 운동과 예술은 공통점이 있다. 그것들은 그것들 자체가 그것들의 목적이고 보수다. 산에 오르면 꼭대기에 누가 있어 반겨주는 것이 아니고, 백 미터를 십 초에 달리면 저쪽 끝에 금덩이가 있는 것이 아니고, 그림을 그리거나 항아리를 구우면 거기서 쌀이나 구멍탄이 나오지 않는다. 사람들은 여전히 고난과 위험을 무릅쓰고 험한 산에 가고, 자동차를 줄줄이 옆에 두고 고집스럽게 백 리 길을 두 시간에 죽어라 달리고, 가난과 질병과 때로는 죽음까지 마다하지 않고 글을 쓰고, 흙을 빚고, 춤을 추고, 노래를 부른다.

— 서정인, 『개나리 울타리』

이 글의 주제는 등산과 운동과 예술의 공통점에 대한 생각이고, 주제문은 "등산과 운동과 예술은 공통점이 있다."이다. 그런데 '공통점'이 무엇인지 제시하지 않았다. 그래서 곧바로 다음 문장에서 이를 제시함으로써 주제문을 두 개로 완성하였다. 결국 이 글의 주제는 "등산과 운동과 예술은 그 자체가 목적이고 보수라는 공통점이 있다."가 된다.

　이런 주제문을 뒷받침하려면 상당히 여러 가지 뒷받침이 필요할 것이다. 산에 오르는 사람의 생각, 운동하는 사람의 생각, 예술을 하는 사람의 생각을 설명해야 하기 때문이다. 이 글의 첫째 뒷받침문장에서는 산에 오르는 사람, 달리는 사람, 그림을 그리는 사람, 항아리를 만드는 사람이 자기들의 일이 돈을 버는 일이 아닌데도 열심히 하는 이야기를 하였다. 그러나 아직 이들의 행위가 목적이고 보수라는 주제를 구현하지 못해서 다시 이들이 고난과 질병과 죽음을 무릅쓰고 이런 일을 하는 공통점이 있음을 제시하여 뒷받침함으로써 어느 정도 주제를 구현할 수 있게 되었다.

■ 단위 글 4

　세상이 복잡해질수록 단순 논법으로 말하자면 두 가지 가능성이 생겨난다. 하나는 더 많이 다툴 가능성, 즉 분열과 갈등, 적대와 분노가 심화될 가능성이다. 다른 하나는 공동의 운명을 인식하고 이런 공감대에 입각해 협력하고 연대할 가능성이다. 전자가 엔트로피가 높아지면서 생겨나는 일종의 자연스러운 현상이라고 한다면, 후자는 인간이 본능적으로 갖고 있는 속성이지만 구체적으로 실현되기 위해서는 목적의식과 의지를 가지고 추진해야 하는 현상이다.

　　　　　　　　　— 박형준,「공감의 정치사회학과 한국 사회」,『한국인은 누구인가』

위 단위 글도 주제문이 두 개다. 처음 주제문은 "세상이 복잡해질수록 단순 논법으로 말하자면 두 가지 가능성이 생겨난다."인데, 여기서 두 가지 가능성을 제시하지 않았기 때문에 이를 제시하기 위해서 뒤에 두 문장으로 주제문을 설명해 두었다. 주제를 나타내는 세 문장은 하나의 주제문으로 바꿀 수 있다. "세상이 복잡해질수록 단순 논법으로 말하자면 두 가지 가능성 곧, 다툴 가능성과 협력하고 연대할 가능성이 생겨난다."처럼 바꿀 수 있다. 주제문이 둘 이상이라고 해도 이들은 내용이 통일되어 하나의 생각을 나타내도록 구성되어 있는 것이다.

(3) 주제문의 위치

단위 글의 주제문은 글의 맨 처음에 두는 것이 일반적이다. 그렇게 하면 독자가 글의 주제를 파악하는 데도 도움이 되고, 글쓴이가 주제문을 뒷받침하기도 쉽다. 그러나 꼭 그래야 되는 것은 아니다. 글쓴이의 취향이나 글의 상황에 따라서 주제문을 글의 끝에 둘 수도 있고 때로는 글의 처음과 끝 양쪽에 둘 수도 있다. 이제까지 본 글처럼 주제문을 글의 처음에 두는 형식을 두괄식이라고 하고, 주제문을 글의 끝에 두는 형식을 미괄식, 처음과 끝에 모두 두는 형식은 양괄식이라고 한다.

두괄식: **주제문** + 뒷받침문장 + ⋯ + 뒷받침문장
미괄식: 뒷받침문장 + ⋯ + 뒷받침문장 + **주제문**
양괄식: **주제문** + 뒷받침문장 + ⋯ + 뒷받침문장 + **주제문**

앞에서 든 많은 예문은 모두 두괄식 글이므로 여기서는 미괄식 글과 양괄식 글을 살펴보자. 아래 글은 주제문을 맨 뒤에 놓은 것이 더 좋게 보이는 경우이다.

■ 단위 글 5

우리에 갇힌 동물보다 자연공원에 방목된 동물이 더 자유로운가. 겉으로는 자유로워 보이지만, 자세히 생각해 보면 본질적으로 다른 점은 하나도 없다. 허용된 자유는 언제든 허락한 측에서 철회할 수도 있는 불완전한 자유, 아니 정확히 말해 자유를 표방한 기묘한 억압에 지나지 않는다. 그래서인지 자연농원의 동물은 자신을 가두는 사방의 벽 쪽으로 가기보다는 본능적으로 가운데로 모인다. 하긴 벽에 직면하는 순간, 자신이 갇혀 있다는 사실을 알 테니 얼마나 불쾌한 일이겠는가. "한계를 넘지 않는다면, 너희들 마음대로 해도 좋다." 이것이 자로 허용된 자유의 논리이다. 허용된 자유를 자유라고 받아들이는 순간, 우리는 자신을 검열하게 된다. 체제가 우리를 핍박하려고 할 때, 우리는 나약하게 외칠 것이다. "저는 한계를 지켰는데, 왜 그러세요?" 너무나 어리석고 나약한 한탄을 토해 내지 않기 위해서, 우리는 허용된 자유를 거부하고 자신의 자유를 찾아야 한다.

— 강신주,『김수영을 위하여』

위 글의 주제는 허용된 자유를 누리는 것이 옳은지 아니면 자신의 자유를 찾는 것이 진정한 자유를 누리는 것인지 논하는 것이다. 그리고 글의 주제문은 맨 뒤에 "우리는 허용된 자유를 거부하고 자신의 자유를 찾아야 한다."로 제시되어 있다. 이 주제문으로 논의를 수렴하기 위해서 앞에 여러 뒷받침문장을 둔 것이다.

> 한글을 긍정적으로 평가하는 가운데 본의든 아니든 함께 논의하게 되는 것이 세종의 공헌에 대한 내용이다. 여러 가지 문헌적 정황으로 보아서 훈민정음 창제 과정에서 보여 준 세종의 능력과 기여도는 분명히 남다른 데가 있다. 그러나 그 창제 과정에서 볼 수 있는 다양한 역사적 사실들을 정확하게 알아내기 위해서는 세종에 대한 '인격적 찬사'는 마땅히 지양되어야 한다. 세종의 공헌은 훈민정음 창제와 반포 과정에서 보여 준 정치적 결단과 창조 정신을 중심으로 해서 한정적으로 인정되는 것이 옳다.
>
> — 김하수, 『문제로서의 언어2』

이 단위 글의 주제는 훈민정음 창제에 대한 세종의 공헌을 어느 정도 인정할 것인지에 대한 것이다. 주제문은 글의 맨 끝에 나와 있다. "세종의 공헌은 훈민정음 창제와 반포 과정에서 보여 준 정치적 결단과 창조 정신을 중심으로 해서 한정적으로 인정되는 것이 옳다."가 이 글의 주제문이다.

어찌 보면 인간이 희망 때문에 환상에 빠지는 것은 당연합니다. 그래서 고통스러운 진실을 보지 않으려고 쉽게 눈을 감고, 저 사이렌의 노랫소리에 귀를 기울이다가 마침내 홀려서 짐승처럼 변하게 됩니다. 이것이 자유를 위한 중대한 투쟁에 나서야 하는 현명한 인간이 할 짓입니까? 눈 감고, 귀 막고, 오로지 한 순간에 그칠 구원에만 목을 매는 사람이 되자는 것입니까? 저는 정신적으로 아무리 고통스럽더라도, 진실을 알고 최악의 경우에 대한 대비책을 마련하겠습니다. 제게 앞길을 밝혀 주는 등불은 단 하나, 경험의 등불밖에 없습니다. 과거를 돌아보고 거기서 미래를 비추어 보는 방법 외에 또 뭐가 있겠습니까? 과거를 돌아보면, 지난 10년간 영국 정부가 한 행동 중에 우리가 기대하며 위안할 만한 게 뭐가 있습니까?

— 패트릭 헨리, 「자유가 아니면 죽음을 달라」, 『세상의 벽을 향해 던진 연설』

이 단위 글의 주제는 당장의 안전과 평안을 추구하는 것이 옳은지 당장은 고통스럽지만 진정으로 자유를 얻을 수 있는 길을 택할 것인지 논하는 것이고, 주제문은 "정신적으로 아무리 고통스럽더라도, 진실을 알고 최악의 경우에 대비하겠다."이다. 그 뒤에 있는 문장은 모두 주제문을 부연해 주는 내용이므로 여러 문장으로 이루어진 주제문이라고 말할 수 있겠다.

　서울은 나에게 우울한 계절이다. 겨울이 오면 내가 몇 년 전에 살던
집이 생각나서 우울해 진다. 비가 새는 집이 아니었는데도 겨울이 되면
벽이 젖고 곰팡이가 슬었다. 새 벽지를 발라 보아도 일주일이 지나기도
전에 다시 벽이 젖고 곰팡이가 슬었다. 집주인은 수리를 하려면 지붕을
새로 해야 하는데 비용이 너무 많이 들어서 고쳐주기 어렵다고 했다. 곰
팡이가 슨 벽을 바라보며 밥을 먹는 일이 힘들었다. (중략) 나이가 들고
나니 겨울에는 관절염이 더 심해져 왼쪽 무릎이 아프다. 눈이 많이 오면
산책도 삼간다. 몇 년 전 눈길에 미끄러져 발목을 다친 일이 있어 답답해
도 눈이 녹을 때까지 집 안에서 지낸다. 집에서 책을 읽거나 설거지가 하
다가, 겨울이면 더욱 심해지는 나의 관절염을 걱정한다. 아, 겨울은 나에
게 우울한 계절이다.

— 유미혜, 「겨울은 나에게 우울한 계절이다」

　이 단위 글◆은 겨울이 나에게 어떤 계절인지 설명하는 것이다. 주제
문은 맨 앞과 맨 끝 양쪽에 적혀 있다. 이처럼 주제문은 글의 맨 처음
에 둘 수도 있고, 끝에 둘 수도 있으며 때로는 양쪽이나 글의 중간에
둘 수도 있다. 그러나 가장 일반적인 방식은 주제문을 글의 맨 앞에 두
는 방식이다.

◆ 이 글은 서울시청 시민청 동그라미방에서 필자가 진행한 글쓰기 수업의 과제물이다.

2. 단위 글의 주제문 쓰기

주제문은 글쓴이의 생각(주장이나 느낌)을 하나의 문장으로 적은 것이다. 문장으로 적는다는 것은 주어와 서술어를 사용하여 문장을 완성함을 의미한다. 주제문을 완성하는 데 필요한 소양을 3가지 제시한다.

(1) 주제문은 완전한 문장으로 구성하라

주제문은 자기의 생각을 나타내는 핵심 문장이기 때문에 무엇에 대하여 어떻게 생각하는지 명료하게 전달할 수 있도록 문장을 완전하게 구성해야 한다. 주제문을 형식적으로 보면 서술어를 어떻게 구성하느냐에 따라서 세 유형으로 나눠 생각할 수 있다. 아래 표를 보자.

> 〈주제문 제1형식〉 무엇이 <u>어떻다</u>.(형용사 서술어)
> 〈주제문 제2형식〉 무엇이 <u>무엇이다</u>.(명사 서술어)
> 〈주제문 제3형식〉 (무엇이) 무엇을 <u>어떠하다</u>.(동사 서술어)

① 주제문 제1형식

주제문 제1형식은 형용사로 된 서술어를 갖춘 것으로서, 주제어(무엇)가 어떠함을 나타내는 주제문이다. 즉 주제어에 대한 글쓴이의 판단이 서술어에 들어 있는 주제문인 셈이다. "일본 사회는 지금 어떻습니까?"라는 주제에 대하여 "일본 사회는 지금 우려할 정도로 혼란스럽습니다."라고 대답하는 것과 같다. 물론 이 대답에 대해서 왜 그렇게 생각하는지 근거나 이유를 제시해야 설득력이 생길 것이다. 앞의 예문에서 "등신과 운동과 예술은 공통점이 있나"라고 한 것도 이 유형에 속하는 주제문이다.

▌ 예문 1

170개의 언어가 사용되는 이중언어 국가인 필리핀에서 국민을 하나로 통합하기는 쉽지 않다. 전혀 의사소통이 되지 않는 다른 언어를 사용하는 다민족으로 하나로 통합할 방법이 없기 때문이다. 또한 전 국민을 대상으로 공교육을 효율적으로 실시하기도 어렵다.

— 김미경, 『한국어의 힘』

이 단위 글의 밑줄 친 부분이 주제문이다. 그리고 그 뒤에 있는 문장은 주제문을 설득하기 위한 뒷받침문장이다. 여기서 주제는 "필리핀 같은 이중언어 국가에서 국민을 하나로 통합하는 것이 쉬운가 어려운가"라고 볼 수 있다. 이에 대한 주제문의 구성을 살펴보자. 문법적으로 보면 이 주제문은 아래와 같이 분석할 수 있다.

주어: 국민을 하나로 통합하기
서술어: 쉽지 않다

주어는 명사절로 이루어졌다. 형식적으로 보면 이 주제문은 주어와 서술어로 문장이 완성된다. 곧, "국민을 하나로 통합하기는 쉽지 않다."

로 완전한 문장이 된다. 그런데 비록 문법적으로 문장은 완성되었지만 거기에는 필요한 정보가 완전하게 담기지 않아 의미를 확정할 수 없다. '국민'의 개념이 모호하기 때문이다. 그래서 이를 수식할 내용을 적어 놓았다. '170개의 언어가 사용되는 이중언어 국가인 필리핀에서'가 그 것이다. 이렇게 하면 주제가 무엇인지도 밝히면서 그에 대한 주제문을 명료하게 제시하는 효과를 거둘 수 있다. 이처럼 주제문은 반드시 주어와 서술어에 필요한 정보를 제시하여 완성함으로써 주제문의 내용을 명료하게 해야 한다.

■ 예문 2

오두막에 다시 돌아오게 된 나는 벙커에 돌아온 보병만큼이나 즐겁다. 그때그때의 기분에 따라서 나의 오두막은 알이 되기도 하고, 자궁이 되기도 하고, 관이 되기도 하고, 나무배가 되기도 한다. 나는 친구들에게 작별을 고한다. 아, 그들의 엔진 부르릉거리는 소리가 멀어져가면서, 내 안에 차오르는 이 행복감!

— 실뱅 테송, 『희망의 발견: 시베리아의 숲에서』

위 단위 글의 주제문도 형식적으로는 '나는 즐겁다'로 완성되지만 정보로는 빈약하기 이를 데 없기 때문에 '오두막에 다시 돌아오게 된 나'라고 하여 '나'를 보완하였고, '벙커에 돌아온 보병처럼'으로 '즐겁다'를 보완하였다. 이 정도로 보완하면 주제문은 정보를 완전하게 전달하는 문장으로 완성되었다고 볼 수 있다.

② 주제문 제2형식

주제문 제2형식은 명사에 서술격 조사 '이나'를 붙여 서술어를 만드는 것으로서, 주어를 정의하거나 규정하는 형식이다. "한국인은 어떤 사람들인가?"라는 주제에 대해서 "한국인은 부지런한 사람들이다."라고 제시하는 형식이다. 이 주제문 형식은 주로 설명문이나 논설문에 흔히 나타나는 특징이 있다.

■ 예문 1

모든 운송수단 가운데 생각에 가장 큰 도움을 주는 것은 아마 기차일 것이다. 배나 비행기에서 보는 풍경은 단조로워질 가능성이 있지만, 기차에서 보는 풍경은 그럴 가능성이 전혀 없다. 열차 밖 풍경은 안달이 나지 않을 정도로 빠르게, 그러면서도 사물을 분간할 수 있을 정도로 느리게 움직인다. 어쩌다 사적인 영역들이 흘끗 눈에 띄어 영감을 얻기도 한다. 예를 들면 기차는 한 여자가 부엌 찬장에서 컵을 꺼내는 바로 그 순간을 보여주었다가, 이어 테라스에서 자고 있는 한 남자의 모습을 구경시켜주었다가, 공원에서 우리의 눈에 보이지 않는 인물이 던진 공을 잡으려는 아이의 움직임을 드러내기도 한다.

— 알랭 드 보통, 『여행의 기술』

위 단위 글의 주제문의 주어는 '모든 운송수단 가운데 생각에 가장 큰 도움을 주는 것'이고 서술어는 '기차이다'이다. 주어에 많은 수식어가 붙어 있는데 이런 수식어를 통해서 주어가 명료해지는 것이다. 주제문 뒤에 나오는 많은 문장은 왜 그렇게 판단하였는지 독자를 설득하기 위해서 내세운 뒷받침문장이다.

■ 예문 2

사회문제를 처리하는 데 발휘되는 지능이 개인의 필요를 충족시키고 물질적인 목적을 달성하는 데 발휘되는 지능을 따라가지 못하고 있다는 사실이 모든 악의 근원이다. 자연과학은 성큼성큼 전진하는 반면 정치 과학의 발전은 느리다. 부를 생산하는 기술은 크게 진보했지만 공평한 분배를 달성하는 일에서는 아무런 진전도 없었다. 지식은 엄청나게 증가 했고, 산업과 상업은 혁명적으로 변했다. 그러나 자유무역과 보호무역 중 어느 쪽이 유리한지에 대해서는 아직까지 합의가 이뤄지지 않았다. 우리는 50년 전에는 상상도 할 수 없었던 근사한 기계를 만들었지만, 정 치적 부패 앞에서는 바보처럼 무기력하다.

— 헨리 조지, 『사회문제의 경제학』

위 단위 글의 주제문은 무척 길다. 정보를 완벽하게 제시해야 하기 때문에 관형어를 많이 사용했다. 주제문의 주어는 '사실'이고 서술어는 '근원이다'이어서 이 주어와 서술어만으로는 정보가 너무 빈약하여 무 슨 의미인지 도무지 알 수 없다. 그래서 어떤 사실인지, 무엇의 근원인 지 밝히는 것은 필수적인 일이다. 그래서 '사실'을 수식하기 위해서 매 우 긴 관형절이 필요했다. "사회문제를 처리하는 데 발휘되는 지능이 개인의 필요를 충족시키고 물질적인 목적을 달성하는 데 발휘되는 지능을 따라가지 못하고 있다"가 '사실'을 수식함으로써 주제를 암시하면서 주어를 명료하게 만들어 주었다. 그리고 '근원'을 '모든 악'이 수미게 함으로써 '모든 악의 근원이다'라는 서술어를 완성하였다.

▌예문 3

안타깝게도 부자 나라들이 가난한 나라들을 상대로 '사다리 걷어차기'를 하면서 자유 시장, 자유 무역 정책을 강요해 왔다는 사실은 역사를 통해 얻을 수 있는 교훈이다. 이미 안정된 자리를 차지한 나라들은 자신들이 과거에 사용해 효과를 보았던 민족주의적인 정책들을 통해 경쟁국들이 늘어나는 것을 원치 않는다. 부자 나라들의 클럽에 최근 합세한 나의 모국 한국도 이런 경향에서 벗어나지 않는다. 한국은 한때 해적판의 천국이었음에도 불구하고 지금은 중국과 베트남에서 한국 가요의 해적판 CD와 한국 영화의 해적판 DVD를 만들고 있는 것을 걱정하고 있다.

— 장하준, 『나쁜 사마리아인들』

이 글의 주제는 가난한 나라들에 보호무역주의와 민족주의 경제정책을 포기하도록 강요하는 부자 나라들의 정책이 옳은지 그른지 논하는 것으로서 주제문은 '부자 나라들이 가난한 나라들에 자유 시장, 자유 무역 정책을 강요한 것이 사실임'을 밝히는 내용이다. 그 예로 한국의 경우를 든 것이 퍽 재미있다.

③ 주제문 제3형식

주제문 제3형식은 '어떡하다'라는 동사로 서술어를 만든 형식이다. "당신은 한국에 대해서 어떻게 생각하십니까?"라는 주제에 대하여 "나는 한국이 아름답다고 생각합니다."라는 주제문을 제시하는 것이나, "어떻게 하겠습니까?"라는 주제에 대해서 "이렇게 하겠습니다."라는 주제문을 제시하는 것이 제3형식인 동사 주제문의 형식이다. 아래 예문을 보자.

■ 예문 1

　나는 의술을 주관하는 아폴론과 아스클레피오스와 히기에이아와 파나케이아를 포함하여 모든 신 앞에서, 내 능력과 판단에 따라 이 선서와 그에 따른 조항을 지키겠다고 맹세한다. 나에게 의술을 가르쳐 주신 모든 분을 나의 부모와 다를 바 없이 소중하게 섬기고, 내가 소유한 모든 물질을 그분과 공유하면서 그분이 궁핍할 때는 그분을 도와주고, 그분의 자손을 나의 형제와 같이 여기고 그들이 의술을 배우고 싶어 하면 보수나 조건 없이 그들에게 의술을 가르치고, 내 아들과 내 스승의 아들과 의술의 원칙을 따르겠다고 선서한 제자들에게만 교훈과 강의를 포함하여 모든 방식의 교수법으로 의술에 관한 지식을 전달할 따름이고, 그 밖의 사람들에게는 전달하지 않겠다.

— 「히포크라테스 선서」의 일부

이 단위 글의 주제문은 '나는 맹세한다'를 주성분으로 하는 문장이다.

맹세하는 내용을 구체화한 것이 '내 능력과 판단에 따라 이 선서와 그에 따른 조항을 지키겠다'이고 이를 다시 보완한 것이 '의술을 주관하는 아폴론과 아스클레피오스와 히기에이아와 파나케이아를 포함하여 모든 신 앞에서'이다.

▌ 예문 2

    저는 평등사상은 고사하고 더구나 평화사상은 유목 전통에서 나올 수 없다고 확신에 가까운 믿음을 갖고 있습니다. 평화사상은 수렵이나 유목에서 나온 것이 아니라 유목 이전의 정주사회인 수메르적인 문화 전통에서 나온 것으로 봅니다. 목사님 말씀처럼 하비루가 수렵과 농경과 목축경제를 거쳐 도시 생활까지 발전해 살다가 미개한 유목민에게 멸망하여 도리어 가진 것 없는 떠돌이 유목민으로 전락하여 옛 고향을 수복하려 했다면 이것은 민족 해방 전쟁이라고 할 수 있으며, 이들 하비루가 평화사상을 갖고 있었다면 그들이 유목민이 되기 이전의 농경과 목축의 복합경제인 자급자족적인 수메르의 경제 체제 위에 이룩된 수메르문화의 평등사상의 전통에서 나왔다고 보아야 할 것입니다.

— 기세춘, 「평등, 평화사상은 수메르의 전통이다」

이 단위 글의 주제는 평화 사상이 수메르적 전통인가 유목민인 히브리의 전통인가에 대한 논쟁이다. 글쓴이는 "저는 평등사상은 고사하고 더구나 평화사상은 유목 전통에서 나올 수 없다고 확신에 가까운 믿음을 갖고 있습니다."라는 문장으로 주제문을 작성하여 자기 생각을 드러냈다. 바로 뒤에 있는 문장은 이 주제문을 부연한 것이다.

▌예문 3

　니체에 따르면 대중사회란 구성원들이 무리를 이루어 오로지 이웃 사람과 똑같이 행동하는 것을 가장 우선적으로 배려하는 것이 바탕이 되는 사회를 가리킵니다. 비판이나 회의 없이 전원이 눈사태를 피해 달려가듯 동일한 방향으로 가게 되는 것이 대중사회의 특징이지요. 니체는 이러한 비주체적인 군중을 밉살스럽다는 듯이 '짐승의 무리(Herde)'라고 이름 붙였습니다. 짐승의 무리가 지닌 단 하나의 준칙은 '타인과 동일하게 행동한다'는 것입니다. 짐승의 무리는 누군가 특별하거나 탁월한 것을 싫어합니다. 짐승의 무리가 지닌 이상은 '모두 동일하게'입니다. 그것이 짐승의 무리가 지닌 도덕이 됩니다. 니체가 비판한 것은 이것입니다.

　　　　　　　　　　　　　　　　— 우치다 다쓰루, 『푸코, 바르트, 레비스트로스, 라캉 쉽게 읽기』

　이 단위 글의 주제문은 "니체에 따르면 대중사회란 구성원들이 무리를 이루어 오로지 이웃 사람과 똑같이 행동하는 것을 가장 우선적으로 배려하는 것이 바탕이 되는 사회를 가리킵니다"이고, 이 주제문의 핵심 성분은 "대중사회란 어떤 사회를 가리킵니다."이고 '어떤'에 해당하는 관형어로 '구성원들이 무리를 이루어 오로지 이웃 사람과 똑같이 행동하는 것을 가장 우선적으로 배려하는 것이 바탕이 되는'을 제시함으로써 글의 내용을 명료하게 만들었다.

　주제문에 관한 세 가지 형식은 일정한 틀로 고정되는 것은 아니다. 형용사 서술어를 동사 서술어나 명사 서술어로 바꿀 수도 있고, 명사 서술어를 형용사 서술어나 동사 서술어로 바꿀 수도 있으며 동사 서술어를 형용사 서술어나 명사 서술어로 바꿀 수 있다. 물론 그렇게 바꾸더라도 주제의 핵심 내용은 바뀌지 않는다. 아래 서술어 교체를 검토해 보자.

주제문 제1형식	주제문 제2형식
무엇이 어떻다.	무엇이 무엇이다.
170개의 언어가 사용되는 이중언어 국가인 필리핀에서 국민을 하나로 통합하기는 쉽지 않다.	170개의 언어가 사용되는 이중언어 국가인 필리핀에서 국민을 하나로 통합하기는 쉽지 않은 일이다.

주제문 제1형식	주제문 제3형식
무엇이 어떻다.	무엇을 어떡하다.
오두막에 다시 돌아오게 된 나는 벙커에 돌아온 보병만큼이나 즐겁다.	오두막에 다시 돌아오게 된 나는 벙커에 돌아온 보병처럼 즐거워하였다.

주제문 제2형식	주제문 제1형식
무엇이 무엇이다.	무엇이 어떻다.
그대들의 신은 우리의 신이 아니다.	그대들의 신과 우리의 신은 다르다.

주제문 제2형식	주제문 제3형식
무엇이 무엇이다.	무엇을 어떡하다
사회문제를 처리하는 데 발휘되는 지능이 개인의 필요를 충족시키고 물질적인 목적을 달성하는 데 발휘되는 지능을 따라가지 못하고 있다는 사실이 모든 악의 근원이다.	사회문제를 처리하는 데 발휘되는 지능이 개인의 필요를 충족시키고 물질적인 목적을 달성하는 데 발휘되는 지능을 따라가지 못하는 데서 모든 악이 생긴다.

주제문 제3형식	주제문 제1형식
무엇을 어떡하다.	무엇이 어떻다.
저는 평등사상은 고사하고 더구나 평화사상은 유목 전통에서 나올 수 없다고 확신에 가까운 믿음을 갖고 있습니다.	평등사상은 고사하고 평화사상은 유목 전통에서 나올 수 없다.

주제문 제3형식	주제문 제2형식
무엇을 어떡하다	무엇이 무엇이다.
나는 모든 신 앞에서, 내 능력과 판단에 따라 이 선서와 그에 따른 조항을 지키겠다고 맹세한다.	모든 신 앞에서, 내 능력과 판단에 따라 이 선서와 그에 따른 조항을 지키겠다는 것이 내 맹세이다.

이처럼 글쓴이의 표현 선호도에 따라서 내용의 변화 없이도 형식을 얼마든지 바꿀 수 있으므로 자기 취향이나 당시의 글 상황에 맞게 형식을 갖추면 된다. 중요한 것은 주제문은 문법적으로 완전히어야 할 뿐 아니라 정보가 완전하게 담기어 의미가 명료하게 드러나야 한다는 점이다. 그러기 위해서는 주어와 서술어를 제약할 수 있는 명료한 수식어를 붙이는 것이 매우 중요하다.

(2) 주제문은 '자기의 언어'로 구성하라

주제문은 남의 생각을 옮기거나 인용하는 것이 아니라 자기 생각을 제시하는 것이다. 남이 한 말을 그대로 옮기는 것은 주제문과 자기 생각을 어긋나게 할 위험이 있다. 그래서 평소에 자기가 생각한 개념을 이용해서 자기 말로 주제문을 작성해야 한다. 다른 사람이 어떤 말을 하든 "나는 이렇게 생각한다." 또는 "나는 이렇게 느꼈다."라고 말할 수 있는 분상이어야 한다. 만일 자기 생각이 일정한 결론에 이를 정도로 완숙되지 않으면 글을 쓰지 말아야 한다.

흔히 정치인이나 사장처럼 남의 힘을 빌리는 위치에 있는 사람은 글쓰기도 비서의 도움을 받는 경우가 많다. 이때 비서가 써준 글을 그대로 읽는 것은 지극히 몰상식한 일이다. 글은 발표되는 순간 발표자의 이름과 함께 돌아다니게 되어 그 사람의 생각으로 간주되는 것이다. 그런데 주제문이 자기 생각과 다르거나 평소에 그렇게 생각해 본 일이 없는 내용이라면 독자를 기만하는 나쁜 행위가 된다. 최근 어떤 정치인이 대통령의 공약 파기에 대한 책임 논란이 일자 "대통령 후보가 공약을 내거는 것은 아랫사람이 적어 주는 것을 그대로 읽은 것이므로 대통령에게는 책임이 없다."라는 취지로 말한 적이 있는데 이는 참으로 무지하고 야만스러운 말이다. 주제문을 자기가 직접 작성하지 않는 정치인은 믿을 수 없는 정치인이고, 주제문을 아랫사람이 적어 주는 대로 쓰는 고위 공무원은 거짓을 일삼는 공무원이기 십상이다. 반면에 주제문을 자력으로 쓰는 사람은 진실한 사람일 확률이 높다. 왜냐하면 그 주제문을 작성하기 위하여 뒷받침문장을 만들면서 그것이 자기 생각이나 주장을 잘 대변하는지 지속적으로 반문하는 작업을 거쳤을 것이기 때문이다.

▌ 예문 1

　나는 정치를 시작한 이래 연설문 작성에 심혈을 기울였다. 연설문에 많은 것을 담으려 했다. 집회가 있을 때면 연설 원고가 늘 걱정이었다. 원고가 완성이 안 되면 초조하기 이를 데 없었다. 정치에 발을 들여놓은 이래 헤아릴 수 없이 많은 연설을 했다. 한때는 정치가 곧 연설이라는 생각이 들었다. 그래서 혼신의 힘을 다해 원고를 작성했다. 중요한 연설문은 산통이 대단했다. 호텔 방을 전전하며 구상하고 수없이 다듬었다.

－ 강원국, 『대통령의 글쓰기』

　이 말은 김대중 자서전에 있는 말이라고 한다. 그렇다면 김대중 대통령은 자기 말과 행동을 일치시키려고 노력한 대통령이었을 것이다.

　주제문을 자기의 말로 작성하게 되면 두 가지 좋은 열매를 얻을 수 있다. 첫째, 자기의 생각을 가장 잘 드러낼 낱말과 표현을 찾아서 쓰는 노력을 한 만큼 글과 자신의 일체감이 깊어진다. 이는 글의 진정성을 높여 신뢰감을 얻는 중요한 기제로 작용한다. 둘째, 글을 통해서 자기의 생각을 끊임없이 높은 수준으로 향상시킬 수 있게 된다. 사람은 생각한 만큼 생각이 깊어지고 넓어진다. 주제문을 만들기 위해서 생각을 오래 그리고 다양하게 한 만큼 그 주제에 대한 이해력과 문제 해결력이 길러질 것이다. 그래서 주제문은 반드시 자력으로 완성하기를 권한다. 자력으로 완성한다는 말은 주제문에 사용할 핵심 낱말과 표현을 자기가 생각해 내라는 말이다.

(3) 주제문에는 단일 개념을 사용하라

주제문은 주제에 대하여 통일된 생각을 제시하는 것이므로 생각이 갈라지지 않도록 단일 개념을 사용해야 한다. 즉, 서술어나 관형어 또는 부사어에 두 가지 이상의 서로 다른 개념을 제시하지 않아야 한다. 아래 표는 주제문을 단일 개념으로 만든 것과 복합 개념으로 만든 것을 대비해 놓은 것이다.

	단일 개념의 주제문	복합 개념의 주제문
1	등산과 운동과 예술은 **공통점이 있다.**	등산과 운동과 예술은 **공통점과 차이점**이 있다.
2	현재 한국은 **성장 정책**을 우선 추진해야 한다.	현재 한국은 **성장과 분배 정책**을 우선 추진해야 한다.

1번 주제문처럼 서술어를 '공통점이 있다'라는 단일 개념으로 구성하면 이를 뒷받침하기가 쉬워진다. 그러나 '공통점과 차이점이 있다'라고 복합 개념을 사용하면 공통점을 뒷받침하면서 차이점도 뒷받침해야 하기 때문에 단위 글이 말하고자 하는 바가 통일적으로 제시될 수 없다.

2번 주제문도 '성장 정책'이라는 단일 개념을 쓰면 왜 성장 정책을 추진해야 하는지 하나의 논리로 설명할 수 있지만 '성장과 분배 정책'이라는 복합 개념을 사용하면 서로 다른 개념인 '성장 정책'과 '분배 정책'을 따로 설명하면서 이것을 추진해야 함을 설득해야 하기 때문에 단위 글이 통일적으로 전개되기 어렵다. 따라서 단위 글을 쓸 때에는 반드시 주제문에 사용하는 개념을 단일 개념으로 할 것을 권한다.

단위 글의 주제문에 복합 개념을 사용하게 되면 어떤 결과가 나타나는지 실제 예문을 들어 살펴보자.

■ 예문 1

　　무릇 모든 도구는 양면적이고 복합적이다. 훈민정음은 쉬운 문자 도구이므로 쓰임새가 많을 수밖에 없다. 또 창제자가 만든 의도대로만 쓰인 것도 아니다. 그래서 허조 같은 신하는 쉬운 문자(이두)를 가르치면 백성들이 지배층을 욕하는 데 사용할 수 있다고도 했다. 세종이 이런 양면성이나 다양한 쓰임새를 몰랐을 리 없다. 그러나 구더기 무섭다고 장을 안 담글 수는 없는 노릇이다.

　　　　　　　　　　　　　　　　　　－ 김슬옹, 『28자로 이룬 문자 혁명 훈민정음』

위 글의 주제문은 "무릇 모든 도구는 양면적이고 복합적이다."라고 되어 있다. 즉 서술어에 '양면적'과 '복합적'이라는 두 개념을 사용하였다. 양면적이란 말은 좋은 점과 나쁜 점처럼 서로 맞서는 개념이 있음을 나타낸다. 이에 비해서 복합적이란 말은 두 가지 이상의 개념이 들어 있다는 말이다. 대체로 두 개념이 서로 관련이 있거나 포함 관계에 있는 경우에 사용한다. 칼의 양면성은 칼이 사람에게 이롭게도 사용되고 해롭게도 사용되는 특성을 가리키며, 칼의 복합성은 칼이 물건을 써는 데도 사용되지만 재료를 다지는 데도 사용되고 구멍을 파는 데도 사용되는 특성을 가리킨다. 이처럼 '양면적'과 '복합적'은 별도로 설명해야 할 정도로 다른 개념이다. 그런데 이 두 개념을 단위 글의 주제문에 함께 넣으면 뒷받침하기가 무척 곤란해진다.

위 글에서는 양면성(배우기 쉬워 백성들이 사용하기 쉬운 특성과 백성들이 지배층을 욕하는 데 사용하기 쉬운 특성)만 뚜렷하게 설명하였을 뿐 복합성은 뒷받침되지 않았다. 복합 개념을 사용하면 하나만 뒷받침하고 다른 하나는 뒷받침하지 않는 실수가 실제로 일어나기 쉽다. 이 글에서 처음부터 주제문을 단일 개념으로 하여 "무릇 도구는 양면적이다."라고 했더라면 주제도 선명하고 일부 설명을 빠뜨리는 사고도 방지할 수 있었을 것이다.

그럴 일은 없겠지만 "나는 이렇게도 생각하고 저렇게도 생각한다."라거나 "이런 때는 이게 좋고, 저런 때는 저게 좋다."라는 식으로, 생각을 통일하지 않고 주제문을 만들면 안 된다.

이처럼 단위 글의 주제문에는 복합 개념을 사용하면 두 개념을 뒷받침하기 쉽지 않고, 최악의 경우에는 복합 개념 가운데 하나만 뒷받침하고 마는 사고를 내기 쉽다. 그래서 특별한 경우가 아니면 단일 개념을 사용하여 주제문을 작성하도록 권하는 것이다.

3. 뒷받침문장 쓰기

주제문의 이유나 근거 또는 사례나 해설을 제공하여 독자가 주제문을 이해하고 납득할 수 있게 하는 문장이 뒷받침문장이다. 뒷받침문장은 주제문에 따라서 한 개만 붙일 수도 있고 여러 개를 붙일 수도 있다. 많이 붙이는 것이 중요한 것은 아니고 주제화에 더 큰 도움을 주는 것을 붙이는 것이 중요하다. 어떤 주제문은 논리적으로 뒷받침하는 문장이 필요할 수 있고, 어떤 주제문은 쉬운 해설로 뒷받침하는 것이 좋을 수 있으며, 어떤 주제문은 해당 사례를 제시하는 것으로 뒷받침하는 것이 더 좋을 수 있다. 어떤 주제문은 논리적 설득, 자세한 해설, 유용한 사례 제공, 경험담 제시 등의 방법을 모두 동원하여 뒷받침하는 수도 있다. 뒷받침문장의 종류와 수량은 글쓴이의 능력과 관계된다. 글쓴이가 주제와 관련하여 해박한 지식을 갖추고 또 주제를 깊이 있게 통찰하였다면 뒷받침문장도 그에 맞게 적절하고 요긴한 것을 제시할 것이고, 경험이 적고 전문 지식이 부족하다면 뒷받침문장도 단순하고 상식적인 것을 제시하는 선에서 그치고 말 것이다. 그러나 주제가 있는 글쓰기를 배운 사람은 자기의 지식을 뛰어넘는 수준의 뒷받침문장을 쓰는 능력을 갖출 수 있다. 주제문을 작성했다면, 누구나 뒷받침문장을 잘 만들 수 있도록 돕는 것이 이 책의 목적이다. 뒷받침문장의 요건과 글의 종류에 따라서 어떤 방식으로 뒷받침문장을 쓰면 좋을지 설명하겠다.

(1) 뒷받침문장의 조건

주제 논의가 주제문으로 귀결되게 하려면 모든 뒷받침문장이 주제문을 지향해야 한다. 논의가 결국 주제문으로 수렴되게 하려면 주제문의 뒷받침문장이 주제문의 이유, 근거, 사례, 해설 등이 되도록 구성해야 한다. 이러한 요소가 일반적으로 주제문을 뒷받침할 수 있는 뒷받침문장의 조건에 해당한다.

① 이유 제시

뒷받침문장은 주제문에 대한 의문 곧 '왜'라고 넌신 실문에 답을 제시하는 문장이어야 한다. 이는 주제문을 독자가 수용하지 못한 상태임을 감안한 것이다. 주제문이 "하늘의 뭇 별은 우리에게 수많은 꿈을 꾸게 만든다."라고 한다면 '왜 그럴까?'에 답하는 문장이 뒷받침문장이 된다. 글쓴이가 그런 주제문을 내세운 이유는 "별을 보면 이런 생각을 하게 되기 때문"이라는 뒷받침문장이 필요한 것이다. 또, "정치는 종합예술이다."라고 주제문을 내세운다면 "왜 그렇게 생각하는가?"에 대한 답을 뒷받침문장으로 제시하여야 한다. 결국 뒷받침문장은 주제문에 대한 근본적인 의문을 해소해 주는 미덕을 갖춘 문장이어야 한다.

■ 예문 1

　독서는 우선 비(非)독서라고 할 수 있다. 삶을 온통 독서에 바치는 대단한 독서가라 할지라도 어떤 책을 잡고 펼치는 그 몸짓은 언제나 그것과 동시에 행해지는, 그래서 주위 사람들이 주의를 기울이지 않는 그 역(逆)의 몸짓을 가린다. 즉, 그 책 외의 다른 모든 책들, 어떤 다른 세상이었다면, 선택된 그 행복한 책 대신 선택될 수도 있었을 다른 모든 책들을 잡지 않고 덮는 몸짓을 가리는 것이다.

－ 피에르 바야르,『읽지 않은 책에 대해 말하는 법』

　위 단위 글의 주제문은 "독서는 비(非)독서다."이다. 상당히 역설적인 주제문이다. 그런데 그 뒤에 이어지는 모든 문장(뒷받침문장)은 이 주제문처럼 주장하게 된 이유를 제시하고 있다. 주제문 뒤에 '왜냐하면'을 넣으면 좀 더 뒷받침문장의 '왜'에 대한 대답이 잘 드러날 것이다. 이 글이 번역문이기 때문에 뒷받침문장이 한국인에게 조금 낯선 문투로 되어 있어 글의 이해를 방해하기는 해도 주제문과 뒷받침문장의 구성은 제대로 되어 있다.

▌ 예문 2

오늘날 지식인은 아마추어가 되어야 합니다. 여기서 아마추어란 한 사회의 분별력 있고 사려 깊은 구성원이 되고자 한다면 가장 전문적이고 직업적인 행위에 있어서조차 그 행위가 자신의 국가와 관련되고 그 국가의 권력과 관련되며 다른 사회와의 상호작용방식은 물론 자국 시민들과의 상호작용 방식과 관련될 때, 그 핵심에서 도덕적인 문제를 제기할 수 있는 자격이 있어야 한다고 생각하는 사람입니다. 아마추어로서 지식인의 정신은 우리 모두가 겪고 있는 단순히 직업적인 일상에 들어가 이를 훨씬 더 생기 있고 급진적인 무언가로 변모시킬 수 있습니다. 그저 해야할 일로 여겨지는 것을 묵묵히 수행하는 대신, 그것을 왜 해야 하며 그것이 누구에게 도움이 되는 일이며 그것을 어떻게 하면 개인적 기획과 독창적 사고에 다시 접목할 수 있을지 물을 수 있게 되는 것입니다.

— 에드워드 사이드,『지식인의 표상』

위 단위 글의 구성은 좀 독특하다. 주제문을 내놓은 뒤에 주제문에 사용한 개념을 길게 해설해 놓았다. 아마 개념을 명확하게 하지 않으면 일반적인 개념으로 이해하게 되어 주제문이 제시하고자 하는 뜻을 전달힐 수 없다고 보았기 때문일 것이나. 글쓴이는 아마추어를 사람들이 일반적으로 사용하는 개념과 다른 개념으로(그러나 뿌리는 같음) 사용하고 있음을 알 수 있다. 그리고 '왜' 현대의 지식인이 아마추어가 되어야 하는지 설명하는 대신에 새롭게 개념 규정된 바와 같은 아마추어라면 어떤 일을 할 수 있을 것인지 설명함으로써 이유를 직접 제시하는 것을 갈음하였다. 이는 마치 "나는 커서 대통령이 되겠다."라는 주제문을 내건 사람이 대통령이 되면 자기가 하고 싶은 일을 제시하는 방식으로 뒷받침하는 것과 비슷한 방식이다.

② 근거 제시

뒷받침문장은 주제문이 지향하는 바를 설득할 수 있는 근거를 제시하는 내용이 되어야 한다. 법령이나 지침 또는 일반적으로 인정된 관례 등이 근거로서 적합하고, 관련 통계 자료나 조사 결과물도 근거로서 활용될 수 있다. 역사적 사실도 당연히 근거로서 사용될 수 있다. 단순히 어떤 신문이나 방송에 보도된 것으로는 근거를 제시했다고 볼 수 없다. 어디까지가 근거로서 합당한지는 독자들이 판단할 몫이지만 적어도 공식적인 자료로 인정할 만한 것이어야 할 것이다. 공신력이 현저히 떨어지는 여론 조사 결과 같은 자료는 근거로서 적합하다고 볼 수 없다.

도시의 나무, 즉 공원녹지와 시민들의 건강이 어떤 관계가 있는지 1인당 공원율과 사망률 그리고 병원비 지출 내역을 기준으로 7대 광역시를 비교한 기사가 있었다. 1인당 공원율은 부산이 4.9제곱미터로 대구 다음으로 가장 낮은 수준이었고 인구 10만 명당 사망률은 부산이 절대적으로 높았다. 통계적으로 부산이 최저의 공원율에 사망률이 최고이며 병원비 지출내역 또한 2011년 한 해 동안 1인당 진료비가 127만원으로 서울과 함께 전국 최고였다. 부산의 각 구별로 분석한 통계도 공원율이 낮은 구가 사망률이 높고 병원비 지출도 많았다는 보도내용이었다. 이처럼 녹지공간과 시민의 건강이 서로 상당한 관계가 있음을 보여주는 비교였다.

위 단위 글◆은 '녹지공간과 시민의 건강이 상당한 관계가 있음'을 주제문으로 삼고 신문 기사에 나타난 자료를 이용하여 뒷받침문장을 구성한 예이다. 신문도 다른 조사 통계를 인용한 것이므로 자료 출처가 분명히 제시되지 않아서 이 조사가 어느 정도 신빙성이 있는지 알 수 없다. 그래서 이 기사가 곧바로 주제문을 잘 뒷받침했다고 볼 수는 없지만 이런 통계 자료를 제시하면 주제문이 상당히 설득력을 갖추게 되는 것이 사실이다. 따라서 근거 자료를 제시할 때는 그 자료의 출처를 명확히 밝혀서 신뢰도를 높여야 한다.

◆ 이 글은 서울시청 시민청 동그라미방에서 필자가 진행한 글쓰기 수업의 과제물이다.

③ 사례 제시

어떤 주제문은 이유니 근거보다 사례를 제시하는 방법으로 뒷받침하는 것이 더 효과적인 경우가 있다. 모든 사람이 그 가치를 수긍할 만한 일을 처음으로 시작하려 할 때는 이유나 근거보다는 이미 이것을 시행하고 있는 나라나 지역 또는 사람의 경우를 예시하면 더 큰 도움이 될 수 있다.

▌예문 1

근대에 와서 문자는 무기, 세균, 중앙집권적 정치 조직 등과 나란히 행진하면서 정복을 도왔다. 군주나 상인들이 식민지 개척을 위한 선단을 조직할 때에도 문서로 명령을 시달했다. 이들 선단은 종전의 원정에서 작성된 해도와 항해 지시서에 의거해 항로를 잡았다. 원정에 대한 보고서들은 정복자들을 기다리고 있는 기름진 땅과 그곳의 풍요로움을 묘사함으로써 새로운 원정의 동기가 되었고, 그 이후의 탐험가들에게 어떤 상황을 예상해야 하는지 알려줌으로써 미리 준비를 갖추도록 도와주었다. 그렇게 해서 세운 제국을 통치하는 일도 문자의 도움으로 이루어졌다. 물론 이 같은 여러 가지 정보는 문자를 모르는 사회에서도 다른 방법으로 전달할 수는 있었지만 문자가 있음으로 해서 쉽고 자세하게, 정확하게, 더욱 솔깃하게 전달할 수 있었던 것이다

— 제레드 다이아몬드, 『총, 균, 쇠』

위의 단위 글은 문자가 근대에 와서 정복을 도운 사례를 예시하는

방법으로 주제화를 시도했다. 예시는 명확한 사실이면 좋지만 위 단위 글에서처럼 사실일 거라고 믿을 만한 충분한 것이라도 괜찮다. 항해 지시서나 탐험가들의 탐험 경험담을 쓴 책이 모두 문자로 이루어졌고, 그런 기록이 정복을 부추기거나 더 성공적으로 수행할 수 있도록 하는 데 도움이 되었다는 것은 의심할 나위가 없기 때문이다.

④ 해설 제시

어떤 주제문은 설명이 필요할 뿐 특별히 이유나 근거 또는 사례나 비전을 제시하여 뒷받침할 필요가 없는 것이 있다. 주로 지식을 전달하는 설명문에 나타나는 주제문이 그렇다.

■ 예문 1

교겐의 원류는 나라시대에 중국에서 전래된 산가쿠[散樂]에서 찾을 수 있다. 산가쿠는 원래 서역에서 비롯되어 중국을 통하여 일본에 전래된 것으로, 곡예, 요술, 가무, 흉내내기 등의 잡다한 민간 예능을 가리킨다. 이 중에서 익살스러운 촌극 형태의 연희가 중심이 되어 헤이안 시대(794~1185)에 사루가쿠[猿樂]라고 불리는 예능으로 발전하게 되었다. 사루가쿠는 흉내내기를 중심으로 요술 등을 포함하는 유쾌하고 재미있는 예능이다.

헤이안시대 중기 학자인 후지와라노 아키히라(989~1066)가 저술한 『신사루가쿠기[新猿樂記]』에는 당시 연행되었던 사루가쿠 작품들이 기록되어 있다. 예를 들어, 덕이 높다고 알려진 여승 묘코[妙高]스님이 파계하여 아이를 낳았는데 기저귀가 없어 여기저기 구걸하러 다닌다는 '묘코스님의 기저귀 구하기', 동쪽 지방 사람이 처음으로 교토에 상경하여 아무 것도 몰라 허둥거리는 모습을 그린 '동쪽 지방 사람의 첫 상경' 등이 소개되어 있다.

— 이지선, 『일본의 전통 문화』

위 단위 글은 일본 전통 문화의 한 형식인 교겐[狂言]을 정의한 주제문을 해설로 뒷받침한 것이다. 이 글은 교겐이 산가쿠에서 발원하여 사루가쿠로 발전하였음을 설명하고, 줄을 바꿔서 사루가쿠에 대해서 자세히 설명하고 있다. 물론 이 글의 어디엔가 사루가쿠가 교겐으로 발전한 이야기를 적을 것이다. 그러면 주제문이 완전하게 뒷받침되겠지만, 적어도 이 단위 글에서는 주제문이 완전히 뒷받침되지 않은 상태에서 다른 이야기(사루가쿠 이야기)로 넘어갔다. 마땅히 "사루가쿠가 무로마치 시대에 사루가쿠 노와 사루가쿠 교겐으로 분화하여 발전하다가 사루가쿠 교겐이 에도 시대에 오늘날의 교겐으로 확립되었다."라는 정도의 해설이 있었어야 할 것이다. 그러고 나서 사루가쿠에 관하여 자세히 설명하는 것이 좋은 구성이다.

⑤ 정보 제시

잘 쓴 글이라고 평가를 받는 글은 대개 독자의 관심사를 잘 찾아서 제대로 다루어 주거나 독자가 미처 생각지 못한 바를 제시해 주는 글이다. 여기에 문채(文彩)의 아름다움이 더해지면 그야말로 금상첨화일 것이다. 그래서 뒷받침문장에 가능하면 다양하고 의미 있는 정보를 멋진 표현으로 적고자 한다. 그러나 글쓰기를 배우는 사람에게 이런 생각은 먼 훗날에 도달하게 될 목표일 따름이지 당장의 욕심으로 삼을 일은 아니다. 자칫 멋만 부린 글이 되거나 남의 생각만으로 쓴 글이 되기 십상이기 때문이다. 그래서 글을 쓰는 사람이라면 뒷받침문장을 알차게 쓰려고 노력하기를 권한다. 이 노력을 진지하게 한다면 누구나 전문가 못지않은 좋은 글을 쓸 수 있다.

뒷받침문장을 알차게 쓰려고 애쓴다는 말은 주제문을 뒷받침하는 데 유익한 자료나 정보가 무엇인지 찾고 또 찾는 노력을 기울인다는 것을 의미한다. 이런 노력은 '글쓴이가 주제에 대해서 얼마나 깊이 있게 생각을 했는지, 주제와 관련하여 얼마나 많은 경험을 했는지'와 관련이 있다. 다양한 경험을 하지 못했다면 다른 사람의 경험을 알아야 하므로 독서를 통해서라도 이를 보완해야 한다. 조금 더 깊고 다양하게 주제에 대하여 생각하고 경험하는 만큼 뒷받침문장은 더 알차고 더 빛날 것이다.

■ 예문 1

서울시는 하천을 깨끗하게 관리해주면 좋겠다. 월계동으로 이사 온 지 13년째이다. 이사 와서부터 중랑천 변을 따라 생긴 자전거도로에서 자전거를 타기도 하고, 중랑천 변에 설치해 놓은 운동기구로 운동하기도 하고, 중랑천 변을 따라 가볍게 조깅도 하곤 했다. 그런데 요즘 운동을 나가면 심한 악취가 나서 인상을 찌푸리게 되고 나가기도 싫어진다.

처음에 이사 왔을 때는 준설작업도 하고 근로 봉사자가 하천 변을 관리하는 모습도 ~~중~~종 볼 수 있었는데 요즘 어찌 된 것인지 관리하는 분들을 보기 힘들다. 그래서 그런지 하천이 정말 지저분하다. 주변에 쓰레기가 널려 있고, 냄새가 나서 운동하는 사람들도 줄어들었다. 더러운 하천 물을 보고 내심 걱정이 되었다. 이 물을 우리가 마시고 있는 것인가? 하천이 깨끗해야 우리가 식수로 마시는 아리수도 깨끗할 것이다. 집 근처에서 운동할 수 있어서 살기 좋은 곳이라 생각했는데 이제는 운동하고 싶은 마음이 줄어들고 살기 좋은 곳이라는 생각도 없어지니 다시금 기분 좋은 마음으로 운동할 수 있고 깨끗한 물을 마실 수 있도록 서울시는 하천을 깨끗이 관리해줬으면 좋겠다.

위 글*은 한 시민이 서울시의 하천 관리에 대한 의견을 적은 글이다. 주제문은 "서울시는 하천을 깨끗하게 관리해주면 좋겠다."이고 나머지는 주제문을 뒷받침하는 문장이며 마지막에 붙은 문장은 주제문을 되풀이하여 주제를 강화한 문장이다. 이른바 양괄식의 글이다. 이 글의 뒷받침문장은 자신이 경험한 바와 생각한 바를 적은 것임을 알 수 있다. 가볍게 쓴 글로는 손색이 없는 글이다. 그러나 좀 더 욕심을 내어 뒷받침문장을 알차게 적으려 한다면 서울시 누리집(홈페이지)을 찾거나 관련 자료를 들추어서 서울시가 중랑천을 어떻게 관리하고 있는지, 중랑천 관리와 중랑천 악취의 관계가 어느 정도 밀접한지 파악하여 이를

◆ 이 글은 서울시청 시민청 동그라미방에서 필자가 진행한 글쓰기 틔움 강좌 수강생의 글이다.

언급했다면 서울시의 행정 잘못을 깊이 있게 꾸짖고 대안을 제시하는 글이 될 수도 있었을 것이다. 뒷받침문장을 충실하게 만든다는 것은 글쓴이가 얼마나 다양한 관점으로 얼마나 깊이 있게 주제문을 곰팔 수 있는지와 관련이 된다. 글쓰기 연습은 다양하고 깊이 있는 뒷받침문장을 만드는 연습의 과정이다.

⑥ 혼합 제시

일반적으로 위 다섯 가지 방법 가운데 한 가지 성격의 뒷받침문장만 쓰이는 경우는 별로 많지 않다. 이유를 나타내는 뒷받침문장에 사례를 제시하는 뒷받침문장이 섞이기도 하고, 근거를 제시하는 뒷받침문장과 비전을 제시하는 뒷받침문장이 함께 쓰이기도 한다. 주제문을 제대로 완벽하게 뒷받침만 할 수 있다면 뒷받침문장이 어떤 성격의 것이든 상관할 바가 없고 뒷받침문장의 개수기 많고 적음도 상관없다. 아래 예문은 뒷받침문장에 사례와 이유가 섞인 글이다.

▌예문 1

　오랜 옛날에도 아이디어 확산을 통해 만들어진 문자 체계가 많았다. 세쿼이아의 사례는 그 과정을 엿볼 수 있는 하나의 모델이라고 할 수 있다. 가령 1446년에 한국의 세종대왕이 한국어를 위해 고안한 한글 자모는 중국 글자의 네모꼴 모양과 티베트 승려들의 문자 또는 몽고 문자의 알파벳 원리에서 자극을 받아 만들어진 것이 분명하다. 그러나 세종대왕은 자음과 모음의 형태는 물론이고 한글 자모에만 있는 몇 가지 독특한 특징들도 새로 발명했다. 예를 들면 몇 개의 자음과 모음을 네모 칸 속에 묶어 음절을 만들고 소리가 서로 관련되어 있는 자음이나 모음을 나타내는 글자는 그 형태도 서로 관련되도록 만들었다. 또한 자음 글자들의 형태는 각각 그 자음을 발음할 때 나타나는 혀나 입술 모양을 본떴던 것이다. A.D.4세기경부터 켈트족이 살던 영국 일부 지역과 아일랜드에서 사용되었던 오검 알파벳도 한글처럼 알파벳 원리를 받아들였지만 (이 경우에는 기존의 유럽 알파벳들로부터) 역시 독특한 글자 형태를 고안했다. 그것은 다섯 손가락을 사용하는 수신호 체계를 바탕으로 만든 듯하다. 한글과 오검 알파벳은 고립 상태에서 독립적으로 발명되지 않고 아이디어 확산을 통해 만들어진 것이 확실하다. 왜냐하면 두 사회 모두 문자를 소유한 사회와 밀접하게 접촉하고 있었으며 외부의 어떤 문자에서 자극을 받았는지도 명확하기 때문이다.

— 재레드 다이아몬드, 앞의 책

이 단위 글의 주제문은 "옛날에도 아이디어 확산을 통해서 만들어진 문자 체계가 많았다."이고 그 사례로 세쿼이아*가 만든 문자와 세종대왕이 만든 한글 그리고 오검(Ogham) 알파벳을 들었다. 특히 한글과 오검 알파벳이 '순수하게 창조된' 글자가 아니라 아이디어 확산을 통해서 만들어진 문자 체계라고 주장하는 이유를 덧붙였다. 단위 글로서 구성

◆ 세쿼이아(Sequoyah, 1760/1770~1843)는 1820년경 미국 아칸소 주에서 체로키족 인디언의 말을 적기 위해 음절문자를 고안해 낸 사람이다. 그는 85개의 음절문자로 체로키 말을 적게 하였는데, 체로키족의 거의 100%가 이 글자를 익혀 책과 신문을 발행하였다고 한다.

이 썩 만족스럽지 않지만 뒷받침문장에 성격이 다른 것들이 공존하는 것을 보여 주는 예문이다.

(2) 논설문의 뒷받침문장 쓰기

논설문은 상대방을 설득하기 위한 글이다. 자기의 생각이나 주장을 먼저 내세우고 그 주장이 어떤 타당성이 있는지 설명함으로써 상대가 나의 주장에 동조하게 만드는 것이다. 연설문, 비평문, 권유문 등도 이 범주에 든다. 이런 글의 뒷받침문장은 이유와 근거 그리고 해당 사례를 제시하는 내용의 뒷받침문장이 필요하다. 논설문을 특별하게 뒷받침하는 방법으로는 주제가 구현된다면 어떤 열매를 맺을 것이라고 결과에 대한 희망의 말을 함으로써 독자를 설득하는 방법을 택하는 경우도 있다. 주제문에 대한 설명이나 근거 뒷받침이 필요 없을 정도로 자명하다면 이런 뒷받침이 유용하다.

그러나 무엇보다도 논설문의 가장 강력한 근거는 사실관계이다. 사실을 통해서 추론을 이끌고, 사실을 통해서 예측하여 논설문을 쓰기 때문이다. 사실에 기초하지 않는 주장이나 사실에 기초하지 않은 비평은 의미가 없다.

일반 사람들은 어떤 새로운 이야기가 맞는지 틀리는지를 "텔레비전에 나왔어." 또는 "신문에 났더라."라는 표현으로 검증하는 것을 본다. 이것은 매우 위험한 검증 방법이지만 대중들이 쉽게 수용하는 방법이기도 하다. 그런 점에서 논설문의 주장 근거로서 방송이나 신문에 보도된 내용이 설득력을 갖추고 있다고 볼 수 있지만, 글을 쓰는 사람은 이 정도의 자료를 자기 논거로 삼는 데는 신중해야 한다. 그 보도 내용이 진실이 아니거나 진실을 왜곡한 것이라면 논설문의 근거가 흔들리기 때문이다.

▌ 예문 1

　북한과 대화를 해야 한다는 것이 북한을 좋아한다는 뜻은 아니다. 좋다는 것은 가치가 내재되어 있는 선호의 표현이고, 대화는 방법론이다. 그러므로 북한을 좋아하지는 않지만 대화해야 한다고 말할 수 있는 것이다. 모순이 아니다. 그런데 전혀 다른 차원인 이 두 가지를 구별하지 않는 경우가 종종 있다. 몰라서 그럴 수도 있지만, 의도적인 경우도 많다. 북한과 대화하고 협력해야 한다는 의견을 친북 혹은 북한 추종행위로 왜곡하는 것이 그것이다.

—《경향신문》 사설 일부, 2010년 9월 31일자

이 글의 주제는 글의 첫머리에 나와 있다. 이 주제를 뒷받침하기 위하여 '좋아한다'와 '대화한다'가 서로 모순되는 개념이 아니라는 점을 논리적으로 설명하였다. 설명 논리는 '좋다는 것은 선호의 표현이고, 대화는 방법의 표현'이기 때문이라는 것이다. 이 논리에 따라서 우리가 잘못 생각하고 있는 점(북한과 대화하고 협력해야 한다는 의견을 친북 혹은 종북 행위로 왜곡하는 것)을 사례로 지적하였다. 논설문에서 자주 나타나는 뒷받침 방법이다.

미래부가 '창조경제 실현 계획'을 비롯해 지난 4월 출범 이후 내놓은 정책들은 대부분 과거 정부가 추진했던 것들을 실행 연도(年度)만 바꿔 다시 짜깁기한 수준이다. "미래부가 무슨 일을 하고 있는지 모르겠다"는 말이 나올 정도로 존재감이 없다. 과학기술과 정보통신 담당 부서들이 서로 겉돌고 있다는 지적도 받고 있다. 그러면서도 좋은 자리 나눠 갖는 일에는 서로 어깨동무를 하고 있다. 이런 풍토에서 독창적인 정책이나 반짝이는 아이디어가 나올 턱이 없다. 미래창조과학부에 무슨 '미래'가 있고 '창조'가 있겠는가.

— 《조선일보》 사설 일부, 2013년 7월 20일자

위 글의 주제는 "미래창조과학부에 미래도 없고, 창조도 없다."이고, 이를 뒷받침하기 위하여 이 부처가 이제끼지 해온 일을 근거 사례로 제시했다. 이처럼 사례를 제시하고 거기에서 주장의 근거를 찾을 수 있다면 좋은 글을 만들 수 있다.

■ 예문 3

경제 발전에 도움이 되는 특성을 장려하기 위해서는 이데올로기적인 설득과 경제 발전을 증진하는 정책적 수단, 그리고 바람직한 문화 변화를 촉진할 제도의 변화를 결합시켜야 한다. 이것들을 적절하게 혼합하는 것은 쉬운 일이 아니다. 하지만 일단 적절한 혼합에 성공하기만 하면 문화는 일반적으로 인식되는 것보다 훨씬 빠른 속도로 변화할 수 있다.

뒷받침이 되는 경제적 구조와 제도들의 변화가 충분히 이루어진다면, 불변의 민족적 특성이라고 여겨졌던 것들도 몇십 년 만에 바뀔 수 있다. 일본의 '대대로 전해 내려온 민족적 습관'인 게으름이 1920년대 이후로 급속하게 사라진 것이나, 스웨덴에 1930년대 이후로 협동적인 산업 관계가 급속하게 발전한 것이나, 한국에 1990년대에 '코리안 타임'이 사라진 것이 그 대표적인 사례라 하겠다.

— 장하준, 앞의 책

한 나라의 민족성을 경제 발전에 도움이 되는 방향으로 바꿀 수 있다는 주장을 몇 가지 조건을 붙여서 설명한 뒤에 실제 일본, 스웨덴, 한국에서 있었던 사례를 제시하였다. 주제문을 어떻게 구현할 것인지 방법이나 실현 가능성에 대한 논증이 빠진 상태이므로 주장의 논리적 설득력은 낮지만 가정법을 통해서 주제문을 뒷받침하고 실제 사례를 제시하는 방법으로 설득력을 높인 글이다. 이는 논리 위주의 논증이 자칫 공허한 논쟁으로 떨어지는 것을 막을 수 있는 한 방법이다.

■ 예문 4

박근혜 정부가 약속한 지방 신규 사회간접자본 공약 대부분이 경제성이 떨어지는 것으로 조사됐다. 정부가 제시한 27개 신규 공약사업 가운데 10개 사업에 대해 한국개발연구원이 예비타당성조사를 마쳤는데, 9개가 '경제성 없음' 판정을 받았다고 한다. 앞뒤 안 가리고 공약을 남발한 결과다. 나머지 공약이라고 딱히 경제성이 높을 리 없다. 이제라도 옥

석을 철저히 가려 경제성이 부족한 사업은 과감히 포기해야 한다.

— 《한겨레신문》 사설 일부, 2013년 7월 16일자

이 글의 주제는 "경제성이 부족한 사업은 과감히 포기해야 한다."이고, 그 뒷받침으로 경제성이 없다는 판정을 받은 사례를 논거로 제시하였다. 이처럼 정부 발표나 통계치 등을 근거로 제시하면 설득력이 높아진다.

■ 예문 5

진보진영은 쉽게 자신의 진영논리를 반복하는 습관에 빠져 있다. 이념과 논리는 옳아 보인다. 그러나 따져 보면 진보적 담론들은 많은 경우 구체적이지 않고 당위적일 뿐이다. 자기 이야기는 하지 않고 그저 남의 허물만 들춰내는 일이 많다. 그리고 무엇보다 구체적 대안에 대한 고민을 하지 않는다. 진보적 매체의 여론과 칼럼들도 어쩌면 그리도 비슷한 판단과 훈계 그리고 질타를 반복하는지! 구체적 대안이나 전략에 대한 고민도 없는 칼럼들이 반복되는 것을 보면, 나는 진보 담론도 어마어마한 '허위의식'에 빠져 있다는 생각이 든다.

— 김진석, 『더러운 철학』

위 글의 주제문은 "진보진영은 진영논리를 반복하는 습관에 빠져 있다."이고 나머지는 모두 이 주장을 정당화하기 위한 뒷받침이다. 그런데 뒷받침문장이 모두 어떤 구체적인 근거에 의하지 않고 글쓴이의 일

방적인 주장과 판단에 근거하고 있다. 그래서 이런 글은 구체성이 부족하여 허무히게 보인다. 이떤 점이 '진영논리를 반복하는 습관에 빠신 행위'인지 제시해야 하고 그것이 왜 '진영논리'인지도 논증해야 한다. 이 글은 '이념과 논리는 옳은데' 그것이 '구체적이지 않고 당위적이면' 진영논리로 떨어진다는 논리로 읽힐 수 있다.

✏️ 요점

논설문의 뒷받침문장은,

첫째, 주제를 논리적으로 뒷받침하여야 한다. 그러지 않으면 억지스러운 글, 모순되는 글, 궤변이 되기 쉽다.

둘째, 주제를 사실에 입각하여 뒷받침하여야 한다. 자신의 목적에 맞추어 진실을 왜곡하거나 사실을 조작하는 것은 안 된다.

---

(3) 설명문의 뒷받침문장 쓰기

설명문은 독자가 이해할 수 있도록 객관적으로 서술한 문장이다. 해설문, 안내문을 포함하여 객관적이고 과학적인 지식이나 경험을 바탕으로 이해하기 쉽게 기술하는 문장은 모두 설명문이다.

설명문에도 주제와 뒷받침문장이 있다. 설명문의 뒷받침문장은 설명하려는 대상에 대한 과학적, 사실적 지식에 근거한 내용으로 구성하여야 한다. 주제와 관련이 없는 내용, 과학적 사실과 다른 내용으로 뒷받침하면 잘못된 설명문이 된다.

　　민들레는 우리나라 야산이나 들, 집 주변, 길가, 학교 화단 등에서 흔하게 볼 수 있는 들풀이다. 옛날에는 미염둘레라고 불렀다. 미염둘레라는 말이 세월의 내림 따라 민들레로 변했다고 한다. 봄볕이 제법 따사로워지면 볕이 잘 드는 양지녘부터 꽃대가 올라온다. 꽃은 주로 노란 색이지만, 하얀 색도 더러 있다. 꽃은 해가 뜨는 것과 동시에 만개하였다가, 해가 보금자리를 찾아가면 슬그머니 꽃잎을 오므린다. 그럴 때는 꼭 살아 있는 동물 같다. 이렇게 꽃잎을 자유롭게 움직이는 꽃은 그리 많지 않다.

— 이상권,『삶이 있는 꽃 이야기』

　　위 글의 주제는 "민들레는 어떤 풀인가"일 것이고, "민들레는 우리나라 야산이나 들, 집 주변, 길가, 학교 화단 등에서 흔하게 볼 수 있는 들풀이다."가 주제문이다. 구체적으로 야산이나 들에서 어떻게 민들레가 피는지 보여 주는 것으로 뒷받침을 하면 된다.

　　이런 글을 쓸 때는 뒷받침문장의 내용을 정확하게 써야 한다. 예컨대, 어원을 밝히면서 "옛날에는 미염둘레라고 불렀다. 미염둘레라는 말이 세월의 내림 따라 민들레로 변했다고 한다."라고 쓴 것은 설명 근거로서는 부족하다. 다른 사람에게서 들었거나 자료에서 본 정보를 말할 때에는 그 정보 제공자를 밝혀야 한다. 그러지 않으면 독자는 이 글을 믿기가 불안해진다. 만일 이 뒷받침문장이 잘못된 정보에 근거하였다면 이 설명문은 틀린 글이 되고 만다.

　　설명문의 뒷받침은 연구 성과, 과학적으로 밝혀진 것, 통상적으로 또는 상식적으로 의심할 수 없는 것을 내용으로 삼아야 한다. 민들레에 대해서 더 다양하고 깊이 있는 지식을 가진 사람이라면 이보다 더 많은 뒷받침문장을 사용하여 글을 썼을 것이다. 설명문의 질은 글쓴이의 지식의 깊이와 비례한다고 볼 수 있다.

■ 예문 2

반민특위가 구성되어 1949년 1월 8일부터 본격적으로 반민법 해당자들을 검거하여 재판에 회부하기 시작한 후 공소시효가 만료되던 그해 8월 말까지 존속하는 동안 숱한 외부의 견제와 방해 등을 받았지만 소위 6·6사건이라 불리던 경찰의 반민특위 습격 사건만큼 충격적이고 대규모적인 피해를 입은 사건은 없었다. 이 사건이야말로 민족정기를 바로 잡아 신생 대한민국의 기틀을 튼튼히 하겠다고 내걸었던 반민특위의 성스러운 깃발이 갈기갈기 찢겨진 충격적인 사건이었으며 전전긍긍하던 친일파들로서는 특위 활동에 결정적인 손상을 입히는 카운터블로였다. 즉, 이 사건으로 인해 특위는 활동 의욕을 잃고 더 적극적인 조사 활동을 펴지 못한 채 기왕에 벌여왔던 조사 활동의 뒤처리만을 마무리 지으면서 문을 닫는 운명을 맞게 된 것이다.

— 송건호 외,『해방 전후사의 인식』

이 글은 반민족행위처벌법(약칭 반민법)에 따라서 구성된 반민족행위특별조사위원회(약칭 반민특위)의 활동을 무력화하기 위하여 경찰이 반민특위 사무실을 습격하여 특위 관계자들을 연행하여 구속하고 폭행한 사건(소위 6·6사건)의 심각성을 설명하는 글이다. 이 사건이 계기가 되어 결국 반민특위 활동이 와해되었을 만큼 엄중한 사건임을 설명했는데, 주제문을 간결하게 내세우지 않은 점이 아쉽고(이 글에는 주제문이 없다), "이 사건이야말로 민족정기를 바로 잡아 신생 대한민국의 기틀을 튼튼히 하겠다고 내걸었던 반민특위의 성스러운 깃발이 갈기갈기 찢겨진 충격적인 사건"처럼 정서적 표현으로 흐른 것도 뒷받침으로는 부족한 점이 있다. 그보다는 부당한 권력이 정당한 공권력의 집행을 좌절시킨 사실을 부각하는 설명 방법을 택하는 것이 좋았을 것 같다.

■ 예문 3

한국은 항상 기이한 일로 넘쳐나서 이곳을 방문한 외국인들은 머리가 빙빙 돌아버릴 지경이다. 세계에서 가장 오래된 문명 중 하나이지만, 사람들은 열렬히 새것을 숭배한다.(출고한 지 5년 이상 된 차를 거리에서 흔히 볼 수 있는가? 선택을 해야 할 경우에 새 아파트가 아니라 아름다운 전통 한옥에서 살겠다는 한국 사람을 흔히 보는가?) 한국은 예의범절을 엄격하게 강조하는 나라이다. 하지만 길거리에서는 사람들이 서로 마구 밀치며 지나가고 발을 밟는다. 노인들은 상당히 복잡한 체계를 지닌 한국어의 높임말에 따라 제대로 말하지 않으면 마구 화를 낸다. 그렇지만 그들은 앞에서 문을 잡아준다든지 하는 배려는 기대하지도 않는다. 반말을 듣는 것이 문이 꽝 닫혀 버리는 것보다 더 마음 상하는 모양이다.

— 스콧 버거슨, 『발칙한 한국학』

외국인이 본 한국의 이상함을 설명한 글이다. 주제문이 잘 제시되어 있고 이상하다고 느낀 점을 뒷받침문장으로 제시하였다. 뒷받침침문장의 내용이 우리가 수긍할 만한 것이어서 우리가 보아도 한국인은 좀 이상한 데가 있는 것 같이 느껴진다. 외국인의 눈으로 보았기 때문에 이상한 한국인의 모습이 드러났지만 우리 눈으로 보았다면 이런 것이 보이지 않았을 것이다. 이런 점에서 뒷받침 자료를 선택할 때에 객관적인 시각이 매우 중요함을 알 수 있다.

> ✎ 요점
>
> 설명문의 질은 글쓴이의 지식의 깊이와 비례한다. 글쓴이가 주제에 대한 다양한 지식과 경험을 가지고 있다면 뒷받침문장을 다양하고 깊이 있는 내용으로 구성하게 될 것이고, 그렇지 않다면 상식적인 내용으로 채울 것이다. 경우에 따라서는 잘못된 지식을 바탕으로 뒷받침문장을 구성하는 경우도 생길 수 있다. 특히 자기의 이해관계에 따라서 사실을 왜곡하거나 조작하는 방법으로 뒷받침문장을 구성하는 것은 옳지 않다.

(4) 기사문의 뒷받침문장 쓰기

기사문(記事文)은 은 보고 들은 바를 자기의 주관적 판단을 동원하지 않고 객관적으로 적는 것이다. 그래서 그 글을 읽는 사람이 언제 어디서 무슨 일이 일어났는지 정확하게 알 수 있게 해 준다. 흔히 기사문은 6가지 물음, 즉 '누가, 무엇을, 언제, 어디서, 왜, 어떻게'에 대하여 객관적인 사실을 바탕으로 작성하는 것을 미덕으로 삼고 있다. 기사를 객관적으로 쓰기 위해서 기자는 반드시 취재 현장에서 이해 당사자의 이야기를 두루 들어 보아야 한다. 그렇지 않으면 특정 취재원에게 휘둘려 엉뚱한 내용의 기사문을 적기 쉽다.

기사문에도 주제문과 뒷받침문장이 있다. 주제문은 그 기사문 전체를 대변하거나 가장 핵심이 되는 내용을 제시한 것으로서 대체로 기사의 맨 앞에 나타난다.* 뒷받침문장은 주제문을 설명하거나, 이유나 근거 또는 배경을 설명하는 문장으로 구성된다. 사실을 보는 눈과 그것을 글자로 옮길 수 있는 능력을 가진 사람이면 누구나 기사문을 쓸 수 있지만 뒷받침을 얼마나 잘 구성하느냐에 따라서 기사문의 좋고 나쁨이 가려진다. 기사문의 뒷받침문장은 객관적인 사실을 기초로 하여 작성해야지, 글쓴이의 판단이나 추측에 기대거나 사실을 왜곡·과장하여 뒷받침문장을 작성하면 안 된다. 그런 기사는 독자는 물론이고 사회적으로 나쁜 영향을 끼치기 쉽다. 또, 기사문은 사회의 부조리, 부정, 불의, 비리 등을 고발하는 내용이 많다. 그럴 경우 부정이나 비리가 있는 곳을 찾아 취재하여 그 내용을 반드시 뒷받침문장으로 제시해야 한다. 마땅히 고발하고 비판해야 할 부정과 비리를 숨기고 감싸려는 방향으로 뒷받침문장을 작성하는 것은 기사문이라고 할 수 없다.

◆ 나는 이것을 주제문으로 보지만 기자들은 '리드'라는 용어로 표현한다. '리드(lead)'는 "신문의 기사, 논설 따위에서 본문의 맨 앞에 그 요지를 추려서 쓴 짧은 문장(표준국어대사전)"을 뜻하는 말이다. 그러므로 리드가 다 주제문이 되는 것은 아니다.

전국적으로 가뭄이 확산되자 정부가 4대강 유역 16개 보(洑)에서 4억m³의 물을 확보해 전국에 공급하기 시작한 것으로 20일 확인됐다. 농업용수를 공급한 지역은 4대강 사업 이전에는 갈수기(渴水期)에 수시로 가뭄에 시달렸던 지역이다. 과거에는 가뭄이 들면 큰 강에서도 수위가 내려가는 바람에 주변에 양수장이 있어도 퍼 올릴 물이 없었다. 새로 물을 공급하는 지역은 전국 농경지 107.2km²(여의도 13배 면적)에 달한다. 농경지 외 도심과 공장 지대 등까지 모두 포함하면 4대강에서 물을 공급하는 면적은 훨씬 넓어진다. 안시권 4대강추진본부 국장은 "4대강 사업이 전국의 모든 가뭄을 해결할 수는 없어도 전 국토의 40~50% 지역은 혜택을 볼 수 있다"고 말했다. (중략) 새로 물이 공급된 지역은 경북 칠곡, 경남 창녕 등 낙동강 주변 농지가 대부분(105km²)이다. 농어촌공사 집계 결과 전국 4대강 양수장 182개 중 46개가 과거에는 가뭄이 들면 무용지물이었다가 올해부터 양수기를 가동할 수 있게 됐다.

— 《조선일보》, 2012년 6월 22일자

이 글의 주제문은 "4대강 유역 16개 보(洑)에서 4억m³의 물을 확보해 전국에 공급하기 시작한 것으로 20일 확인됐다"이다. 뒷받침문장으로 농업용수를 공급한 지역이 어디이고, 그 넓이가 얼마인지, 그리고 그 혜택이 어느 정도인지 설명한 내용을 적었다. 그런데 이 기사문은 주제문과 뒷받침문장 사이에 어긋남이 있다. 즉, 뒷받침문장에는 물을 공급한 곳이 오직 낙동강 유역인 경북 칠곡과 경남 창녕의 가뭄 농지뿐

인데 주제문에는 전국에 공급하였다고 했다. 신문이 사실을 왜곡하여 주제문을 작성한 사례라고 할 수 있다. 주제문을 뒷받침할 수 없는 문장을 뒷받침문장으로 쓰면 안 되고, 뒷받침문장으로 뒷받침할 수 없는 주제문을 써도 안 된다.

■ 예문 2

朴대통령 "최후의 한 사람이라도 구조하라"

박근혜 대통령은 16일 여객선 '세월호' 침몰 사고에 대해 "수학여행을 간 학생들이 불행한 일을 당하게 돼서 참으로 참담한 심정"이라고 말했다.

박대통령은 이날 오후 서울 정부종합청사의 중앙재난안전대책본부를 방문해 "배에서 빠져나오지 못한 사람이 한 명이라도 있을 것 같으면 그 사람을 구조하기 위해 최선을 다해야 할 것"이라고 지시했다.

박대통령은 대책본부의 구조 인원 파악이 오락가락했던 것에 대해 "구조 인원에 어떻게 그렇게 큰 차이가 있을 수 있죠"라고 지적했고, 이경옥 안전행정부 2차관은 "구조 중복 카운트(집계)를 해서 그런 일이 벌어졌다"고 설명했다.

— 《조선일보》, 2014년 4월 17일자

위 예문의 주제는 박 대통령이 "최후의 한 사람이라도 구조하라"라고 말했다는 것이고, 이를 뒷받침하기 위하여 박 대통령이 '중앙 재난 안전대책 본부'를 찾아가 안전행정부 2차관과 주고받은 이야기를 제시했다. 그런데 이 주제를 뒷받침한 내용이 부실하다. 무엇을 어떻게 해서 "최후의 한 사람이라도 구조하라"라고 말했는지가 없다. 만일 실제로 박 대통령이 이 기사처럼 이야기하는 것으로 그쳤다면 이런 기사는 쓸 필요가 없다. 하나마나한 지시를 했을 뿐이기 때문이다. 대통령이라면 마땅히 구조 상황이 어떻게 전개되고 있고 구조에 어떤 문제가 있는지 묻고, 나아가 구조가 적극적으로 진행될 수 있도록 물꼬를 터주는 지시를 해야 옳다. 그런 내용을 기사화해야 의미 있는 기사문이 된다. 이 정도의 뒷받침문장으로 주제화를 시도한 것이라면 대통령을 띄우기 위한 목적이거나 또는 그와 정반대의 효과를 의도한 기사라는 오해를 살 수 있다. 300명 가까운 국민이 침몰한 배에 갇혀 있는데 대통령이 사고대책 본부장과 이렇게 한가한 이야기만 나누었다면 누가 정상적인 대통령이라고 보겠는가?

이 기사문의 또 다른 문제점은 불리한 정보라고 판단되면 일방적으로 빼버리는 태도이다. 이 기사는 대통령이 안전행정부 2차관에게 "구조 인원에 어떻게 그렇게 큰 차이가 있을 수 있죠?"라고 물은 것으로 되어 있지만 사실은 "처음에 구조 인원 발표된 것과 나중에 확인된 것과 차이가 무려 200명이나 있었는데 어떻게 그런 큰 차이가 날 수 있습니까."(JTBC 9시 뉴스, 2014년 4월 18일자 방송)라고 '무려 200명'이라는 말을 넣어 책망조로 말했다. 기사문은 이 내용을 빼버리고 아주 부드럽게 물은 것처럼 인용했다. 왜 그랬을까? 정부를 곤경에 빠뜨리지 않기 위해서 숫자를 뺀 것으로 의심할 수 있다. 큰따옴표로 남의 말을 전하면서 입맛에 맞게 바꾸는 것은 부도덕한 행위로서 주제를 왜곡하기 쉽다는 점을 알 수 있게 하는 기사문이다.

(5) 수필의 뒷받침문장 쓰기

수필은 인생이나 자연 또는 일상생활에서 느낀 점이나 겪은 것을 생각나는 대로 쓴 주관적인 글이다. 수필은 지극히 개인적인 글이기 때문에 앞에서 제시한 뒷받침문장의 여러 요건을 수필에 적용할 필요는 없다. 대체로 자유롭게 주제를 뒷받침하면 되는 것이 수필의 특징이다.

그러나 수필이라고 해서 아무렇게나 주제를 뒷받침할 수는 없다. 뒷받침문장의 논리성이나 과학성 또는 객관성을 요구할 필요는 없지만 최소한의 합리성은 요구할 수 있다. 그래서 수필에도 주제문을 제시하고 이를 수필의 방식으로 뒷받침하여야 한다.

■ 예문 1

6·25 변란 때에는 위정자들이 그들의 권력과 금력을 이용하여 먼저 수도를 탈출 망명한 후에 적을 격퇴하였으니 시민은 안심하고 수도를 고수하라고 기만하였을 뿐 아니라, 한강 인도교까지 끊어서 시민을 독 안에 몰아넣고 나서는, 9·28 서울 수복 직후에 비겁하게 먼저 도피하였던 관료배들이 개선장군 모양으로 기고만장하고 거만무쌍한 태도로써,

속수무책으로 잔류하였던 시민들을 적에 부역하였다고 동길(恫喝, 을러대며 위협함)하여 죄인 또는 역도 다루듯한 사실은, 지금까지도 그 당시의 시민들의 심간(心肝, 깊은 마음속)에 뿌리깊이 명각(銘刻, 새김)되어 한 시도 잊을 수 없는 한이 되어 있다.

— 이희승, 「정의란 무엇인가」, 「딸깍발이 정신」

위 수필은 6·25 전란 때에 정부 관료들이 저질렀던 불의하고 부도덕한 행위가 시민들의 한을 만들어냈다는 내용을 주제로 삼고 그들이 저지른 불의하고 부도덕한 행위 두 가지 사례를 제시하였다. 시민들이 당했던 이 불의하고 부도덕한 행위가 한을 품을 만하다고 생각되면 뒷받침문장으로서 손색이 없다. 다만 그런 행위가 없었는데 있었다고 주장하거나 대단히 미미했는데 지나치게 과장했다면 수필의 가치가 그만큼 떨어질 것이다. 따라서 수필이라도 객관적인 사실에 기반을 두지 않으면 안 된다. 한 가지 아쉬운 점은 글에 주제문이 없다는 점이다. 정부 관료의 행위를 간결한 표현으로 정의하는 주제문을 앞에 두었더라면 이 글에 좀 더 짜임새가 생겼을 것이다.

▌예문 2

몇 해 전 부시 내외가 백악관에 미국 각지에서 활동하는 수많은 시인들을 초청한 적이 있다. 그것은 이라크 전쟁을 신의 계시를 따르는 일이라고 공언하는 텍사스 카우보이에게도 시적인 교양이 있다는 것을 국민과 세계에 과시하는 행사로 의도된 것이다. 그 맨 앞장에 부시 부인이 나섰다. 그러나 대부분의 시인들은 워싱턴 초청을 거절했고, 참석하겠다는 시인들조차 부시의 이라크 침략을 반대하는 메시지를 밝히겠다고 공언했다. 그래서 백악관은 그 대규모 축제와 만찬 계획을 자진 취소할 수밖에 없었다. 군이 이런 사건을 두고 내가 '시와 제국'이라는 명제에 결부시키려는 것은 아니지만 시와 제국 내지 시인과 제국의 관계라는 명제야말로 시인의 길이 무엇인가를 깨닫게 하는 것은 틀림없다. 이제 시인은 영웅들의 침략 행위로서의 전쟁시를 쓰지 않고, 그 침략에 맞서는 인간 서사와 평화의 명제를 추구하는 반전, 반제 정신에의 임무가 절실하다. 그것은 강자의 야만에 대한 약자의 옹호와 연민이 시인의 체질과 부합하기 때문이다. 시인은 평화와 생태라는 삶의 최고 가치로부터 어떤 이유에서든 결코 도피할 수 없다.

— 고은, 「시와 제국」, 『나는 격류였다』

이 글의 주제문은 "이제 시인은 영웅들의 침략 행위로서의 전쟁시를 쓰지 않고, 그 침략에 맞서는 인간 서사와 평화의 명제를 추구하는 반전, 반제 정신에의 임무가 절실하다."이다. 이 말을 하기 위하여 앞에 부시 대통령의 초청 이야기를 꺼냈고, 뒤에 주제문의 이유를 설명했다. 마지막에 있는 "시인은 평화와 생태라는 삶의 최고 가치로부터 어떤 이유에서든 결코 도피할 수 없다."는 주제문과 동어반복이면서 강조를 위한 반복이라고 볼 수 있다. 이 글이 수필(또는 산문) 형식을 취했기 때문에 주제문에 대한 논리적인 뒷받침을 요구할 필요는 없을 것이다. 글쓴이가 그렇게 믿을 만한 합리성이 있다면 그것으로 족하고 판단은 독자의 몫이다.

▌예문 3

　농민전쟁의 현장에 대한 답사는 역사 탐방 길이다. 거기에는 문화재가 아무것도 없다. 있을 리도 없다. 산이 있는 것도 아니고 강이 있는 것도 아니다. 수려한 풍광을 찾거나 기대하는 자는 여기에 올 필요가 없다. 오직 드넓은 들판과 바람, 언덕 위의 솔밭과 시뻘건 황토만 있을 뿐이다. 호남의 황토 중에서도 가장 붉은 빛깔을 많이 머금은 황토, 특히나 초봄에 갈아엎은 밭고랑의 뒤집어진 흙들이 아침이슬을 머금어 홍채를 토하고 있을 때 우리는 100년 전 농군의 가슴에 조금은 다가갈 수 있게 된다.

― 유홍준, 『나의 문화유산 답사기2』

　위 글의 주제문은 "농민전쟁의 현장에 대한 답사는 역사 탐방 길이다."이다. 이에 대하여 논리적으로 설명하기보다는 정서적인 설명으로 뒷받침을 했다. 뒷받침문장에서 주제문의 당위성을 이끌어낼 만한 최소한의 합리성이 있다면 수필로서 뒷받침의 합리성은 확보했다고 볼 수 있다. 수필에서는 주제문을 논리적으로 뒷받침할 필요가 없고 글쓴이가 그렇게 생각할 만한 정도의 합리성이 있으면 된다.

▌예문 4

　안으로 자기를 정리하는 방법 가운데에서 가장 좋은 것은 반성의 자세로 글을 쓰는 일일 것이다. 마음의 바닥을 흐르는 갖가지 상념을 어떤 형식으로 거짓 없이 종이 위에 옮겨 놓은 글은, 자기 자신을 비추어 주는 자화상(自畵像)이다. 이 자화상은 우리가 자기의 현재를 살피고 앞으로의 자세를 가다듬는 거울이기도 하다. 글을 쓰는 것은 자기의 과거와 현재를 기록하고 장래를 위하여 인생의 이정표를 세우는 알뜰한 작업이다. 글을 쓴다는 것은, 자기 자신의 엉클어지고 흐트러진 감정을 가라앉힘으로써 다시 고요한 자신으로 돌아오는 묘방이기도 하다. 만일 분노와 슬픔과 괴로움이 있거든 그것을 종이 위에 적어 보라. 다음 순간 그 분노와 슬픔과 괴로움은 하나의 객관적인 사실로 떠오르고, 나는 거기서 한 발 떨어진 자리에서 그것들을 바라보는, 마음의 여유를 가지게 될 것이다.

— 김태길, 「글을 쓴다는 것」

이 글의 주제는 '반성의 자세로 글을 쓰는 것의 유익함'이고 주제문은 "안으로 자기를 정리하는 방법 가운데에서 가장 좋은 것은 반성의 자세로 글을 쓰는 일일 것이다."이다. 이런 자세로 글을 쓰는 것은 자기의 현재를 살피고 앞으로의 자세를 가다듬을 수 있고, 자기 자신의 엉클어지고 흐트러진 감정을 가라앉히고 정리함으로써 다시 고요한 자신으로 돌아오게 만들 수 있다고 그 유익함을 뒷받침하였다.

▌ 예문 5

가을은 서글픈 계절이다. 시들어 가는 풀밭에 팔벼개를 베고 누워서, 유리알처럼 파아랗게 개인 하늘을 고요히 우러러보고 있노라면, 마음이 까닭 없이 서글퍼지면서 눈시울에 눈물이 어리어지는 것은 가을에만 느낄 수 있는 순수(純粹)한 감정이다. 섬돌 밑에서 밤을 새워 가며 안타까이 울어대는 귀뚜라미의 구슬픈 울음소리며, 불을 끄고 누웠을 때에 창호지에 고요히 흘러넘치는 푸른 달빛이며, 산들바람이 문풍지를 울릴 때나나 우수수 나뭇잎 떨어지는 슬픈 소리며— 가을빛과 가을 소리치고 어느 하나 서글프고 애달프지 아니한 것이 없다. 가을은 흔히 '열매의 계절'이니 '수확의 계절'이니 하지마는, 가을은 역시 서글프고 애달픈 계절인 것이다. 깊은 밤에 귀뚜라미 소리에 놀라 잠을 깨었을 때, 그 무엇인지조차 모르는 것이 불현듯 그리워지기도 하고, 가을볕이 포근히 내리쬐는 신작로만 바라보아도, 어디로든지 정처 없이 머나먼 나그네 길을 떠나 보고 싶은 충동을 느끼게 되는 것도, 역시 가을이라는 계절이 무한히 외롭고 서글픈 때문이리라.

— 정비석,「들국화」

이 글의 주제문은 "가을은 서글픈 계절이다."이다. 이처럼 주제문을 앞에 내놓는 것이 주제화를 위해서 매우 바람직하다. 그런데 이 글은 문단의 끝에서 다시 주제를 확인해 주고 있다. 수필이지만 거의 논설문 수준으로 주제화를 이룬 글이라고 할 수 있다. 주제문 외의 다른 문장들은 모두 가을이 서글픈 계절임을 뒷받침하는 데 동원되었는데 많은 뒷받침문장이 묘사문으로 되어 있다. 보이는 것, 들리는 것을 그대로 묘사하고 그것이 서글픔을 느끼게 한다고 말한 것이다. 뒷받침문장들이 조금 산만하게 나열되어 있지만 기본적으로 모두 '가을은 서글픈 계절임'을 뒷받침하기 때문에 주제화를 성공적으로 했다고 볼 수 있다.

그런데 이 글에는 주제를 방해하는 옥에 티가 둘 있다. 하나는 가을을 서글픈 계절이라고 했다가, 서글프고 애달픈 계절이라고 했다가,

다시 외롭고 서글픈 계절이라고 한 점이다. 물론 비슷한 감정이기 때문에 주제화를 심하게 훼손한 것은 아니지만 이렇듯 여러 개념을 사용하는 것은 바람직하지 않다. 욕심을 낸다면 글쓴이가 서글픔, 애달픔, 외로움을 아우르는 개념을 생각해 내어 '가을은 그런 계절이다'라고 했다면 더 좋았을 것이다.

또 하나는 "가을은 흔히 '열매의 계절'이니 '수확의 계절'이니 하지마는, 가을은 역시 서글프고 애달픈 계절인 것이다."라고 한 부분이다. 작가는 '열매의 계절', '수확의 계절'을 받아들이지 않고 '서글픈 계절'만 받아들였으므로 강조 용법으로 사용했다고 말하겠지만 이런 것은 강조보다는 주제를 약화시키기 쉽다. 그러므로 주제와 반대되는 내용은 삭제하는 것이 좋다. 이 부분을 삭제하고 글을 읽어 보면 훨씬 더 잘 읽히는 것을 알 수 있을 것이다.

✎ 요점

수필문에서는 뒷받침문장의 논리성, 사실성, 객관성을 따지지 않는다. 다만 주제와 뒷받침문장 사이에 최소한의 합리성이 필요하다. 여기에서도 문제는 뒷받침문장의 표현이 글쓴이의 생각이나 느낌이어야 한다는 것이다. 흔히 옛 사람의 표현이나 유명한 사람의 표현을 빌려서 뒷받침을 하는 경향이 있는데 이는 수필문에는 바람직하지 않다. 수필은 자기 생각을 말하는 글이므로 고전이나 다른 사람 또는 유명한 사람의 말을 인용하여 자기 생각으로 삼으려는 태도는 옳지 않다. "수필은 수사(修辭)의 힘으로 읽히는 것이 아니라 진정성의 힘으로 읽힌다."(김종완 엮음, 『한국 명수필』)라는 말은 수필의 뒷받침문장을 어떤 자세로 적어야 하는지 잘 지적하고 있다.

4. 단위 글의 진화 준비

단위 글의 개념, 주제문 쓰는 법, 뒷받침문장 쓰는 법을 배웠으니 여러분은 단위 글을 쓸 수 있는 준비가 된 셈이다. 그러니 이제 단위 글을 진화시키는 이야기를 해 보자.

글쓰기를 되풀이하면 자기 글이 점점 나아지는 것을 느끼게 된다. 아마 단위 글을 10번만 써 보아도 단위 글을 잘 쓰게 될 것이다. 일차적으로 진화는 글의 구성이 처음보다 더 나아짐을 의미한다. 그러나 이는 진화의 시작일 뿐 정작 본격적인 진화라고 할 수는 없다. 주제가 폭이 넓어지거나 깊이가 깊어지거나 해서 단위 글로는 도저히 수용할 수 없게 되고, 뒷받침할 정보가 홍수처럼 쏟아져서 몇 개의 뒷받침문장으로는 해결할 수 없는 정도가 되었을 때에 단위 글이 새로운 형태의 글로 변하는 것을 비로소 진화라고 할 수 있다. 그 진화의 결과로 이루어지는 글이 이 책의 3장에서 설명할 '짜임글'이다. 진화의 준비는 주제의 크기와 깊이, 그리고 뒷받침의 다양성에서 시작한다. 몇 가지 예를 들어 보겠다.

(1) 설명문의 진화 준비

아래 표의 논의 제목을 가지고 단위 글을 써 보자. 먼저 어떤 주제를 설정할 것인가, 그리고 주제문을 무엇으로 하고, 뒷받침 자료로 무엇을 사용할 것인가 결정해 보자. 편의상 주제는 제시된 것으로 하고, 주제문과 뒷받침자료는 함께 의논하기로 한다.

논의 제목	여행 계획
주제	베트남 여행

위 주제로 단위 글을 만들려면 무엇을 뒷받침 자료로 사용하면 좋을까? 생각할 수 있는 것을 모두 적어 보자. 여러분도 각자 주제문과 뒷받침자료 표를 만들기 바란다.

간단한 주제	베트남 여행
주제문	나는 베트남 여행을 계획하고 있다.
뒷받침 자료	베트남 명소, 날씨, 비용, 안전, 즐길 거리, 현지 인심, 인연, 기타 이유에 맞는 자료

표가 완성되었으면 이를 기초로 하여 단위 글을 써 본다.

나는 베트남으로 여행을 갈 예정이다. 베트남에는 구경할 곳이 많고, 요즘은 날씨도 쾌적하다고 한다. 그리고 비용이 그리 비싸지 않아서 부담도 적고, 비교적 시내 거리도 안전하며, 음식도 깔끔하고 사람들의 인심도 좋다고 한다. 무엇보다도 베트남에는 내가 페이스북으로 친구가 된 사람이 있어서 그가 내 여행을 안내하기로 해서 베트남 여행을 하기로 했다.

이 정도면 베트남 여행 계획을 잡은 것이 타당하다는 생각이 들 것이다. 단위 글이 이 정도면 충분하다. 이 정도의 단위 글을 쓴 사람은 아래의 주제도 어렵지 않게 쓸 수 있을 것이다.

복잡한 주제	베트남 여행 소개
주세문	베트남은 어떤 나라인가?
뒷받침 자료	하롱베이의 멋진 풍광, 엄청나게 뻗은 땅굴, 하노이 시와 호치민 시의 대조적인 모습, 자본주의와 시장경제를 받아들여 경제 발전에 나선 사회주의 사회의 모습, 대한민국 사람에 대한 환대와 한류 현상 체험

　다만, 이런 주제로 글을 쓰려면 단위 글로는 벅찰 것이다. 하롱베이 이야기만 해도 몇 개의 단위 글이 필요할지 모르고, 땅굴 이야기도 단위 글 몇 개가 필요할 것이다. 결국 이런 주제문으로 글을 쓴다면 소주제를 분류하여 각 소주제별로 단위 글을 써야 함을 느끼게 될 것이다. 여기서 단위 글은 결국 '짜임글'로 진화를 하지 않을 수 없게 된다.

제목	베트남은 어떤 나라인가?				
소제목	하롱베이와 관광명소	땅굴과 베트남 사람들의 자부심	하노이 시, 호치민 시	자본주의 배우는 사회주의	한국인에 대한 시선과 한류
뒷받침 자료	해당 자료	해당 자료	해당 자료	해당 자료	해당 자료

　이 정도 준비를 하여 글을 쓰게 되면 이 글은 단위 글을 넘어서 '짜임글'로 진화하게 되는 것이다.

(2) 논설문의 진화 준비

아래 논의 제목을 가지고 단위 글을 써 보자. 먼저 어떤 주제를 설정할 것인가, 그리고 주제문을 무엇으로 하고, 뒷받침 자료로 무엇을 사용할 것인가 결정해 보자. 편의상 주제는 제시된 것으로 하고, 주제문과 뒷받침자료는 함께 의논하기로 한다.

논의 제목	학생 인권
주제	학생 인권 보호가 필요하다.

위 주제로 단위 글을 만들려면 무엇을 뒷받침 자료로 사용하면 좋을까? 생각할 수 있는 것을 모두 적어 보자. 여러분도 각자 주제문과 뒷받침자료 표를 만들기 바란다.

간단한 주제	학생 인권 보호가 필요하다.
주제문	학생 인권을 보호해야 한다.
뒷받침 자료	폭력, 부당한 간섭, 자율성 보장

표가 완성되었으면 이를 기초로 하여 단위 글을 써 본다.

학생도 독립한 인격체이므로 인권을 보호해야 한다고 생각합니다. 교사들이 학생을 지도한다는 명분으로 폭력을 사용하고, 부자와 가난한 자를 차별하고, 학교는 지나치게 학생의 행동을 제약하여 학생들이 옷도 제대로 입을 수 없게 하고, 심지어 치마의 길이도 자로 재어 규제를 하는 것은 학생의 인권을 억압하는 것이라고 생각합니다. 학생이 안전하고 평등하고 자유롭게 공부할 수 있도록 학생의 인권을 보호해야 한다고 생각합니다.

이 정도면 학생의 인권을 보호해야 한다는 주장은 어느 정도 한 셈이다. 물론 여러분은 이보다 훨씬 더 현실감 있는 글을 썼을 것으로 생각한다. 이런 정도의 글을 쓴 사람이라면 이보다 좀 더 깊이 있는 글도 쓸 수 있을 것이다. 주제를 좀 더 전문적인 것으로 옮겨 보자.

전문적인 주제	학생 인권 조례 제정
주제문	학생 인권 조례를 제정해야 한다.
뒷받침 자료	폭력, 차별, 소지품 검사, 복장 검사, 사생활 침해 등 방지, 양심·종교의 자유, 표현의 자유 보장. 학생 인권 침해 규제

학생 인권을 보호하기 위하여 학생 인권 조례를 제정해야 한다고 주장하려면 상당히 다양한 뒷받침 자료가 필요하게 된다. 위에서 든 것만으로 글을 쓰더라도 단위 글로는 부족함을 느낄 것이다. 그래서 단위 글에서 짜임글로 진화를 하지 않을 수 없게 된다.

제목	학생 인권 조례를 제정해야 한다.				
소제목	학교 폭력 방지	빈부, 성적 등에 의한 차별 방지	학생 개성 존중	학생 사생활 존중	양심·종교, 표현의 자유 보장
뒷받침 자료	해당 자료	해당 자료	해당 자료	해당 자료	해당 자료

이 정도 준비를 하여 글을 쓰게 되면 이 글은 단위 글을 넘어서 이 책 3장에서 다루는 '짜임글'로 진화하게 되는 것이다. 기사문, 수필문의 진화 준비도 같은 방식으로 할 수 있다.

■ 연습 문제 1

아래 단위 글 세 개의 주제문과 뒷받침문장의 적정성 여부를 검토하고
혹 불필요한 뒷받침문장이 있으면 찾아내 보자.

▌단위 글 1

　여름의 산맥들은 강건하다. 땅에 가득히 꽂히는 여름의 빗줄기는 살
아 있는 것들의 물 속 깊은 곳에 가두어진 비린내를 몸 밖으로 밀어내 뜰
과 거리에 가득 차게 한다. 비오는 날은 거리에 마주치며 엇갈리는 모르
는 여자들도 비린내를 풍기고, 개집 속에서 대가리만 내밀고 빗줄기를
바라보는 우리집 잡종견조차도 생명의 비린내를 주체하지 못한다.

— 김훈, 『풍경과 상처』

▌단위 글 2

　아무래도 가장 중요한 문제는 경제적인 것들이겠지요. 사회적 불평등
말입니다. 즉 상호 연결된 지구촌 안에 극단적인 빈부의 형태가 공존한
다는 것이 문제이지요. 단지 부자 나라, 가난한 나라가 있다는 것만이 문
제가 아닙니다. 부자 나라와 가난한 나라 사이의 격차가 점점 더 벌어진
다는 것이 진짜 문제입니다. 이 현상은 특히 20년 전부터 더욱 그래왔고
그 격차를 줄이기 위해서는 지금보다 더 많은 투쟁이 필요합니다. 젊은
세대들에게 이 사실을 확실히 납득시켜야 합니다. 물론 요즘 같은 시대

에 불의에 저항하는 일은 나치 독일이 점령했던 시절보다 훨씬 더 복잡합니다. 나치 독일 점령기에는 레지스탕스 활동가들이 십난행농을 했습니다. 예를 들어 집단 전체가 힘을 모아 기차를 폭파하는 일을 도모했지요. 어찌 보면 그때가 오히려 쉬웠습니다. 지금은 어떻습니까? 지성적으로 상황을 개선하려면 깊은 성찰이 필요하고 설득력 있는 글을 써야 합니다. 또한 현명한 정치인이 당선되기를 바라며 민주적으로 선거에 참여해야 합니다. 요컨대 이 시대의 레지스탕스는 매우 오랜 시간이 걸린다는 말이지요.

— 스테판 에셀, 『참여하라』

■ 단위 글 3

　자연환경과 긴밀하게 접촉하면서 발전해 온 토착 언어 속에는 그 지역의 자연환경에 대한 상세한 지식이 담겨 있다. 이러한 지식이 어떤 식으로든 우리 모두가 의존하는 자원을 관리하는 데 유용한 통찰력을 줄 수 있다. 생약 의약품의 4분의 1이 세계의 열대 우림에서 생산된다. 태평양 연안의 주목 나무껍질을 이용하여 난소암 치료제인 택솔을 생산할 수 있다. 과학 발전을 위한 다음 단계의 정보가 오지의 삼림 속에 있는 어느 이름 없는 토착 언어에 담겨 있을지도 모른다. 복극 이누이트 족의 생존 방식을 살펴보자. 그들은 얼음과 눈을 세계에서 가장 다양한 이름으로 불러오고 있다. 에반 티프리처드가 쓰고 강자모가 옮긴 '시계가 없는 나라'(동아시아, 2006)에는 가을 나무 사이로 불어오는 바람 소리로 나무의 이름을 붙였다. 해양 생물학자 R. E. 요하네스가 1894년 만난 팔

라우 어부는 컴퓨터와 관련된 어휘는 단 하나도 알지 못하지만 3백 가지 이상의 물고기 이름은 기억하고 있었다. 입으로 전해오는 그들 나름대로의 독특한 문화적 요소들이 언어의 절멸과 함께 사라질 수 있다.

— 이상규, 『둥지 밖의 언어』

제3장을 공부하기 전에 제2장까지 공부를 마친 분은 곧바로 제3장으로 넘어가지 말고, 다시 제1장과 제2장으로 돌아가서 단위글을 주제화하는 연습을 하기 바랍니다. 단위글을 적어도 10꼭지 이상 만들어 주위에 읽어 본 뒤에 제3장으로 넘어가세요. 제3장은 문장을 분석하면서 글쓰기를 시도하는 내용이므로 특별히 문장론을 공부하고 싶은 분이 아니라면 천천히 읽어도 늦지 않습니다. 단위글 쓰는 능력을 충분히 갖추면 제3장 공부가 훨씬 쉬워집니다.

단위글의 주제화를 위해서는 주제를 납득시킬 만한 뒷받침 능력이 필요합니다. 주제를 설명하고 뒷받침할 사실이나 경험, 또는 권위 있는 근거를 제시하는 노력을 기울여야 합니다. 글의 성공 여부는 뒷받침을 얼마나 잘하느냐에 달려 있습니다. 단위글 쓰기 연습은 바로 뒷받침하기 연습입니다. 새롭고 깊이 있는 뒷받침문장 하나가 여러분의 글을 살립니다. 지금부터는 단위글을 열심히 써서 주위 사람들에게 읽히고 거기서 다양한 피드백을 받아 보기 바랍니다. 서둘러 제3장으로 넘어가지 마세요.

평가 요청 여러분이 작성한 글을 평가 받고 싶으면 이 책의 「부록」의 '알림'을 참고하여 신청할 수 있다.

제 3 장
'짜임글'과 주제화

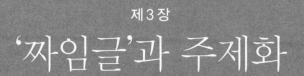

1. 단위 글에서 짜임글로

단위 글의 진화에서 설명했듯이 단위 글에서 짜임글로 글쓰기 영역을 넓히는 것은 글쓰기의 진화이다. 간단한 주제에서 좀 더 폭이 넓은 주제, 좀 더 깊이 있는 주제를 다루는 글을 쓸 수 있게 되기 때문이다.

단위 글은 대개 글쓴이가 하나의 대답밖에 할 수 없는 주제에 대해서 쓴다. 예를 들면 "당신은 이렇게 하는 게 옳다고 봅니까, 그르다고 봅니까?"라는 질문에 대하여 자기 의견을 적는 경우를 생각해 보자. 그러면 글쓴이는 "저는 이렇게 하는 게 옳다고 봅니다. 왜냐하면 이런저런 이유 때문입니다."라고 쓸 것이다. 또, "당신은 어느 것을 좋아합니까?"라는 질문에 대한 의견을 적는다면 "저는 이것을 좋아합니다. 그 이유는 이것입니다."라고 글을 구성하게 될 것이다. 이때도 하나의 주제문과 몇 개의 뒷받침문장으로 구성된 단위 글을 적게 된다.

그러나 글쓴이가 몇 개의 대답을 할 수 있는 경우도 얼마든지 있다. 어쩌면 여러 년을 아울러서 대답을 해야 하는 경우가 더 많을 것이다. 예를 들어 보자. "당신은 그 사람에 대해서 어떻게 생각합니까?"라는 질문에 답하는 글을 쓴다면 어떨까? 우선 아래와 같은 단위 글을 생각해 낼 수 있을 것이다.

▌ 예문 1

나는 그 사람을 멋진 사람이라고 생각한다. 얼굴도 잘생겼고, 품성도 좋고, 능력도 많기 때문이다.

그런데 이 사람에 대해서 좀 자세히 설명하고 싶다면 어떻게 할까? 겉보기만으로 평가하지 않고 내면까지 평가하고, 그 평가를 증명할 근거까지 제시하는 경우를 생각해 볼 수 있다.

▌ 예문 2

나는 그 사람을 매우 멋진 사람이라고 생각한다. 그 사람은 아주 잘생겼다. 코도 크고, 이마도 둥글며 깨끗하고, 키도 크고 몸매도 날씬하다. 능력도 있고 품성도 좋다. 웃으면 천사처럼 보인다. 약한 사람을 돕고, 가난한 친구에게 음식을 사 주기도 한다. 공부도 잘하지만 운동도 잘한다. 예의도 발라서 어른에게 인사도 아주 잘한다. 오락 시간에는 노래도 잘 부르고, 춤도 잘 춘다. 못 하는 것이 없을 정도이다.

이렇게 적어 놓으면 "그 사람은 멋진 사람이다"를 뒷받침하는 것으로서 그 사람이 잘생겼다는 것과, 코도 크고, 이마도 둥글고 깨끗한 것, 품성이 좋은 것, 약한 사람을 돕는 것, 능력이 있는 것, 노래 잘 부르는 것 등이 모두 같은 층위에서 무질서하게 나열되어 정확하게 그 사람의 어떤 점 때문에 멋지다고 본 것인지 한두 마디로 정리하기 어렵다. 이런 점을 벗어나기 위하여 뒷받침문장의 내용을 분류하고 정리한다. 이 작업을 '모둠짓기'라고 한다. 특성이 비슷한 것끼리 나누고 그것들에게 공통으로 적용할 수 있는 개념을 내세우는 작업이 모둠짓기 작업이다. 멋진 사람을 뒷받침하는 여러 특성 중에서 모둠짓기를 하여 제시하면 아래와 같은 글이 될 것이다.

▌예문 3

나는 그 사람을 매우 멋진 사람이라고 생각한다.

그 사람은 아주 잘생겼다. 코도 크고, 이마도 둥글고 깨끗하고, 키도 크고 몸매도 날씬하다. 웃으면 천사처럼 보인다.

그 사람은 품성도 좋다. 약한 사람을 돕고, 가난한 친구에게 음식을 사 주기도 했다. 예의도 발라서 어른에게 인사도 아주 잘한다.

그 사람은 능력도 많다. 공부도 잘하지만, 운동도 잘한다. 오락 시간에는 노래도 잘 부르고, 춤도 잘 춘다. 못 하는 것이 없을 정도이다.

이렇게 적으면 그 사람의 멋진 이유가 크게 세 가지로 정리되어 나타난다. 그리고 각 이유를 뒷받침하는 근거로 몇 가지가 이해하기 쉽게 제시된다. 이 글에 제목을 붙여 보자.

멋진 그 사람

　그 사람은 아주 잘생겼다. 코도 크고, 이마도 둥글고 깨끗하고, 키도 크고 몸매도 날씬하다. 웃으면 천사처럼 보인다.

　그 사람은 품성도 좋다. 약한 사람을 돕고, 가난한 친구에게 음식을 사 주기도 했다. 예의도 발라서 어른에게 인사도 아주 잘한다.

　그 사람은 능력도 많다. 공부도 잘하지만, 운동도 잘한다. 오락 시간에는 노래도 잘 부르고, 춤도 잘 춘다. 못 하는 것이 없을 정도이다.

　이 간단한 작업에서 우리는 단위 글에서 짜임글로 나아가는 몇 가지 중요한 작업을 했다. 하나는 많은 뒷받침을 모둠별로 나누고 그 모둠에 이름을 붙이는 모둠짓기 작업과 글에 제목을 붙이는 작업이 그것이다. 각 모둠과 제목 사이의 관계를 살펴보자. 각 모둠의 핵심어를 모으면 제목의 개념을 충족하는 것을 알 수 있을 것이다. 결국 짜임글의 제목은 각 모둠(이것을 짜임글의 문단이라고 한다)의 핵심어를 포괄하는 상위 개념을 이용하는 것임을 알 수 있다.

　단위 글에서 주제문으로 표현했던 개념이 짜임글에서는 제목에 나타나고, 단위 글의 뒷받침문장이 짜임글에서는 몇 개의 문단으로 나뉘는 것을 알 수 있다. 그리고 각 문단은 단위 글의 구조처럼 핵심어를 제시하는 소주제문과 그것을 뒷받침하는 뒷받침문장으로 구성됨을 알 수 있다. 이렇게 해서 단위 글이 짜임글로 진화하였다. 위 짜임글은 단위 글 셋이 연합하여 하나의 글로 진화한 셈이다.

2. 짜임글의 구조

짜임글은 단위 글보다 깊이 있고 폭이 넓은 주제를 다루기 때문에 주제의 여러 면을 검토하게 되는데 각 면을 문단으로 엮는다. 짜임글의 문단 구조는 단위 글의 구조와 전적으로 같다. 그러니 짜임글은 단위 글여럿이 연합하여 만들어지는 글이라고 하는 것이다. 이를 토대로 짜임글의 구성을 표로 보이면 아래와 같다.

> 짜임글 = 단위 글 + 단위 글 + 단위 글 …

그런데 단위 글은 '주제문 + 뒷받침문장'으로 구성되어 있으므로 위표는 아래와 같이 바꿀 수 있다.

> 짜임글 = (주제문 + 뒷받침문장) + (주제문 + 뒷받침문장) …

여기서 각 단위 글의 주제문은 그 단위 글의 주제일 뿐 짜임글의 전체의 주제는 아니다. 각 단위 글의 주제가 모여서 짜임글의 주제를 뒷받침한다. 그래서 단위 글의 주제를 짜임글에서는 소주제라고 부르고 소주제를 나타내는 문장을 소주제문이라고 부른다. 그리고 이제까지 단위 글이라고 불렀던 것을 짜임글에서는 문단이라고 부른다. 그러면 짜임글의 구성은 아래와 같이 된다.

짜임글 = (소주제문+뒷받침문장) + (소주제문+뒷받침문장)

　　　+ (소주제문+뒷받침문장) … = 문단 + 문단 + 문단 …

　짜임글에는 소주제를 아우르는 주제를 나타내기 위하여 제목을 붙이므로 짜임글은 기본적으로 제목과 내용으로 구분된다. 자, 이제까지의 설명을 종합하면 짜임글의 기본 구성은 아래 표와 같음을 알 수 있다.

짜임글 = 제목 + 내용

　　　= 제목 + 제1문단(소주제문 + 뒷받침문장)

　　　　+ 제2문단(소주제문 + 뒷받침문장)

　　　　+ 제3문단(소주제문 + 뒷받침문장) …

　짜임글의 구성을 평면적으로 보면 위의 표와 같지만 각 문단과 제목의 관계, 문단과 문단의 관계를 고려하여 보면 짜임글은 피라미드 구조와 사슬 구조로 나누어 볼 수 있다.

(1) 짜임글의 피라미드 구조

피라미드 구조는 짜임글이 아래 표처럼 많은 뒷받침이 하나의 문단을 뒷받침하고, 몇 개의 문단이 하나의 제목을 뒷받침하는 구조를 보이는 것을 가리킨다. 주제를 몇 개의 소주제로 나누고, 각 소주제를 몇 개의 문장으로 뒷받침하는 구조이다. 짜임글을 제목(주제)을 중심으로 하여 얼개를 그리면 이처럼 피라미드와 비슷한 형상의 그림이 된다. 이것을 짜임글의 피라미드 구조라고 한다.

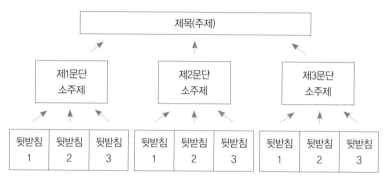

〈짜임글의 피라미드 구조〉

앞에서 공부한 '멋진 그 사람'이라는 글의 구조는 아래 피라미드처럼 분석할 수 있다.

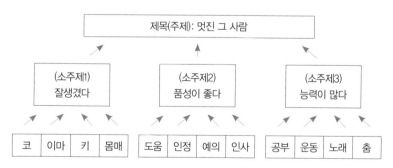

〈'멋진 그 사람'의 피라미드 구조〉

위 피라미드는 '코, 이마, 키, 몸매'의 잘생김을 모아 '잘생김'을 뒷받침하고, '도움 주기, 인정 베풀기, 예의바름, 인사성 좋음'을 모아 '품성이 좋음'을 뒷받침하고, '공부, 운동, 노래, 춤'을 잘하는 것으로 '능력이 많음'을 뒷받침하였음을 나타낸다. 그리고 '잘생김', '품성이 좋음', '능력이 많음'으로 상위 개념인 '멋짐'을 뒷받침하게 만들었다. 이렇게 하위 개념을 모둠별로 구분하여 상위 개념으로 통합하는 과정을 모둠짓기라고 한다.

역으로 말하면 '멋진 사람(주제)'임을 설명하기 위해서 '멋짐'을 '잘생김', '품성이 좋음', '능력이 있음'의 세 요소(소주제)로 분석하고, '잘생김'은 '코, 이마, 키, 몸매'가 잘생긴 것으로 뒷받침하고, '품성이 좋음'은 '도움 주기, 인정 베풀기, 예의바름, 인사성 좋음'으로 뒷받침하며, '능력이 있음'은 '공부, 운동, 노래, 춤'을 잘하는 것으로 뒷받침했다고 볼 수도 있다. 이것은 모두 상위 개념을 분석하여 얻은 하위 개념을 이용한 것이다. 이렇게 주제화하는 방법을 '주제어를 내포(內包)를 이용하여 하위 개념으로 분석하여 주제화'한다고 한다.

한편 '성공하는 사람들의 습관'을 제시하는 글을 쓴다면 성공이 무엇인지 분석하여 그에 따라 그들의 습관을 종합한 글을 쓸 수 있지만 (그렇게 하면 내포 분석이 될 것이다), 각 부문별로 성공한 사람을 예시하여 그들의 습관을 종합한 글을 쓸 수도 있다. 이런 방법을 '주제어를 외연(外延)으로 분석하여 주제화'한다고 말한다. 주제어를 외연으로 분석한 글의 구조를 보이면 아래와 같다.

〈주제어를 외연으로 분석한 짜임글의 피라미드 구조〉

　내포를 분석하여 주제화하거나 외연을 분석하여 주제화하거나 원리는 모두 피라미드 구조 방식이 되는 것이다.

(2) 짜임글의 사슬 구조

피라미드 구조 방식이 주제어를 분석하고 하위어를 모둠별로 개념화하는 글쓰기 방식이라면 사슬 구조 방식은 분석하거나 모둠짓기를 하지 않고 문단을 일정한 순서로 나열하여 글을 구성하는 방식이다. 물론 각 문단에 소주제가 있지만 그 소주제도 일정한 순서로 나타나도록 한다. 예를 들면 '사람의 일생'에 관한 글을 쓴다고 가정해 보자. 그러면 아이가 태어나서 성장 과정을 거쳐 어른이 되고 다시 늙어 죽음에 이르는 과정을 쓰게 될 것이다. 여기에 '사람'이나 '일생' 같은 개념을 분석할 필요가 없다. 이런 글은 아래와 같은 구조를 갖게 된다.

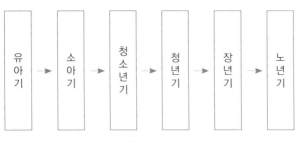

<〈'사람의 일생'에 관한 글의 사슬 구조〉

　여러 곳을 순례하는 기행문, 사건의 역사적 전개 등에 관한 글도 사슬 구조를 택하여 쓰는 것이 바람직하다. 위의 사슬 구조는 시간의 순서에 따라서 문단의 소주제를 배열하는 방식이다. 이에 비해 인과관계에 따라서 문단의 순서를 배열할 수도 있다. 물론 인과관계가 순서를 염두에 둔 판단이므로 시간의 순서에 따른 배열의 하나로 볼 수 있지만 특별히 앞뒤 문단 사이에는 시간의 선후보다는 인과관계로 사슬이 맺어진다는 의미에서 인과관계를 강조하는 것이다. 인과관계에 따른 사슬 구조의 글쓰기는 역사적 사건을 사실 중심으로 구성할 때에 쓸 수 있고(어떤 일이 일어나고, 그 영향을 받아 다른 일이 일어나고 그 영향을 받아 더 큰 사건이 일어났다는 식의 서술), 범죄 행위를 재구성하는 글에서도 유용하게 사용될 수 있다.

　사슬 구조라고 해서 모든 문단이 사슬 구조로 이루어지는 것은 결코 아니다. 각 문단이나 각 소제목의 배열이 사슬구조일 뿐 각 소제목 안에서는 다시 피라미드 구조를 택할 수도 있다. 위의 '사람의 일생'을 예로 든다면 유아기의 삶을 설명할 때에 사슬 구조에서 벗어나 피라미드 구조를 취할 수 있다는 말이다. 유아기의 정의, 유아기의 특질 등 유아기라는 개념을 분석적으로 파악하여 글을 쓴다면 이 글은 사슬 구조 안에서 피라미드 구조의 글이 되는 것이다. 어떤 글이 꼭 피라미드 구조이거나 사슬 구조여야 한다는 원칙은 없다. 글쓴이가 주제를 어떻게 구현하는 것이 가장 효과적일지 판단하여 두 구조를 적절히 사용하면 되는 것이다.

(3) 단위 글과 문단의 차이

주제문과 뒷받침문장으로 구성된다는 구성상의 특징은 단위 글이나 문단에 모두 적용된다. 다만 그 존재 방식에서 차이가 있다. 단위 글은 그 자체 독립한 글일 수도 있고, 다른 단위 글과 연계하여 더 큰 주제의 일부가 될 수도 있다. 전자는 단위 글이 독립성을 가진 경우이고, 후자는 단위 글이 문단으로서 짜임글의 일부가 되는 연계성을 가진 경우이다. 넓은 의미의 단위 글에는 문단이 포함되고 좁은 의미의 단위 글에는 문단을 포함하지 않고 독립한 단위 글만을 가리키게 된다.

좁은 의미의 단위 글은 그 자체로 주제를 완성하는 독립한 글이다. 이 단위 글은 각자 독립한 주제를 가지고 있고, 각각 다른 관점과 깊이와 재료로 만든 뒷받침문장으로 주제화한 것이다. 이런 글은 대개 간단히 자기를 소개하거나 (1분 스피치 원고 등) 자기 의견을 제시할 때 사용된다. 이에 비하여 문단은 하나의 주제를 잘게 쪼개어 소주제를 만든 뒤 그 소주제를 뒷받침하기 위하여 만든 글 모둠이다. 그래서 문단은 독립적으로 존재하지 않고 반드시 주제에 포함되어 주제의 일부를 구성하도록 만들게 된다. 문단과 문단 사이에는 주제의 연속, 주제의 공유, 공동의 주제화라는 과제를 수행하는 노력이 존재한다. 짜임글은 문단을 단위로 히여 주제화한 글이다. 그래서 문단을 싸임글의 단위 글이라고 하는 것이다.

3. 짜임글의 주제화

단위 글의 주제화는 모든 뒷받침문장이 주제문을 직접 지향하여 작성되므로 '뒷받침문장 → 주제' 형식으로 직접 주제화를 하게 되는데, 짜임글의 주제화는 뒷받침문장이 문단의 소주제문을 통해서 1차 주제화를 하고, 다시 소주제가 모여서 주제를 뒷받침하는 2차 주제화 과정을 밟는다. 뒷받침문장과 주제 사이에 소주제라는 중간 매개자가 있는 것이다. 그래서 짜임글은 '뒷받침문장 → 소주제 → 주제'의 간접 주제화를 하게 된다. 이는 작은 기업에서 종업원과 사장이 직접 만나서 작업을 상의하던 구조가 회사의 규모가 커짐에 따라서 사장과 종업원 사이에 과장이라는 중간 관리자가 생겨서 사원들은 과장과 작업을 논의하고 과장들이 사장과 작업을 논의하는 과정으로 바뀌는 것과 같다. 이 회사의 과장을 짜임글의 소주제에, 부장을 짜임글의 소제목에 비견할 수 있다. '뒷받침문장 → 소주제 → 주제'의 형식으로 주제화하는 것이나 거꾸로 '주제 → 소주제 → 뒷받침문장'의 순으로 주제화하는 것은 모두 개념을 분석하여 상위 개념 또는 하위 개념을 설정하는 방식이다. 이를 주제어 분석 방식이라고 한다.

이에 비하여 앞 문단의 논의를 뒤 문단이 이어받고, 다시 그 뒤 문단이 이어받아 최종적으로 주제문을 갖춘 주제 문단에 이르게 하는 방식이 있다. 앞에서 짜임글의 사슬 구조라고 이름을 붙였던 방식인데 이 방식에 따라서 주제화를 하게 되면 대체로 평범한 예에서 절정의 예로 강화하여 주제화를 한다. 그래서 이런 방식의 주제화를 점층 방식이라고 부른다. 이 두 주제화 방식에 대해서 좀 더 자세히 알아보자.

(1) 주제어 분석 방식의 주제화

이 방법은 주제의 핵심 개념인 주제어의 하위 개념을 소주제로 활용하는 방법이다. 이 방법에 따르면 주제어가 상위 개념이 되고 소주제의 핵심 개념인 소주제어가 주제어의 하위 개념이 되도록 하여 주제화를 실현한다. 상위어란 상대적으로 어떤 말보다 일반적이고 포괄적인 뜻이 있는 말을 가리킨다. 이에 비해서 하위어란 어떤 말보다 구체적이고 자세한 뜻이 있는 말을 가리킨다. 상위어와 하위어 관계를 표로 보이면 아래와 같다.

	상위어	하위어
개념	식물	소나무, 참나무, 창포, 질경이

예컨대 식물과 관계되는 글을 쓴다면 위의 4가지 식물을 소주제로 삼아 글을 쓸 수 있다. 그러면 아래와 같은 구조의 글이 될 것이다.

〈짜임글 피라미드 1〉

그리고 이 구조의 짜임글의 설계도를 보이면 아래와 같이 될 것이다.

제목: 식물은 어떤가?

들머리: 식물은 이렇다(주제문). 몇 가지 식물을 조사해 보자.

제1문단: 소나무는 이렇다(소주제문).

제2문단: 참나무는 이렇다(소주제문).

제3문단: 창포는 이렇다(소주제문).

제4문단: 질경이는 이렇다(소주제문).

마무리: 그래서 식물은 이렇다(주제문).

그런데 식물에 대하여 더 많은 것을 알고 있는 사람이라면 이보다 더 많은 식물을 설명하고 싶을 것이고 그런 사람은 10가지 식물이나 100가지 식물에 관한 글도 쓸 수 있을 터인데, 이렇게 많은 식물을 설명하려면 아마도 식물을 특성별로 분류하여 개념화하는 작업을 하게 될 것이다. 즉 식물 중에서 어떤 것은 나무에 속한 것이 있고 어떤 것은 풀에 속한 것이 있다고 분류하는 방식이다. 그러면 식물과 식물 이름

사이에 나무와 풀이라는 중간 개념이 나타나게 된다. 이것을 표로 만들면 아래와 같이 될 것이다.

	최상위어	차상위어	하위어
개념	식물	나무	소나무, 참나무
		풀	창포, 질경이

그리고 이것을 짜임글의 구조로 환원하여 보면 아래와 같은 피라미드 구조를 이루게 된다. 이 피라미드 구조에는 '나무'라는 소제목과 '풀'이라는 소제목이 있어서 그 개념에 속하는 하위 개념을 묶고 있음을 알 수 있다.

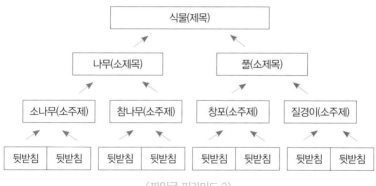

〈짜임글 피라미드 2〉

그리고 이 구조의 짜임글을 설계도로 나타내면 아래와 같이 될 것이다.

1. 들머리: 식물은 이렇다(주제문). 나무와 풀을 알아보자.

2. 나무(소제목)

   제1문단: 소나무는 이렇다(소주제문).

   제2문단: 참나무는 이렇다(소주제문).

3. 풀(소제목)

   제1문단: 창포는 이렇다(소주제문).

   제2문단: 질경이는 이렇다(소주제문).

4. 마무리: 식물 곧, 나무와 풀은 이렇다(주제문).

이런 방식으로 쓴 짜임글이 앞에서 읽은 '멋진 그 사람'이라는 제목의 짜임글이다. 이 글은 제목에 적힌 주제어 '멋진'의 개념을 분석하여 '잘생겼다', '품성이 좋다', '능력이 많다'의 세 가지 소주제를 설정하고 소주제문을 만들어 몇 개의 뒷받침문장으로 뒷받침했다. 이 방법은 '멋지다'의 내포를 분석하여 세 개의 속성을 분석해 낸 것이기도 하다. 또, '성공한 사람의 습관'에 관한 피라미드 구조는 '성공한 사람'을 외연으로 분석하여 3개의 소주제를 만든 것이다.

이 방식에 의한 주제화의 성패는 주제어를 얼마나 잘 분석하여 하위 개념을 소주제 또는 소제목으로 제시할 수 있을지에 달려 있다고 해도 지나치지 않다. 나는 '멋지다'를 '잘생겼다', '품성이 좋다', '능력이 많다'로 분석했지만 어떤 사람이 '돈을 잘 쓴다'도 '멋지다'의 속성에 속한다고 판단한다면 그것을 소주제로 설정할 수 있다. 다만, 그 사람이 그런 속성이 있는지는 별개의 문제이다. 만일 멋진 사람의 속성에 '돈을 잘 쓰는 것'도 포함되지만, 내가 아는 그 사람은 돈을 쓰지 않는 인색한 사람이라면 멋진 사람으로는 부족하게 되는 것이다. 거꾸로 '멋지다'에 '능력이 많다'가 포함될 수 없다고 생각하는 사람은 이것을 소주제로 삼지 않을 수 있다. 그렇게 되면 멋진 사람이라고 말할 만한 사람이 더 많아질 것이지만 그런 건 상관할 바가 아니다. 다만, 주제어를 소주제 어로 분류한 결과를 독자가 어느 정도 수용해야 하고, 한 걸음 더 나아 가서 전문가도 수용하게 되어야 글의 구조가 제대로 되었다는 평가를 받게 된다. 그래서 짜임글의 구조를 잘 짜려면 상위어를 하위어로 분석 하는 능력과 여러 하위어를 상위어로 묶어낼 수 있는 능력을 함께 갖 추어야 한다. 이런 능력을 '개념화의 능력'이라고 한다.

상위어를 하위어로 분석하여 소주제를 제시하는 방법으로 앞에서 내 포 분석에 의한 소주제 분석을 설명하였는데 이번에는 상위어의 외연 으로 소주제를 제시하는 방법을 설명하겠다. '성공한 사람들의 습관'을 설명하는 짜임글을 쓴다고 가정해 보자. 주제어 '성공'에 대해서 내포를 분석하여 소주제를 만든다면 성공의 내포 곧 성공이란 무엇인가에 대 하여 대답할 수 있는 것을 찾아서 소주제로 삼으면 된다. '자기가 진정 으로 하고 싶은 것을 하는 사람', '돈을 많이 번 사람', '높은 지위에 오 른 사람' 등을 생각할 수 있을 것이다. 그러면 이런 사람들의 습관을 설 명하면 된다. 그러나 '성공'의 종류를 찾아서 소주제를 설정한다면 '정 치로 성공한 사람', '행정으로 성공한 사람', '경제로 성공한 사람', '종교 로 성공한 사람', '학문으로 성공한 사람', '연예나 운동으로 성공한 사람' 등으로 나누어 소주제를 삼을 수 있을 것이다. 이렇게 분류하는 것이 '성공한 사람'의 외연으로 분석하는 것이다.

내포나 외연으로 분석하는 방법은 일반적인 방법이므로 원론적인 주장을 하는 데 적합하다. 만일 특정 인물이나 정책 또는 나라나 지역과 관련한 글을 쓴다면 이런 일반적인 개념 분석과 그 대상이 이 개념에 맞는지를 판단해야 한다. 그래서 대상에 가장 적합한 분석으로 소주제를 설정해야 한다. '돈을 잘 쓰는 사람'을 멋진 사람의 속성으로 생각하더라도 대상이 그런 속성을 가지지 않았다면 '돈을 잘 쓰는' 속성은 멋진 사람의 속성에서 제외해야 한다.

이 방식은 대개 큰 개념을 설명하거나 큰 주제어를 주제화할 때에 사용되는 경우가 많다. 개념을 여러 하위 개념으로 나누어 설명 해야 하는 경우나 주제어를 여러 종류로 나누어 생각할 수 있는 것이라면 마땅히 이 방법에 따라서 개념 분석을 하여 설명하고 뒷받침하는 과정을 거치는 것이 바람직하다.

분석 방식으로 주제화하는 짜임글의 각 문단은 독립적이다. 문단과 문단 사이에는 공통 주제를 품은 것 외에는 관련된 점이 없다. 만일 문단끼리 비슷한 뒷받침내용을 갖고 있거나 소주제문이 비슷하여 엄격하게 분리되지 않는다면 분석을 제대로 하지 못한 글이라고 평가받게 된다. 따라서 이 방식으로 완전하게 주제화하려면 주제어를 잘 분석하여 소주제의 합집합이 주제어가 되도록 하는 것이 최선이다. 주제와 소주제의 바람직한 관계에 대해서는 뒤에 다시 논하게 되므로 여기서는 이 정도로 그치겠다.

이 방식으로 쓴 짜임글을 검토해 보자. 이제까지의 예문은 단위 글이어서 비교적 짧았지만 이제부터는 짜임글이라 비교적 길다는 점을 감안하여 예문을 읽어 주기 바란다. 인용을 생략해도 되는 부분은 생략하겠지만 생략하기 어려운 글은 전문을 인용하지 않을 수 없다는 점을 이해해 주면 좋겠다.

▌예문 1

독서 능력의 특성

(들머리) 독서 능력은 의미를 구성하는 능력인 동시에 창의적인 학습 능력이다. 학교 교육 과정에서 학생들로 하여금 창의적 사고 능력을 지닌 사려 깊은 독자로 성장할 수 있도록 돕는 일은 매우 중요한 일이다. 의미 구성 능력과 창의적 학습 능력으로서의 독서 능력은 일련의 명시적 기능들의 집합으로 구성되는 것이 아니다. 독서의 다양한 맥락과 다양한 목적으로 독자와 글 사이에서 이루어지는 상호 작용을 포함하는 대단히 복잡한 사고 과정이다. 독서의 과정은 글에 제시된 정보와 독자가 보유하고 있는 배경지식을 연결하여 독자 나름의 새로운 의미를 구성하는, 창의적이고 능동적인 사고 과정이다. 사려 깊은 독자가 지니고 있는 독서 능력의 특성을 정리하여 제시하면 아래와 같다.

(소주제1) 사려 깊은 독자는 글의 의미를 구성하기 위하여 배경지식을 적극적으로 활용한다. 독서의 과정에서 사려 깊은 독자는 자신이 구성하는 의미의 적절성을 평가하기 위해서도 배경지식을 활용한다. 사려 깊은 독자는 자신이 이해한 내용을 다른 사람에게 설명할 때에도, 글의 내

용 중에서 무엇이 더 중요한지를 결정할 때에도, 독서의 과정에서 추론을 생성할 때에도 배경지식을 활용한다. 독서 현상에 관한 연구 결과에 의하면, 독서의 과정에서 새로운 정보는 그 정보와 연관되는 배경 지식과 통합될 때에 더욱 잘 학습되고 기억된다.

(소주제2) 사려 깊은 독자는 독서의 전 과정을 통하여 자신의 독해 작용을 조정한다. 조정하기는 의미를 구성하기 위하여 독자가 활용하는 핵심적인 사고 기제이다. 유능한 독자는 진행 중인 독해 작용이 성공적으로 이루어지고 있는지를 의식적으로 확인하며, 일단 해독상의 문제에 직면하면 자신의 독해 전략을 수정한다. 반면에 미숙한 독자는 독해상의 문제가 무엇인지 인식을 못하며, 설령 어떤 문제점을 발견하였다 할지라도 그 문제를 해결할 대안적인 독서 전략을 사용할 줄 모른다.(이하 뒷받침 줄임)

(소주제3) 사려 깊은 독자는 자신이 읽고 있는 글에서 무엇이 중요한지를 결정할 수 있다. 독해 과정에서 무엇이 중요한지를 결정하는 일은 대단히 중요한 일이다. 독해 과정에서의 주요 정보와 연관되는 용어들로는 요지, 중심 내용, 화제, 대단위 구조, 최상위 구조, 핵심어, 주제 등을 들 수 있다. 독해 과정에서의 중요 정보는 독자 중심의 주요 정보와 필자 중심의 주요 정보로 나눌 수 있다. 일반적으로 사려 깊은 독자는 독서의 과정에서 자신의 독서 목적에 따라 무엇이 중요한 정보인지를 결정하게 된다. 사려 깊은 독자는 미숙한 독자들에 비해 필자 중심의 주요 정보를 판단하고 결정하는 데도 탁월한 능력을 보인다.(이하 뒷받침 생략)

(소주제4) 사려 깊은 독자는 독서의 과정에서 정보를 체계적으로 종합한다. 정보의 종합 능력은 정보의 중요성을 결정하는 능력과 연관을 맺

는 중요한 독서 능력이다. 사려 깊은 독자는 글을 요약하기 위하여 글 내 정보는 물론 글 간 정보를 종합할 수 있는 능력을 갖추고 있다. 글에 제시된 정보를 종합하여 요약하는 과정에서 사려 깊은 독자는 무관한 정보나 잉여적인 정보 삭제하기, 일련의 사물이나 사건에 대하여 상위 개념어를 사용하여 적절한 표지 붙이기, 각 문단의 중심 문장을 찾아 그 내용을 요약에 포함시키기, 문단의 중심 문장을 찾을 수 없을 경우에는 독자 스스로 중심 문장을 적절하게 만들어서 요약에 포함시키기 등의 전략을 적절하게 사용한다.

(소주제5) 사려 깊은 독자는 독서의 과정에서는 물론 독서 후에도 끊임없이 추론을 생성한다. 추론하기는 독해의 과정에서 독자에게 필수적으로 요구되는 핵심적인 독해 기능이다. 추론하기의 과정에서 독자의 스키마는 단편적인 정보에 부합되는 의미 구조를 형성하게 해 준다. 이 과정에서 독자는 그 의미 구조를 활용하여 글에 명시적으로 제시되지 않은 세부 정보를 생성하기도 하고, 글에 제시된 정보를 더욱 정교하게 다듬기도 한다.

(소주제6) 사려 깊은 독자는 독서의 과정에서 끊임없이 질문을 제기한다. 독서 지도 과정에서 질문은 일반적으로 독서의 주체인 학생들이 스스로 제기하는 것이 아니라 교사가 제기하는 경우가 많다. 그러나 효과적인 독서 지도를 위해서는 독서의 과정에서 학생들 스스로 질문을 제기하도록 권장하고 안내할 필요가 있다. 독서의 과정에서 독자가 생성하는 고등 수준의 질문은 심층적인 독해를 유도할 뿐 아니라 독해 능력과 학습 능력을 신장하는 데 크게 기여하게 된다.

— 박영목,「독서 능력과 독서 학습의 특성」

이 짜임글은 들머리에 주제어를 제시하고 주제문을 넣었다. 따라서 들머리가 주제 문단이 되었다. 나머지 문단은 모두 주제어(녹서 능력의 특성)를 내포로 분석한 것을 소주제로 삼아 주제 문단을 뒷받침하였다. 여기서는 소주제의 합집합이 주제어를 이루게 하는 것이 중요하다. 이 글의 주제문이 '사려 깊은 독자에게서 찾을 수 있는 독서 능력의 특성'이므로 각 문단은 그 특성을 빠짐없이 나열하는 것으로 주제화는 완성된다.

글쓴이는 각 소주제문을 문단의 맨 앞에 내놓음으로써 소주제가 무엇인지 독자가 쉽게 이해할 수 있도록 도왔다. 그리고 각 소주제문을 독자가 이해할 수 있도록 상세히 설명하거나 다른 것과 비교하는 방법으로 문단 단위의 주제화를 진행하였다. 매우 용의주도하게 주제화를 이룬 모범적인 글이라고 하겠다. 이 글을 피라미드 형식의 설계도로 만든다면 아래와 같이 될 것이다.

제목: 독서 능력의 특징

(들머리) 사려 깊은 독자가 지니고 있는 독서 능력의 특성을 알아보자.
(소주제1) 배경지식 활용하기
(소주제2) 독서 전략을 조정하고 수정하기
(소주제3) 중요한 정보를 선정하고 조직하기
(소주제4) 글이 제시한 정보를 종합하기
(소주제5) 추론하여 새로운 정보를 생성하거나 다듬기
(소주제6) 질문 제기하기

어쩌면 글쓴이가 이 글을 쓰기 전에 이미 이런 설계도를 만들고 쓰기 시작하였는지 모르겠다. 만일 그랬다면 더 큰 칭찬을 받아야 할 것이다. 이 글에 마무리가 없는 이유는 굳이 마무리 문단을 둘 필요가 없다고 보았기 때문이다. 왜냐하면 들머리에 주제문을 두었고, 그에 따라서 주제어를 분석하여 여섯 가지 소주제를 제시하고 이를 효과적으로 뒷받침하여서 충분히 주제화가 완성되었기 때문이다.

▌ 예문 2

글을 시작하며

(들머리) 오늘날 철학에 있어서뿐만 아니라 거의 모든 인문, 사회과학 그리고 자연과학에 있어서도 언어에 대한 관심이 높아졌다. 그래서 현대 철학은 언어 문제를 가장 중요한 기본 문제로서 다루고 있다. 그러나 언어에 대한 이러한 관심은 여러 방향에서 제기되었기 때문에 그 관심의 성격과 연구의 방법은 여러 가지로 다르다. 그러므로 나는 우선 여기에서 언어에 대한 관심과 그것을 다루는 방법의 네 가지 발전 단계를 구별함으로써 내가 이 책에서 언어를 다루는 태도를 미리 밝혀 둘 필요를 느낀다.

(들머리 뒷받침) 첫째 단계는 비엔나 학파의 논리 실증주의에서 시작된 논리적인 언어 분석이고, 둘째 단계는 비트겐슈타인이 대표하는 철학적 언어 분석이고, 셋째 단계는 과학적인 언어학과 구조주의의 단계이고, 넷째 단계가 홈볼트의 사상에 기초한 해석학적인 언어철학이다. 물론 이러한 네 가지 단계들이 일직선적인 흐름처럼 진보해 왔다는 것은

아니고 오히려 이들은 서로 영향을 주고 의존하는 교차 관계를 갖고 있다. 그러나 그들의 차이점과 특징들은 분명하다.

(소주제1) 논리 실증주의에 의하면 철학은 종래 그가 다루었던 구체적인 영역들을 모두 특수 과학들에 나누어 주어 버렸기 때문에 이제는 과학의 기초 작업을 하는 일을 할 수밖에 없다. 따라서 여기서는 철학은 곧 과학기초론이며 그 이외의 아무것도 아니다. 그런데 이러한 과학기초론은 과학적인 언어를 획득하기 위한 언어 분석을 가장 중요한 과제로 한다. 왜냐하면 적어도 초기 실증주의에 있어서는 과학은 정확하고 엄밀한 언어를 사용해야 과학이 된다는 이념이 지배적이었기 때문이다.(이하 뒷받침 생략)

(소주제2) 논리적 실증주의에서 둘째 단계인 철학적 언어 분석에로의 전환을 이룩한 것은 비트겐슈타인이다. 그는 언어 구조의 형식들을 인간의 일상적인 삶의 형식들로써 관찰한다. 여기서는 그의 이른바 '말놀이(language game)'의 이념이 나타난다.(이하 뒷받침 생략)

(소주제3) 다음 단계로서 오늘날의 과학적인 언어학 이론은 실증주의의 논리적 언어 분석과 철학적인 일상 언어 분석의 영향을 함께 받고 있다.(이하 뒷받침 생략)

— 이규호, 『말의 힘』

위 짜임글도 주제어를 분석하는 방법으로 소주제를 만들어 뒷받침 문단을 구성한 글이다. 특이한 것은 들머리에서 제시한 주제를 둘째 문단에서 구체적으로 해설하고 있다는 점이다. 그래서 둘째 문단을 주제문인 들머리 문단을 뒷받침하는 문단으로 본 것이다. 본격적인 주제화 과정은 소주제를 제시하는 셋째 문단부터 시작한다. 그래서 3개의 소주제를 통해서 주제를 구현하게 되도록 짜여 있다.

▎예문 3

누가 누구를 감시하는가

(들머리) 정보기술이 발전함에 따라 개인의 구체적인 자료들이 타인에게 쉽게 노출되고 있다. 개인의 사생활이 다른 사람에 의해 적나라하게 감시될 가능성이 커지고 있는 것이다. 감시는 국가나 자본과 같은 권력 기관에 의해 이루어지는 경우가 많지만, 최근에는 일반 사람들도 새로운 감시의 주체로 부상하고 있다.

(소주제1) 국가 권력은 가장 오랜 역사를 가진 감시의 주체이다. '통계학'이라는 용어 자체가 '국가'의 통치와 관련된 학문이라는 뜻을 가지고 있다. 인간 세상의 모든 것이 측정되고 숫자로 표시되었으며, 이렇게 모여진 숫자는 통계적으로 분석되어 각종 정책과 법률을 수립하고 집행하기 위한 기초 자료로 사용되어 왔다. 불심검문을 받아 보면 알 수 있듯이, 개인의 신상정보가 범죄 기록 데이터베이스와 연동되어 활용되는 것은 이제 일상적인 일이다. 국가 권력은 국민의 행동을 통제하기 위하여 효과적인 감시에 필요한 새로운 소프트웨어를 개발하기도 한다. 인터넷 패킷을 가로채 전자메일의 내용을 자동적으로 검색할 수 있는 '카니보어'나 감시 대상자의 컴퓨터를 모니터링하기 위한 '매직 랜턴' 등이 그 대표적인 예이다. 우리나라에서도 1990년대 중반 이후, 국가 권력의 정

보 감시와 관련된 사회적 논쟁이 전개되어 왔다. 그 대표적인 예로는 전자주민카드에 대한 논쟁과 교육행정정보시스템에 대한 논쟁을 들 수 있다. 정부는 1995년에 기존의 주민등록증이 위조와 변조가 용이하여 각종 범죄에 악용될 소지가 있다는 점을 들어 전자주민카드를 만들겠다고 공언했다. 이에 시민사회단체들은 전자주민카드가 도입되면 정부가 개인의 사생활을 침해할 가능성이 커진다고 반발하였다. 이 논쟁은 IMF 위기를 배경으로 과중한 재정 부담의 우려가 제기되면서 새로운 국면을 맞이하였고, 결국 1999년에 정부는 전자주민카드 사업을 중단하는 대신 플라스틱 재질의 주민등록증을 발행하는 것으로 입장을 바꾸었다. NEIS에 관한 논쟁은 2003년 봄 우리 사회를 뜨겁게 달구었다. 정부는 2002년 9월에 교육 정보화를 더욱 가속화하기 위하여 NEIS를 도입하겠다고 밝혔다. 개별 학교 단위로 운영되어 왔던 기존의 시스템을 대신하여 통합 데이터베이스를 구축하고 시·도 교육청에서 관리하겠다는 것이었다. NEIS는 학교에 대한 일반적인 정보는 물론 학력, 성적, 건강과 같은 개인의 신상에 관한 정보도 포함하도록 구상되었다. 이에 전국교직원노동조합(전교조)을 비롯한 여러 단체들은 NEIS에 집적된 정보가 정치적·상업적 목적으로 악용되거나 개인에 대한 차별을 심화시킬 우려가 있다고 반박하였다. NEIS에 대한 논쟁이 어떤 식으로 결판이 날지는 두고 봐야겠지만, 개인 정보를 과도하게 수집하는 것은 반드시 지양되어야 할 것이다.

　(소주제2) 자본은 국가와 함께 감시의 주요 주체로 간주되어 왔다. 특히 정보기술이 작업장에 활용되면서 작업반장이나 감독의 눈이 아닌 '전

자 눈'으로 감시와 통제가 이전되고 있다. 각종 정보기술은 노동자의 업무 시간과 작업의 진행 과정, 심지어는 그의 행동까지 낱낱이 기록해서 상관에게 전달한다. 미국의 통계를 보면 2000년을 기준으로 직원의 컴퓨터에 있는 파일을 조사하는 기업이 30.8%, 전자메일을 감시하는 기업이 38.1%, 웹 사이트 접속을 모니터하는 기업이 54.1%에 이른다. 심지어 사무실 문을 열고 닫을 때 스마트카드를 사용하는 업체는 종업원이 근무 이외의 목적으로 사무실을 얼마나 비우는가까지 감시할 수 있다. 직장에서 사용되는 이러한 감시 프로그램들은 '공포의 사이버 KGB'로 불리기도 한다.

(소주제3) 기업에 의한 소비자 감시도 새로운 단계에 진입했다. 기업은 소비자에게 더 나은 서비스를 제공한다는 명목으로 감시를 강화하고 있다. 가장 손쉬운 방법이 신용카드를 이용해 소비자의 프로필을 수집하는 것이다. 처음 신용카드를 만들 때 소비자들은 개인의 실명 정보를 제공하게 되며 신용카드로 물건을 사고 대금을 지불할 때마다 그 기록이 수집되고 분석된다. 새로운 유형의 은행인 데이터뱅크가 보유하고 있는 정보는 개인의 신상은 물론 재정, 금융, 사회보장, 부동산, 오락, 고용 등의 모든 것을 포괄한다. 어떤 데이터뱅크의 간부는 "엄청난 양의 데이터를 수집하고 분류하고 이해하는 우리의 능력은 무한하다"고 자부한다. 개인의 정보가 유출되는 것은 이제 공공연한 사실이 되었으며 그것이 오용될 경우에는 끔찍한 사건이 발생하기도 한다.

(소주제4) 감시와 프라이버시 침해는 국가나 기업과 같은 권력 집단에만 국한되어 있지 않다. 정보기술의 발달로 새롭게 나타난 현상은 '감시

의 대중화'에서 찾을 수 있다. 한때 유행했던 몰래카메라의 경우에서 보듯이 일반 사람들도 서로가 서로를 훔쳐볼 수 있게 되었다. 삼시카메라도 소형화되고 고성능화되고 있으며 해마다 몇 만 대가 불티나게 팔려 나가고 있다. 아이를 봐주는 파출부를 감시하는 카메라는 선진국에서는 이미 일상화되었는데, 이 카메라는 인터넷을 통해 동영상으로 송신되어 직장에서 일하고 있는 부모가 직접 볼 수 있게 한다. 감시의 대중화에 국가가 중매를 서는 경우도 있다. 예를 들어 교통위반사고보상금 제도가 전국적으로 수천 명의 전문 신고꾼을 만들어 내기도 했다. 이제 우리는 언제든지 서로를 감시할 수 있는 시대에 살게 된 것이다.

— 이필렬 외,『과학』

위 짜임글은 제목 '누가 누구를 감시하는가?'에 주제가 드러나 있다. 즉, 감시하는 자와 감시당하는 자가 누구인지 밝히는 것이 이 글의 주제이다. 글은 감시자를 '정부', '자본', '기업', '일반인'으로 나누어 감시 행태를 설명하고 그에 의해서 감시당하는 자를 제시하였다. 정부의 감시 행위를 매우 길게 설명한 것은 그만큼 정부의 감시가 중요한 논제이기 때문이겠지만 그래도 다른 감시 주체에 비해서 지나치게 길다는 느낌을 준다. 그리고 '자본'과 '기업'의 감시를 굳이 나눈 것은 지나친 세분화라고 볼 수 있다. 자본의 노동 감시나 기업의 소비자 감시나 모두 기업의 감시로 분류할 수 있기 때문이다. 만일 감시의 문제를 좀 더 깊이 논한다면 이 글을 이용하여 아래와 같은 소제목이 있는 짜임글의 설계도를 만들 수도 있을 것이다.

제목: 누가 누구를 감시하는가?

1. 들머리: 정보 기술의 발달로 개인의 사생활 감시가 권력자에게서 일반인에까지 확산되고 있다.
2. 국가 권력의 감시
   소주제1: 통계에 의한 감시
   소주제2: 새로운 소프트웨어를 이용한 감시
   소주제3: 전자주민카드
   소주제4: NEIS
3. 자본의 감시
   소주제1: 자본의 노동 감시
   소주제2: 기업의 소비자 감시
4. 일반인의 감시(감시의 대중화)
5. 마무리: 정보 기술의 발달로 개인의 사생활은 국가, 자본, 일반인 등 모든 주체의 감시를 피할 수 없게 되었다.

(2) 점층 방식의 주제화

'점층'(漸層)이란 조금씩 단계를 밟아 올라간다는 뜻을 가진 말인데, 국립국어원 '표준국어대사전'에는 "글에서 점진적으로 어구를 겹쳐 가면서 문장의 포괄적인 내용과 뜻을 넓혀 중심 주제로 이끌어 감"을 뜻하는 것으로 정의되어 있다. 점층 방식이란 주제에 접근하기 위하여 먼 곳의 사례나 가벼운 이야기부터 시작하여 조금씩 본질적이고 중요한 부분으로 논의를 진행한 뒤에 주제문으로 발전시키는 주제화 방식을 가리킨다. 주제에서 얼마나 떨어진 이야기부터 시작할 것인지에 따라서 글의 긴장감의 크기가 달라지므로 지나치게 멀리 떨어진 이야기로 시작하는 것은 그리 좋은 방법이 아니다. 점층 방식은 앞의 문단이 뒤의 문단의 원인이 되는 인과관계로 문단을 배열하는 방식이 있고, 인과관계와 무관하게 단순히 중요도나 주제와의 거리에 따라서 배열하는 방식이 있다. 점층 방식의 짜임글은 피라미드 구조가 아니라 일렬 구조를 이룬다. 앞에서 설명한 짜임글의 사슬 구조의 하나이다. 도표로 보이면 아래와 같다.

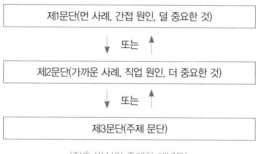

〈점층 방식의 주제화 개념도〉

이 그림은 사슬 방식의 구조를 나타낸다. 점층 방식은 아무래도 주제 문단이 맨 뒤에 나와야 효과적이다. 만일 주제문이 맨 앞에 나온다면 위 개념도에서 화살표가 위로 향하는 것처럼 끝으로 갈수록 점점 중요도가 줄어드는 글이 된다. 그래서 이런 방식을 점감 방식으로 불러야 하지만 이것도 점층 방식에 포함하여 함께 설명한다. 어떻든 이 구조는 문단의 순서를 바꾸면 안 된다는 특징이 있다. 주제화가 문단의 순서에 따라서 이루어지기 때문에 문단의 순서를 바꾸면 글이 뒤죽

박죽이 되기 쉽다. 이 점이 피라미드 구조와 다른 점이다. 피라미드 구조에서는 문단의 순서는 그리 중요하지 않고 각 문단이 주제를 제대로 뒷받침하고 있는지 여부가 중요하다.

■ 예문 1

환경에는 국경이 없습니다

(제1사례 문단) 1972년 캐나다와 미국의 시민들이 결성한 그린피스는 몇 해 전 아마존 밀림 파괴의 주범으로 맥도널드를 지목하고 항의 시위를 벌였습니다. 햄버거에 들어가는 값싼 고기를 얻기 위해 아마존 열대 우림을 파괴했기 때문입니다. 맥도널드는 미국의 세계화를 상징하는 대형 기업이지만, 맥도널드의 이윤 추구 활동에 태클을 건 그린피스의 활동가들은 미국·영국·독일 등 국적을 가리지 않는 전 세계 양심적인 시민들이었습니다.(중략)

(제2사례 문단) 최근 환경운동연합 활동가들이 타이 단체들의 요청으로 한국수자원공사가 수주한 물 관리 사업 현장을 방문하고, 기자회견을 한 일이 있습니다. 지난 여러 해 동안 한국에서 큰 논란이 되었던 4대강 사업의 수출이라고 할 수 있는 물 관리 사업의 수주에 대해 의견을 표명하고 잠재적 환경 파괴의 우려를 토로했습니다. 이에 수자원공사·국토교통부를 비롯하여 〈한국방송〉과 보수언론들이 모두 들고일어나 '도넘는 엔지오(NGO)'라느니, '해외 수주에 고춧가루'라느니 '재 뿌리기' 등의 표현을 쓰며 국익에 반하는 행동을 했다고 원색적인 비난을 하고 있습니다.(중략)

(주제 문단) 세계 경제 순위 12위, 1인당 에너지 소비율 세계 7위인 한국의 시민들은 이제 책임감 있고 정의로운 지구 시민이 되어야 합니다. 그동안 한국의 문제에만 매몰되어온 한국 환경운동 역시 국경을 넘어야 하며, 첫 대상은 자연스럽게 경제·사회·문화·지리적으로 가까운 아시아가 될 수밖에 없습니다. 그 시작으로 환경연합이 타이 국민들에게 연대의 손을 내민 것을 환영하고 고맙게 생각합니다.

— 조은미 칼럼, 《한겨레신문》, 2013년 7월 8일자

이 짜임글은 들머리 없이 곧바로 주제 논의로 들어가서 점층 방식으로 주제화한 글이다. 이 글의 주제는 환경 문제를 국내적으로만 생각할 것이 아니라 국제적으로 연대하여 해결하려는 노력을 하여야 한다는 것이다. 그래서 제목은 이를 짐작할 수 있도록 "환경에는 국경이 없습니다"로 정했고, 모든 문단에 이와 관련한 사례를 제시하였다. 첫 문단에는 미국의 맥도날드에 대해서 미국을 비롯한 세계 여러 나라 환경운동가들이 문제를 제기했다는 사례를 제시했고(간접적인 사례가 먼저 나왔다), 둘째 문단에는 한국의 환경운동연합이 타이에서 한국이 수자원 관련 사업을 딴 것에 대해서 환경 파괴의 관점에서 타이 환경운동가들과 함께 문제를 제기한 사례를 제시했다(직접적인 사례가 나왔다). 두 사례를 먼 것에서부터 가까운 것으로 이동하면서 제시하였음을 알 수 있다.

언어와 가정

(들머리, 주제 문단) 로마제국은 언어에 대해 민족주의적 내지 국수주의적이지는 않았다. 민족주의는 거의 개념화되어 있지 않았다. 제국의 주민들이 라틴 어 또는 그리스 어로 말해야 했었다든가, 소수 언어들을 포기해야 했었다든가 하는 말은 기록되어 있지 않다. 원로원에서 토론할 때는 라틴 어가 사용되었기 때문에 원로원 의원들이 라틴 어를 알아야 했던 것은 사실이다. 소송이 라틴 어나 그리스 어로 진행되어야 했다는 것 또한 사실이다. 하지만 정치적 야심이 없고 변호사가 되려는 생각이 없는 사람들에게 삶은 그냥 흘러가는 것이었고, 아무도 라틴어를 요구하지 않았다. 이런 면에서 로마는, 대부분의 경우 특정한 언어가 모든 공식적인 상황에서 선호되는 현대의 제국과 국가들과는 매우 다르다. 그렇다면, 공적인 설득 또는 강제가 없었음에도 불구하고 왜 제국의 거의 모든 지역 언어들은 라틴 어와 그리스 어에 의해 대체되었는가? 이 질문에 답하기 위해서는 각각의 가정에 영향을 미쳤을 제국의 언어 상황을 살펴봐야 한다.

(뒷받침 문단1) 로마제국 통치 하에서, 소수 언어 화자들이 자신들이 라틴 어가 우월한 지위를 차지하는 대규모 사회와 경제 활동의 일원이 되어 있음을 발견했을 때, 그들 앞에는 하나 이상의 행동 양식이 놓여 있었다. 그들은 새로운 언어와는 전혀 상관이 없는 결정을 내렸을 수도 있었다. 그러나 그렇게 함으로써 그들은 상당한 수입과 지위상의 향상으로부터 단절되었을 것이다. 무역과 고용이 곧 라틴 어로 이루어질

것이며, 결국에는 라틴 어를 사용하도록 요구될 거라는 사실은 분명했다.(이하 문단 뒷받침 생략)

(뒷받침 문단2) 이를 기점으로 사람들은 아이들을 키울 때도 하나 이상의 행동 양식을 갖게 되었다. 그들은 자신들의 원어만을 고집할 수도 있을 것이다. 이것이 쉬운 선택이겠지만, 그렇게 한다면 아이들에게는 불이익이 돌아갈 것이다. 라틴 어를 말할 수 있는 젊은이들에게 보다 많은 기회가 주어질 것이라는 사실은 자명하다. (이하 뒷받침 생략)

(뒷받침 문단3) 새로운 세대의 이 젊은이들은 자신들이 부모가 되었을 때, 자신들의 부모에게는 허용되지 않았던 선택권을 갖게 되었다. 만약 이민족 간에 결혼을 했다면, 이미 그들이 가정에서 라틴 어로 말하고 있을 것이다. 만약 그렇지 않다 해도, 어쨌든 그들은 두 언어를 병용하고 있었을 것이다. 그들은 어떤 언어로 자신들의 아이를 키울지 자유롭게 선택할 수 있다. 선택 가운데 하나는 기존의 지역 공동체, 나이 든 사람들, 그들의 제한된 시야, 여행을 하고 새로운 기회를 찾을 수 있는 능력의 부재를 의미하고, 또 다른 선택은 제국과 제국의 화폐 경제를 뜻한다.(이하 뒷받침 생략)

— 앤드류 달비, 『언어의 종말』

위 짜임글은 들머리에 주제를 내세웠고 주제문을 확실히 작성했다. 그리고 로마 통치 아래에 있던 소수 언어 사용자들이 어떻게 그들의 언어를 버리고 라틴 어를 사용하게 되었는지를 논리적으로 인과관계를 밝히면서 설명해 갔다. 처음 로마의 치하로 들어온 제1세대의 경우와 그들에게서 교육을 받은 제2세대의 경우, 그리고 제2세대에게서 교육을 받은 제3세대로 내려갈수록 모어가 라틴 어로 대체되는 경향이 강화되어 결국 오랜 시간이 지나면 라틴 어가 모든 지역에서 사용된다는 설명으로 이어진다.

▌예문 3

참을 수 없는 검찰의 가벼움

(들머리) 탈북 화교 유우성씨의 간첩사건 항소심 공판에서 검찰은 여러 번 거짓말을 했다. 1심에서 간첩 혐의에 대해 무죄가 선고되자 검찰이 들고 나온 게 유씨의 북·중 출입경 기록이다. 2006년 5월 말부터 6월 초까지 유씨가 북에 머물렀다는 내용이다. 1심의 참패를 뒤집기 위한 회심의 카드였던 셈이다. 문제는 이 출입경 기록의 신빙성을 놓고 일찌감치 의문이 제기됐다는 점이나. 유씨 변호인 측이 입수한 출입경 기록은 검찰의 그것과 내용이 전혀 달랐다. 자연히 검찰이 출입경 기록을 누구로부터, 어떻게 입수했는지가 쟁점으로 떠올랐다. 그리고 바로 이 대목에서 검찰의 거짓말 릴레이가 시작됐다.

(소주제1) 검찰은 지난해 6월 대검을 통해 중국 지린성 공안청에 유씨의 출입경 기록을 발급해달라고 정식으로 요청했다. 중국 측은 "전례가 없다"는 이유로 거부했다. 그러자 10월 중순 국가정보원이 들고온 게 위조로 드러난 문제의 출입경 기록이다. 대검의 공식 요청과는 무관하게 국정원이 비공식 루트로 입수한 것이다. 그런데 검찰은 재판부에 뭐라고 설명했나. 검찰은 이 출입경 기록을 11월 1일 법원에 증거로 제출했는데,

그 자리에서 서울중앙지검 공안1부 소속 이모 검사는 "허룽시 공안국으로부터 (문서를) 공식적으로 받았다"고 했다. 12월 3일 검찰이 낸 의견서에는 "대검이 지린성 공안청에 공문을 발송하고, 허룽시 공안국이 발급해 우리 영사관 측에 제공했다"고 돼 있다. 올해 1월 3일 검찰이 낸 의견서에는 "선양영사관은 지린성 공안청에 대검의 요청 내용을 공문으로 통보했다. 이렇게 절차가 진행된 후 지린성 공안청 산하인 허룽시 공안국은 우리 측 공관에 정보협력 차원에서 출입경 기록을 제출했다"고 돼 있다. 검찰은 이런 진술과 함께 대검이 지린성 공안청에 보낸 협조요청 공문을 법정에 참고자료로 냈다. 대검의 요청을 거부한 중국 측 공문은 내지도 않았다. '출입경 기록은 대검의 요청에 따라 공식 외교루트를 통해 발급받은 것'이라고 재판부가 인식할 수밖에 없도록 짜맞춘 것이다. 출입경 기록의 신빙성을 확보하려고 재판부를 속인 것이다.

(소주제2) 더욱 가관인 것은 거짓말이 들통 난 뒤 검찰이 내놓은 해명이다. '대검이 발급요청을 한 것'은 사실이고, '중국 측이 정보협력 차원에서 발급한 것(이라고 우리가 인식한 것)도 사실'이므로 거짓말이 아니라는 것이다. 인과관계의 맥락에서 사태를 인식토록 유도해놓고는 이제 와서 언제 그랬느냐는 듯 시치미를 뗀다. 'A는 B의 결과'라는 명제와 'A는 A, B는 B'라는 명제는 공히 A와 B를 담고 있으므로 같은 명제라는 바보 논리학이다. 재판부나 시민을 바보로 보지 않고서야 펼칠 수 없는 주장이다. 검찰은 출입경 기록의 입수 경위에 대해 여태껏 재판부에 정정하지 않고 있다. 거짓말은 현재진행형이다.

(마무리) 증거조작 사건이 터진 뒤 검사들을 사석에서 만나면 듣는 얘기가 있다. '그럼에도 불구하고 유우성은 간첩일 것'이라고 한다. 또 '검사들도 국정원에 당한 것'이라고 한다. 적법하게 수집된 증거로 범죄 혐의를 입증하라고 검찰이 있는 것이다. 적법한 절차에 의해 수사가 이뤄지도록 수사기관을 지휘하는 게 검찰의 존재 이유다. '그럼에도 불구하고 유우성은 간첩일 것' '검사들도 국정원에 당한 것'이라는 얘기는 검찰이 허수아비라는 말이나 진배없다. 검찰의 존재 이유를 깡그리 무시하는 이런 얘기를 검사들은 아무렇지도 않게 한다. 범죄자가 되기보다 바보로 취급받기를 택하는 게 근래 문제 많은 사정기관 종사자들의 처신이라고는 하지만, 검사의 직업적 소명에 대한 최소한의 자의식이 있거나 부끄러움을 안다면 쉽게 내뱉기 힘든 말이다. 제 존립 기반을 허무는 사건이 터졌는데도 비장함이라고는 눈곱만큼도 보이지 않고 단기적 상황 무면과 책임전가, 건강부회로 일관하는, 검찰 일각의 참을 수 없는 가벼움이 서글프다.

— 정제혁 칼럼, 《경향신문》, 2014년 3월 21일자

위 짜임글은 검찰이 한 사건을 수사하면서 가벼운 처신을 한 것을 비난하는 것이 주된 내용이다. 그리고 가벼운 처신으로 판단할 수 있는 소주제로 검찰의 위상에 맞지 않게 거짓말을 가볍게 한 사례를 두 가지 제시하였다. 들머리에 주제문을 제시하지 않았지만 주제는 감지할 정도의 내용이 들어 있다(첫 문장을 "탈북 화교 유우성씨의 간첩사건 항소심 공판에서 검찰은 여러 번 거짓말을 하는 등 지나치게 가벼운 처신을 했

다."로 고치면 주제문이 된다. 그러나 꼭 그래야 되는 것은 아니다).

소주제1에서 밝힌 기짓말은 법원에 제출한 서류가 내검찰청이 중국 측에 요청해서 정상적으로 확보한 것처럼 재판부에 보고한 거짓말을 설명했고, 소주제2에서는 법원에 제출한 서류가 위조임이 밝혀지자 대검이 중국 측에 공문을 보내어 확보한 것은 아니지만 어떻든 중국 측이 협조 차원에서 보낸 것이므로(사실은 중국 측이 보낸 것이 아니었는데도) 거짓이 아니라고 변명한 것을 제시하였다. 소주제 둘과 그것을 뒷받침하는 설명으로 검찰이 가볍게 처신하였음이 어느 정도 증명되었으므로 주제화는 성공한 글이 되었다고 볼 수 있다. 뒷받침 문단이 시간적 순서로 나열된 셈이다.

이 글에서 하나의 문제점을 지적한다면 마무리 문단에도 검찰 처신의 가벼움이 들어 있고, 이 내용이 소주제1과 소주제2에는 들어 있지 않은 것이므로 소주제3을 설정하여 제3의 검찰의 가벼움을 제시한 뒤에 마무리 문단을 작성했으면 글이 더 체계적이 될 수 있었을 것이다. 제3의 검찰의 가벼움은 서류가 어떤 경우이든 중국 측이 보낸 것이 아님이 밝혀진 후에 검찰이 취한 태도("우리도 국정원에 속았다"라는 말을 하는 태도)의 가벼움이 된다.

그리고 한 가지 덧붙이자면(사족이 될 수 있지만), 이런 논리적인 글에서 감성적 표현을 덧붙이는 것은 적절하지 않다. 예컨대 마지막 문장에 "검찰 일각의 참을 수 없는 가벼움이 서글프다."라고 한 부분이 그것이다. 이것은 사실에 대한 이성적 판단 형식으로 바꾸어 "검찰 일각의 둘러대기 거짓말은 지나치게 가벼운 처신이라고 하지 않을 수 없다."라고

하거나 "검찰 일각의 참을 수 없는 가벼움을 비난하지 않을 수 없다."
라는 식으로 맺는 것이 좋겠다.

■ 예문 4

무소유

(전략) 나는 지난해 여름까지 이름 있는 난초(蘭草) 두 분(盆)을 정성스
레, 정말 정성을 다해 길렀었다. 3년 전 거처를 지금의 다래헌(茶來軒)으
로 옮겨 왔을 때 아는 스님이 우리 방으로 보내준 것이다. 혼자 사는 거
처라 살아 있는 생물이라고는 나하고 그 애들뿐이었다. 그 애들을 위해
관계 서적을 구해다 읽었고, 그 애들의 건강을 위해 하이포넥이라는 비
료를 바다 건너가는 친지들에게 부탁하여 구해 오기도 했었다. 여름철이
면 서늘한 그늘을 찾아 자리를 옮겨주어야 했고, 겨울에는 나는 떨면서
도 실내 온도를 높이지 않았다. 이런 정성을 일찍이 부모에게 바쳤더라
면 아마 효자 소리를 듣고도 남았을 것이다. 이렇듯 애지중지 가꾼 보람
으로 이른 봄이면 은은한 향기와 함께 연둣빛 꽃을 피워 나를 설레게 했
고, 잎은 초승달처럼 항시 청청했었다. 우리 다래헌을 찾아온 사람마다
싱싱한 난을 보고 한결같이 좋아라 했다.

지난해 여름 장마가 개인 어느 날 봉선사로 운허 노사(耘虛老師)를 뵈
러 간 일이 있었다. 한낮이 되자 장마에 갇혔던 햇볕이 눈부시게 쏟아져
내리고 앞 개울물 소리에 어울려 숲 속에서는 매미들이 있는 대로 목청
을 돋구었다. 아차! 이때에야 문득 생각이 난 것이다. 난초를 뜰에 내놓
은 채 온 것이다. 모처럼 보인 찬란한 햇볕이 돌연 원망스러워졌다. 뜨거

운 햇볕에 늘어져 있을 난초 잎이 눈에 아른거려 더 지체할 수가 없었다. 허둥지둥 그 길로 돌아왔다. 아니나 다를까, 잎은 축 늘어져 있었다. 안타까워 안타까워하며 샘물을 길어다 축여주고 했더니 겨우 고개를 들었다. 하지만 어딘지 생생한 기운이 빠져버린 것 같았다.

나는 이 때 온몸으로, 그리고 마음속으로 절절히 느끼게 되었다. 집착(執着)이 괴로움인 것을. 그렇다, 나는 난초에게 너무 집착해버린 것이다. 이 집착에서 벗어나야겠다고 결심했다. 난을 가꾸면서는 산철[僧家의 遊行期]에도 나그네길을 떠나지 못한 채 꼼짝 못 하고 말았다. 밖에 볼일이 있어 잠시 방을 비울 때면 환기가 되도록 들창문을 조금 열어놓아야 했고, 분을 내놓은 채 나가다가 뒤미처 생각하고는 되돌아와 들여놓고 나간 적도 한두 번이 아니었다. 그것은 정말 지독한 집착이었다.

며칠 후, 난초처럼 말이 없는 친구가 놀러왔기에 선뜻 그의 품에 분을 안겨주었다. 비로소 나는 얽매임에서 벗어난 것이다. 날을 듯 홀가분한 해방감. 3년 가까이 함께 지낸 유정(有情)을 떠나보냈는데도 서운하고 허전함보다 홀가분한 마음이 앞섰다. 이때부터 나는 하루 한 가지씩 버려야겠다고 스스로 다짐을 했다. 난초를 통해 무소유(無所有)의 의미 같은 걸 터득하게 됐다고나 할까.(이하 생략)

— 법정, 『맑고 향기롭게』

이 짜임글은 "소유하지 않음을 통해서 집착의 괴로움에서 벗어나다" 정도의 주제문을 가진 글이라고 할 수 있다. 물론 글의 어디에도 주제문이 없지만 제목이 '무소유'라는 점에서 글의 전개를 통해서 읽을 수 있는 주제문이 이와 비슷할 것이라고 추측할 수 있다는 말이다. 첫 문단(들머리)에는 소유의 즐거움으로 시작했으나 둘째 문단에서는 소유로 인해서 당한 괴로움을 느꼈고(주제화 실마리), 셋째 문단에서는 소유의 집착에서 벗어나겠다고 결심을 하게 되었고, 넷째 문단에서는 무소유를 실천함으로써 평안을 얻은 이야기를 하였다(주제화의 완성). 단계적으로 무소유의 기쁨에 이르는 과정을 서술함으로써 주제화를 이룬 글이다.

짜임글의 주제화는 이처럼 주제 분석의 방법으로 할 수도 있고, 점층법으로도 할 수 있다. 그리고 하나의 글에서는 이 두 방법을 적절하게 섞어서 쓰는 것이 보통이다.

4. 짜임글의 주제문

주제문은 주제화의 꽃이요 열매이다. 따라서 주제문이 없는 글은 상상하기 어렵다. 단위 글에서는 주제가 주제문에 나타나고 곧바로 뒷받침 문장으로 주제화한다. 그러면 짜임글에서는 주제가 어디에 나타날까? 짜임글은 여러 문단이 있어서 문단 단위로 소주제문을 향하여 주제화해야 하고, 글의 전체 주제를 향하여 주제화도 이루어야 한다. 즉, 주제화가 이중으로 진행되기 때문에 글의 주제문을 보기가 쉽지 않다. 그래서 짜임글의 주제문은 첫 문단 곧 들머리 문단에 두는 것이 바람직하다. 주제문이 들어 있는 문단이 주제 문단이므로 짜임글은 주제 문단으로부터 시작한다고 보면 된다. 그런데 글에 따라서는 들머리에 주제문을 두지 않고(주제만 드러낸 상태로 그치고), 마지막 문단(마무리 문단)에 주제문을 두는 경우도 많이 있다. 그러면 마무리 문단이 주제 문단이 된다. 경우에 따라서는 주제문을 제목으로 삼기도 한다. 그렇게 되면 글의 주제가 명확해져서 글을 쓰는 사람이나 읽는 사람이나 주제를 처음부터 인식할 수 있어 효과적이다. 그러나 제목을 주제문으로 만든다면 글이 매우 급하게 주제화할 수 있어서 글이 명료하고 간결해지는 대신에 여유가 없어져 다양한 논의가 어려워진다. 그래서 대개는 제목에 주제를 명시하지 않고 주제를 상징하거나 관련이 있는 낱말을 사용하게 된다.

가장 바람직한 방법은 제목에 주제를 드러내거나 짐작할 수 있게 해주는 낱말 또는 표현을 넣는 것이다. 그리고 글의 시작 부분에 명쾌하게 주제문을 적은 다음에 마무리하는 지점에서 주제가 어떻게 구현되었는지 확인하는 문장을 적어 놓는 것이 좋다. 짜임글이라고 해도 한결로 된 것이 아니어서 어떤 짜임글은 몇 개의 문단만으로 주제화한 것이 있는가 하면 어떤 짜임글은 수백 개의 문단으로 된 것이 있다. 따라서 주제문이 어디에 어떤 형식으로 나타나야 하는지는 한 마디로 말하기 어렵다. 그러나 최소한 글의 시작과 끝에 주제문을 밝히고, 제목에 주제와 관련한 개념을 제시하는 것이 바람직하다.

5. 짜임글의 주제화 요령

(1) 주제에 집중하라

해바라기는 해만 바라본다고 해서 붙인 이름이라고 한다. 해가 동쪽에 있으면 꽃이 동쪽을 향하고, 해가 중천에 뜨면 꽃도 중천을 향하고, 해가 서쪽으로 가면 꽃도 서쪽을 향한다는 것이다. 그래서 이름이 해바라기가 된 것이라고 한다.

해바라기가 오로지 해를 따라 자신의 얼굴 방향을 트는 것처럼 우리의 글쓰기에서도 이런 일이 필요하다. 곧 모든 글은 주제를 향해야 하는 것이다. 글의 처음에도 글의 중간에도 글의 마지막에도 주제를 한시도 잊지 말아야 하고, 주제를 구현하기 위해서 혼신의 힘을 쏟아야 한다. 글의 모든 부분은 주제를 향하여야 하는 것이다. 이를 글의 '주제 지향성'이라고 말할 수 있을 것이다.

글이 주제를 지향한다는 것은 글의 모든 부분이 통일되게 글의 주제와 관련되어야 하고, 일관되게 주제를 구현하는 방향으로 쓰여야 함을 의미한다. 그런데 글을 쓰다 보면 바로 이런 가장 기본적인 원칙을 잊고 당시 기분이 내키는 대로 또는 당장 중요하다고 생각한 것을 이것저것 다 끌어다 쓰다가 주제를 놓치는 경우가 많다. 글이 주제를 지향하지 못하는 순간 그 글은 횡설수설이 되고 만다.

글이 주제를 놓치게 되는 이유를 몇 가지 생각해 볼 수 있다. 첫째는 주제 관념이 없기 때문이다. 글쓴이가 글을 쓰기 전에 주제에 대한 확실한 인식을 가지고, 그 주제를 구현하려는 목적을 확인하여야 한다. 이런 인식과 확인 없이 글을 쓰기 시작하면 애초에 이 글은 주제화할 수 없다.

둘째는 글의 통일성에 대한 인식이 부족하기 때문이다. 주제를 인식하고 글을 쓰다가도 주제와 관련이 없는 이야기로 들어가기도 하고, 주제를 훼손하는 이야기를 하기도 한다. 그것은 글의 모든 부분이 통일성 있게 주제를 지향해야 함을 모르기 때문이다. 이런 부분은 과감하게 버리거나 주제에 맞도록 고쳐야 하는데 주제에 대한 인식이 없으면 그런 작업을 놓치게 된다.

셋째는 생각의 일관성이 부족하기 때문이다. 앞에서는 이런 의미로 말을 했다가 뒤에서는 반대 의미로 말을 한다거나, 앞에서는 좋다고 말했다가 뒤에서는 나쁘다고 말하는 것은 일관성 부족의 한 예이다. 개념을 일정하게 쓰는 습관이 없거나, 대상에 대한 생각이 일정하지 않으면 이런 일은 언제든지 일어날 수 있다. 따라서 글쓴이는 먼저 자신이 사용할 언어의 의미를 스스로 정의하면서 사용해야 하고, 글쓰기를 시작하기 전에 주제를 구현하기 위해서 글의 각 부분을 어떻게 쓸 것인지 계획을 세워서 일관성을 유지하도록 애써야 한다.

▌예문 1
'노무현정신' 유통기간 끝났다

학교 다닐 때 연말 학급회의 단골 주제는 '마무리를 잘하자'였다. 총선과 대선을 치른 올해 정치권, 특히 야권의 마무리는 '노무현정신'을 박물관에 보내는 것이어야 한다고 본다. 유통기간도, 유효기간도 끝난 지 한참 됐기 때문이다.

28일 민주통합당 새 원내대표로 박기춘 의원이 뽑힌 것은 친노(친노무현) 세력이 또 한번 패배했음을 의미한다. 물론 친노는 인정하지 않을 태세다. 대선 패배 뒤 총선 패배 때와 똑같이 "모두의 책임"이라고 외치더니 원내대표 선거 때도 똘똘 뭉쳐 친노 쪽 사람을 밀었다. 대권이 안 되면 당권이라도 꽉 잡겠다는 패권주의다.(중략)

문제는 이런 왜곡된 인식이 시대가 바뀌어도 절대 안 바뀐다는 데 있다. 진보적 학자인 최장집은 2007년 일찌감치 "노 정부는 무능과 비(非)개혁 때문에 실패한 정부"라며 "특단의 조치가 없으면 정권을 넘길 수밖에 없다"고 예견했다. 원로 정치학자인 김호진도 2008년 '실패한 국가경영자'로 노무현을 규정했다. 만일 노무현의 죽음이 없었다면 "우리는 폐족(廢族)"이라며 자숙 모드를 보였던 친노가 지금처럼 부활할 수 있었을까 의심스럽다. 거칠게 말한다면 친노가 멋대로 만들어 떠받든 노무현 정신 때문에 새로운 정당으로 거듭날 수 있었던 민주당이 또 한번 망한 형국이다.(중략)

지금이야 "계파가 어디 있느냐"고 우기고 있지만 친노는 노무현정신이 무엇인지에 대해 사실 여부, 그리고 실현 가능성과 상관없이 가장 숭고한 정신 말하기 경쟁을 벌였던 사람들이다. 마르크스도 "난 마르크스주의자 아니다"라고 했다지만 노무현이 살아있다면 과연 노무현정신의 소유권을 말할 수 있을지 궁금하다.(중략)

노무현에 대한 존경은 이해할 수 있다. 그러나 권력맛을 또 보겠다고 노무현정신만 팔아대는 건 고인에 대한 모독일 뿐이다.

— 김순덕 칼럼, 《동아일보》, 2012년 12월 31일자

위 글은 주제를 정확하게 인식하지 않아 제목과 내용이 일치한다고 볼 수 없는 예문이다. 글의 세목이 "노무현정신 유통기한이 끝났다"이 므로 이 글은 '노무현정신'의 가치를 논하는 글처럼 보인다. 그러므로 '노무현정신'은 어떤 시대적 한계를 가지고 있는데 지금은 어떤 시대이 므로 '노무현정신'이 유용하게 작동할 수 없는 시대라고 논증함으로써 유통기한이 끝났다는 주장의 근거를 제시하여 주제를 발전시켜야 할 것이다.

그런데 이 글은 노무현정신의 문제점과 그것을 뒷받침할 수 있는 논리적 근거를 제시하는 대신에 노무현을 지지하는 정치인의 잘못된 행태를 비난하고 지적하는 것으로 채웠다. 만일, 이른바 친노 세력이 글쓴이의 주장대로 많은 잘못을 저질렀다면 그 잘못이 그들의 정치적 무능력에서 온 것인지 노무현정신이라는 잘못된 이념 때문인지 밝히는 노력 정도는 해야 옳다.

이 글은 처음에는 노무현정신의 유통 기한이 지났음을 말하려 하는 듯하다가 갑자기 친노 세력을 비난하는 방향으로 선회한 다음에 결국 노무현정신의 비판으로 돌아오지 못하고 글을 맺고 말았다. 만일 노무현정신에는 잘못이 없지만 노무현 추종자들의 정치적 행태에 많은 문제가 있었다면 "친노 세력의 유통 기한은 끝났다"라고 제목을 다는 것이 더 옳았을 것이다. 주제에 대한 확고한 인식이 없다면 이처럼 제목과 내용이 일치하지 않는 글, 곧 주제화가 안 되는 글을 쓰게 된다.

■ 예문 2

이봉수 후보 찬조 연설문[◆]

(들머리) 이제 이 김해 시민들이 베풀어 주신 이 은혜에 우리가 보답을 해야 되는데 보답을 하려면 이봉수 후보가 꼭 국회를 가야만 합니다. 그렇지 않습니까? 그리고 이렇게 도와주시는 야3당의 여러 지도자들과 당원들, 지지자들을 생각할 때 꼭 이겨야 하지 않겠습니까? 이 선거를 나흘 앞둔 지금 이 순간 저는 단순히 이봉수 후보의 국회의원 당선만이 아니라 오랫동안 저의 마음속에 있었고 지금 이 시각 여러분들의 마음속에 있을 것이 분명한 꿈에 대해서 말씀드리고자 합니다.

(소주제1) 우리가 행사 때 하는 국기에 대한 맹세를 보면 자유롭고 정의로운 대한민국이라는 표현이 나옵니다. 대한민국 진짜 자유롭고 정의롭습니까? 대한민국 정말 자유롭고 정의롭습니까? 이 자유롭지도 않고 정의롭지도 않은 이 대한민국에 살면서 우리 모두의 마음속에는 진짜로 자유롭고 정의로운 대한민국에 살고 싶은 꿈이 있다고 저는 생각합니다.

(소주제2) 김태호 후보와 이봉수 후보를 보면서 저는 이 꿈을 지난 석 달 동안 생각해 왔습니다. 김태호 씨가 한나라당의 후보로 확정되고 이봉수 후보가 야4당 단일 후보가 된 뒤로 저는 더욱 많은 시간 이 꿈에 대해서 생각해 왔습니다. 김태호 씨는 30대에 도의원이 되었고 40대에 군수 도지사가 되었고 국무총리 지명을 받았습니다. 저는 김태호 씨가 나

◆ 이 연설문은 유시민이 2012년 4월 11일 국회의원 선거에 나선 자기 당 소속 이봉수 후보의 찬조 연설을 인용한 것이다.

쁜 사람이라고 생각하지 않습니다. 김태호 씨는 대한민국에 돈 있고 권력 있는 기득권층이 살아온 일반적인 방식대로 살아온 사람입니다. 김태호 씨는 운이 좋은 사람이죠? 김태호 후보의 아버님이 아들을 정치인으로 키우기 위해서 모든 준비를 다 갖추어 줬습니다. 한나라당 공천만 받으면 100% 당선되는 지역에서 도의원을 하고 군수를 하고 도지사를 했습니다. 그렇게 아버지가 깔아준 융단을 밟고 따뜻한 양지에서 초고속 젊은 나이에 출세한 사람이 국회의원 되는 거 있을 수 있는 일이죠? 그렇게 사는 인생도 하나의 인생이고 그런 사람이 출세하고 성공하는 것도 있을 수 있는 일입니다. 그러나 오직 그렇게 살아온 사람만이 국회의원 되고 출세하고 성공할 수 있다면 그 사회는 자유롭고 정의로운 사회가 아니라고 저는 생각합니다.

(소주제3) 여기 이봉수 후보의 인생을 보십시오. 찢어지게 가난한 집에서 태어나서 초등학교 겨우 마치고 중학교 입학금이 없어서 합격하고도 포기했습니다. 농사를 지을 사람이 없기 때문에 가족을 먹여 살리기 위해서 군복무는 야간 방위를 하면서 낮에는 농사를 지었습니다. 돼지 키우고 농기계 회수하고 어떨 때는 성공했다가 어떨 때는 실패하면서 그 모든 역경과 시련을 뚫고 자기의 힘으로 자기의 인생, 자기의 꿈을 추구해 왔던 사람입니다. 이렇게 응달진 곳에 서있는 나무처럼 비바람 맞고 눈보라 맞으면서 거친 옹이 마디마디 박히면서 살아온 이 사람. 이런 사람이 성공할 수 없고 승리할 수 없는 사회라면 그 사회는 진짜 자유롭고 정의로운 사회가 아닐 것이라고 저는 생각합니다. 이렇게 어렵게 살아온 사람만이 성공해야 된다는 뜻이 아닙니다. 쉽고 편안한 길을 와서 성공

하는 사람도 있지만 이렇게 응달에 선 나무처럼 눈보라 비바람 맞으면서 자기 힘으로 운명을 개척해온 이런 사람도 함께 성공할 수 있는 세상이라야 좋은 세상 아니겠습니까?(이하 생략)

이 짜임글의 주제는 "이봉수 후보를 국회의원으로 뽑아 달라."이다. 그런데 들머리에서부터 이 글의 주제를 둘로 나누고 있다. 이봉수 후보의 꿈과 글쓴이(연설자)의 꿈으로 나누어 꿈을 설명하려 한 것이다. 그리고 실제로 소주제1에서는 글쓴이의 꿈을 이야기하기 시작하였다. 이는 이봉수 후보와 거리가 있는 소주제여서 주제화에 도움이 되지 않는다. 오히려 주제화를 가로막는 점도 있다. 왜냐하면 글쓴이의 꿈 이야기를 들으면 이봉수의 꿈은 간데없어지고 말기 때문이다. 이로써 이봉수보다 글쓴이를 더 앞세우는 결과도 나타날 수 있다.

너욱 문제인 것은 주제를 가장 강력하게 뒷받침하려고 시도한 소주제3이 오히려 주제를 훼손하고 있다는 것이다. 소주제3에서는 이 후보가 어떤 점에서 국회의원이 되는 것이 좋은지 그의 능력과 자질 그리고 그가 국회의원이 되면 이룰 수 있는 일 같은 것을 제시해야 "이봉수 후보를 국회의원으로 뽑아 달라."라는 주제에 접근하게 된다. 그런데 소주제3의 뒷받침으로 이 후보의 약점이 될 수 있는 것만 나열하였다. '초등학교 겨우 마치고 등록금이 낼 수 없어서 진학을 포기한 사람', '야간 방위를 하면서 농사를 지어 가족을 먹여 살린 사람', '돼지 키우고 농기계 회수하면서 성공과 실패를 겪은 사람', '자기 힘으로 자기의 꿈을 실현하기 위해서 노력한 사람', '비바람 맞고 눈보라 맞으면서 거친 옹이 마디마디 박히면서 살아온 사람' 등이 이 후보를 수식한 내용들이나. 이는 소주제2에서 김태호 후보를 수식한 것과 달라도 너무 다르다. 유식하고 유능한 김태호와 무식하고 무능한 이봉수를 대비시킨 격이라고 해야 할 것이다.

글쓴이는 무식해도 자기 일을 자기 힘으로 해결하려 애쓴 사람이 성공하는 사회라야 정의로운 사회, 좋은 사회라고 말하고 있다 그러나 여기서 제시한 모든 내용은 이 후보가 국회의원으로서 갖추어야 할 자질을 갖추지 못한 사람이라고 나열하는 것 외에는 없는 것 같다. 오히려 이 후보가 국회의원이 되어야 할 이유, 다른 후보에 비해서 이 후보가 갖추고 있는 긍정적인 자질을 보다 더 제시했어야 하지 않을까? 이 연설문은 글쓴이를 내세우는 글로는 어느 정도 성공했지만 이봉수를 내세우는 글로는 실패한 측면이 있다.

(2) 주제어를 강조하라

주제화에 도움이 되는 방법으로 이론적인 방법이 아닌 수사적인 방법이 하나 있다. 곧, 반복에 의한 강조라는 방법이 그것이다. 이것은 주제문 또는 주제어를 반복함으로써 주제를 각인시키는 효과를 거두려는 방법이다. 연설문에 자주 등장하는 방법이기도 하다. 아래 몇 가지 예문을 보자.

나의 소원

(주제 문단) "네 소원이 무엇이냐?" 하고 하나님이 물으시면, 나는 서슴지 않고 "내 소원은 대한 독립이오" 하고, 대답할 것이다. "그 다음 소원은 무엇이냐?" 하면, 나는 또 "우리나라의 독립이오" 할 것이요, 또 "그 다음 소원이 무엇이냐?" 하는 셋째번 물음에도, 나는 더욱 소리를 높여서 "나의 소원은 우리나라 대한의 완전한 자주독립이오" 하고 대답할 것이다.

(뒷받침 문단) 동포 여러분! 나 김구의 소원은 이것 하나밖에는 없다. 내 과거의 70 평생을 이 소원을 위해 살아왔고, 현재에도 이 소원 때문에 살고 있고, 미래에도 나는 이 소원을 달하려고 살 것이다. 독립이 없는 백성으로 70 평생에 설움과 부끄러움과 애탐을 받은 나에게는 세상에 가장 좋은 것이 완전하게 자주독립한 나라의 백성으로 살아보다가 죽는 일이다. 나는 일찍이 우리 독립 정부의 문지기가 되기를 원했거니와, 그것은 우리나라가 독립국만 되면 나는 그 나라에 가장 미천한 자가 되어도 좋다는 뜻이다. 왜 그런가 하면, 독립한 제 나라의 빈천이 남의 밑에 사는 부귀보다 기쁘고, 영광스럽고, 희망이 많기 때문이다.

— 김구, 『백범일지』

위 짜임글은 주제를 보이는 문단과 그것을 뒷받침하는 문단으로 구성되어 있다. 주제는 '내 소원은 대한 독립'이고, 뒷받침문단의 요지는 자신이 얼마나 독립을 갈망하는지 설명하는 것이다. 글쓴이는 주제를 강조하기 위하여 세 번의 반복을 감행하였다. 일반인이 미처 생각하지 못한 방법으로 '대한 녹립', '우리나라 독립', '우리나라 대한의 완전한 자주독립'을 자기의 소원으로 제시함으로써 그가 대한 독립을 얼마나 간절하게 소원하는지 알 수 있게 했다. 그 어떤 뒷받침보다도 더 강렬한 뒷받침 효과를 얻었다고 볼 수 있다.

▌예문 2

나에게는 꿈이 있습니다

(소주제1) 우리는 지금 비록 역경에 시달리고 있지만 나에게는 꿈이 있습니다. 나의 꿈은 아메리칸 드림에 깊이 뿌리내리고 있는 꿈입니다.

(소주제1-1) 나에게는 꿈이 있습니다. 조지아 주의 붉은 언덕에서 노예의 후손들과 주인의 후손들이 형제처럼 손을 맞잡고 나란히 앉게 되는 꿈입니다. 나에게는 꿈이 있습니다. 이글거리는 불의와 억압이 존재하는 미시시피 주가 자유와 평등의 오아시스가 되는 꿈입니다.

(소주제1-2) 나에게는 꿈이 있습니다. 내 아이들이 피부색을 기준으로 사람을 평가하지 않고 인격을 기준으로 사람을 평가하는 나라에서 살게 되리라는 꿈입니다.

(소주제1-3) 지금 나에게는 꿈이 있습니다. 지금은 지독한 인종 차별주의자들과 주지사가 간섭이니 무효니 하는 말을 떠벌리고 있는 엘라배마 주에서, 흑인 어린이들이 백인 어린이들과 형제처럼 손을 마주잡을 수 있는 날이 올 것이라는 꿈입니다.

(소주제1-4) 지금 나에게는 꿈이 있습니다. 골짜기마다 돋우어지고 산

마다, 작은 산마다 낮아지며 고르지 않은 곳이 평탄케 되며 험한 곳이 평지가 될 것이요, 주님의 영광이 나타나고 모든 육체가 그것을 함께 보게 될 날이 있을 것이라는 꿈입니다.

(소주제2) 이것은 우리 모두의 희망입니다. 저는 이런 희망을 가지고 남부로 돌아갈 것입니다. 이런 희망이 있다면 우리는 절망의 산을 토막 내어 희망의 이정표를 만들 수 있습니다. 이런 희망이 있다면 우리는 나라 안에서 들리는 시끄러운 불협화음을 아름다운 형제애의 교향곡으로 변화시킬 수 있습니다. 이런 희망이 있다면, 언젠가 자유를 얻을 수 있다는 확신이 있다면, 우리는 함께 행동하고, 함께 기도하고, 함께 투쟁해고, 함께 감옥에 가고, 함께 자유를 위해 싸울 수 있을 것입니다.

(소주제3) 내 꿈이 실현되는 날이 반드시 올 것입니다. "나의 조국은 아름다운 자유의 땅, 나는 조국을 노래 부르네. 나의 선조들이 묻힌 땅, 메이플라워호를 타고 온 선조들의 자부심이 깃들어 있는 땅. 모든 산허리에서 자유의 노래가 울리게 하라." 주님이 모든 자녀들이 이 구절을 새로운 의미로 암송할 수 있게 될 날이 올 것입니다. 미국이 위대한 국가가 되려면 우리의 꿈이 반드시 실현되어야 합니다.

(소주제4) 뉴햄프셔의 높은 산꼭대기에서 자유의 노래가 울리게 합시다. 펜실베이니아의 웅장한 앨러게니 산맥에서 자유의 노래가 울리게 합시다. 콜로라도의 눈 덮인 로키산맥에서 자유의 노래가 울리게 합시다. 캘리포니아의 구불구불한 산비탈에서 자유의 노래가 울리게 합시다. 조지아의 스톤 산에서 자유의 노래가 울리게 합시다. 테네시의 룩아웃 산에서 자유의 노래가 울리게 합시다. 미시시피의 수많은 언덕과 둔덕에서

도 자유의 노래가 울리게 합시다. 전국의 모든 산허리에서 자유의 노래가 울리게 합시다.

(마무리) 이렇게 된다면, 모든 주, 모든 시, 모든 마을에서 자유의 노래가 울린다면, 흑인과 백인, 유태교도와 기독교도, 신교도와 구교도를 가리지 않고 모든 주님의 자녀들이 손에 손을 잡고 오래 된 흑인 영가를 함께 부르게 될 그날을 앞당길 수 있을 것입니다. "마침내 자유를 얻었네. 마침내 자유를 얻었네. 전지전능하신 하나님의 은혜로, 마침내 우리는 자유를 얻었네."

— 마틴 루터 킹, 「나에게는 꿈이 있습니다」

이 격정적인 짜임글은 "나에게 꿈이 있습니다"라는 주제의 일부를 반복함으로써 독자들에게 그 꿈이 무엇인지 알리는 효과를 나타냈다. 소주제1은 나에게 네 가지 꿈이 있음을 말하고자 한 것으로 사실은 하나로 모아서 말할 수 있는 주제이다. 그러나 이를 하나씩 벌여 놓고 "나에게 꿈이 있습니다"를 반복함으로써 주제를 지루하지 않게 인상적으로 각인시킨 것이다. 이런 반복은 글을 읽는 사람은 물론이고 연설을 듣는 사람을 격정적으로 감동시키는 주제화 방법이다.

소주제4에도 "자유의 노래가 울리게 합시다"라는 반복이 있다. '어디에서'에 해당하는 지역을 바꿔 가면서 소주제어를 반복함으로써 지루하지 않게 주제화를 이루고 있다.

예, 할 수 있습니다*

세계는 우리가 이곳에서 무엇을 하는지 지켜보고 있습니다. 세계는 우리가 어떻게 행동하고 말하며 서로를 어떻게 대할지 관심을 두고 있습니다. 세계는 무엇을 어떻게 볼 것이며, 우리는 세계에 어떤 말을 하며, 무엇을 보여 줄 것인가? 우리는 모든 미국인의 타고난 권리로써 번영과 기회를 얻을 권리를 다시 보장해 주고자 정당과 지역, 인종과 종교를 넘어 단결할 수 있을까? 우리는 21세기 테러와 기후 변화, 대량 학살과 질병의 위협을 상대로 이 국제사회를 이끌어나갈 수 있을까? 이 땅 밖에서 두려움으로부터 자유로워지기를 염원하는 지친 사람들에게 미국이 있으며, 이 지구상에서 항상 마지막 희망이 되어줄 것이라는 메시지를 전할 수 있을까?

우리는 말합니다. 우리는 희망합니다. 우리는 믿습니다. 예, 우리는 할 수 있습니다!

이 짜임글은 앞부분을 생략하고 반복에 의한 강조가 적용된 마무리 부분만 제시한 것이다. 여기에는 좀 색다른 반복이 있다. 우선 세계가 우리를 주시하고 있다는 말을 반복하였다. 이 반복은 미국인에게 미국이 세계의 지도자라는 믿음을 넌지시 주입시키는 작용을 한다. 또 하

◆ 이 연설은 버락 오바마 미국 대통령이 상원의원 시절인 2008년 3월 4일, 텍사스 주 샌안토니오에서 민주당 예비 선거를 앞두고 한 연설의 일부이다.

나의 반복은 물음의 반복이다. '무엇을 보여 줄 것인가?', '단결할 수 있을까?', '국제사회를 이끌어갈 수 있을까?', '메시지를 전달할 수 있을까?'와 같은 물음을 반복하여 미국인이 이에 '예'라는 대답을 준비하도록 하는 효과를 준다. 그리고 마지막으로 세 개의 동사를 반복한다. '말한다', '희망한다', '믿는다'. 마지막으로 이 모든 것을 할 수 있다는 말로 마무리한다. 결국 이 글은 몇 번의 반복을 통해서 미국이 국제적으로 해야 할 일을 제시하고 그것을 할 수 있다고 믿게 하는 효과를 얻었다고 볼 수 있다. 이처럼 반복 강조를 적절하게 사용하면 논리적인 설득이나 설명보다도 더 강한 효과를 거둘 수 있다.

(3) 양비론 또는 '물타기'를 하지 마라[◆]

심각하게 대립하는 두 주장에 대하여 양쪽을 모두 그르다고 판단하는 이 주장은 주제화를 아주 심각하게 그르칠 수 있다. 주제를 정확하게 알고 있으면 어느 의견이 주제를 구현하는 데 더 합당한지 또는 부당한지 판단할 수 있고, 두 의견의 어떤 점이 문제가 있는지 제시할 수 있다. 그런 경우에는 제삼의 대안을 제시하면서 두 의견을 모두 비난할 수 있다. 그러나 제삼의 대안을 제시하지 못한 상태에서 단순히 양비론만 제시하는 것은 주제를 제대로 파악하지 못했을 때에 나오거나 기회주의적으로 사안을 판단할 때에 나타나는 것이 보통이다. 이를 무책임한 양비론이

◆ '양비론(兩非論)'은 맞서서 내세우는 두 말이 모두 틀렸다는 주장이나 이론을 가리키는 말이고, '물타기'는 '주제나 논점을 흐리는 부정적인 행위를 가리키는 말이다.

라고도 할 수 있는데 이로 인해서 주제가 모호해지는 경우가 많다.

　대개 충돌하는 두 의견에는 인과관계가 형성되어 있는 것이 보통이다. 즉 한 쪽이 주장하는 이유 때문에 다른 쪽이 비난하는 일이 벌어지는 것이 보통이다. 이런 경우, 결과만 가지고 판단하면 양쪽에 다 잘못이 있다고 말할 수 있다. 그러나 누가 먼저 잘못의 실마리를 제공했는지 파악하여 처음 잘못한 자를 먼저 비난하는 것이 순서이다. 문제의 발단을 그가 제공했기 때문이다. 특히 권력의 잘못을 비판하는 시민의 사소한 잘못을 들어 권력자와 시민을 함께 비난하는 것은 가장 경계해야 할 태도이다.

　이해관계가 다른 집단의 이익을 조정하기 위한 정책을 세울 때는 어느 집단도 일방적으로 불리하거나 유리하지 않도록 중간자로서의 태도를 취해야 하지만 정책이나 행정의 잘잘못을 논할 때에 이런 태도를 취하는 것은 매우 나쁘다. 무엇이 왜 어느 정도 문제가 되는지 명쾌하게 말할 수 있어야 한다. 어느 것이나 다 좋거나 다 나쁠 수는 없다. 주제 관념이 뚜렷해야 양비론에 빠지지 않을 수 있다. 의례적인 언어로 양비론을 펴는 것은 주제가 있는 글쓰기에서는 용납되지 않는다.

　'물타기'는 원액에 물을 타서 원액의 농도를 옅게 하는 것을 가리키는 말로서, 글쓰기에서는 주제와 다른 이야기나 논점에서 벗어난 이야기를 꺼내어 주제가 부각되는 것을 막으려고 하는 행위를 가리킨다. 대개 주제가 부각되면 불리하다고 느끼는 경우에 이런 수법이 쓰이는데, 주제화를 의도적으로 방해하는 결과를 가져온다. 이 수법은 대체로 정직하지 못한 언론이 사태의 본질을 비켜가거나 왜곡하고자 할 때에 자주 쓴다.

양비론이나 물 타기는 글쓴이가 의도적으로 택하는 전략인 경우가 많다. 의도적으로 주제를 흐리기 위해서 또는 의도적으로 주제화를 방해하기 위해서 이 전략을 썼다면 글의 목적과 별도로 글쓴이의 목적은 달성된 글이라고 볼 수 있어서 역설적으로 글쓴이에게는 잘 쓴 글이 된다. 이런 글이 나타나지 않게 하려면 독자가 이를 간파하여 글쓴이를 나무라는 수밖에 없다.

■ 예문 1

남북회담 시작도 못하고 무산시키나

남북 당국회담이 수석대표의 격을 둘러싼 입장 차이를 좁히지 못해 오늘로 예정된 회의가 무산됐다. 정부는 지난 10일 열린 실무회담에서 장관급회담의 북측 수석대표로 김양건 노동당 통일전선부장 겸 대남비서를 요청했지만 북측은 난색을 표명했다. 이에 따라 남측이 통일부 차관을 수석대표로 북측에 제시하자 북측이 회담을 무산시킨 것이다. 북측이 내세운 수석대표는 조국평화통일위원회(조평통) 사무국장이라고 한다.

북측의 주장은 억지스럽다. 조평통은 위원장이 통일전선부장, 부위원장이 통전부 부부장이고 사무국장은 통전부 부부장급이다. 따라서 남측 대북정책 2인자인 통일부 차관과 격이 같거나 오히려 낮다고 봐야 한다. 그런데도 북측은 격을 문제 삼아 회담을 무산시켰다. 안타까운 일이다.

남북 당국이 긴급한 현안들을 논의하는 회담을 갖자고 합의하고도 수석대표의 격을 둘러싼 논쟁으로 회담을 무산시킨 건 부끄러운 일이다. 개성공단 입주 기업들을 비롯한 국민들의 기대에 찬물을 끼얹은 셈이다.(중략)

남북 당국은 한발씩 물러서야 한다. 회담은 남북 간 현안을 실질적으로 논의할 수 있는 수준이면 족하다. 첫걸음부터 욕심을 부리는 건 북이든 남이든 잘못이다. 어차피 당국 간 대표가 현직이 무엇이든 본국의 훈령을 받아 가며 회담하는 것 아닌가. 하루빨리 남북 당국이 이견을 해소해 당국 간 회담을 열기를 기대한다. 이를 위해 내일이라도 남북이 실무회담을 재개할 것을 촉구한다.

— 《중앙일보》 사설, 2013년 6월 12일자

위 사설은 남북회담이 열리지 못한 원인을 남북 양측의 '기싸움'으로 보고 "남북 당국은 한 발씩 물러서야 한다."라고 제안하였다. 그런데 내용을 읽어 보면 북측이 남측 수석대표의 격보다 낮은 격의 대표를 보내면서도 남측 수석대표의 격이 낮다고 하여 회담을 무산시킨 것으로 보인다. 그렇다면 이건 양쪽이 한 발짝 물러서야 할 일이 아닌 것이다. 말하기 좋게 양쪽이 서로 양보하라고 할 수 있을지 모르지만 냉정하게 따지면 북측에게 남측의 수석대표 격이 결코 낮지 않음을 설명하고 북측의 태도 변화를 주문하는 것이 옳다. 물론 남북대화가 진행되어 개성공단 재가동이나 이산가족 상봉 등 중요한 문제를 풀어야 하는 것이 시급하기는 하지만 그렇다고 해서 합리적이지 않은 주장을 할 수는 없다. 정치적으로는 어떻게 처리하든지 그것은 정치의 영역이지만,

논설문에서는 치열하게 이성적인 논리를 찾아서 주제를 발전시키는 것이 옳다.

만일 남측의 태도에 문제가 있다면 그것을 제시하고 비판해야 한다. 예를 들면 북측에게 김양건 비서가 나서도록 요청했다가 이것이 안 되니 남측의 수석대표를 차관급으로 낮춘 것이 옳은 것인지 비판할 수 있다. 왜냐하면 김양건 비서의 참석을 요청할 당시에는 남측이 장관급을 내세울 생각을 했을 것이고 이를 북측이 인지할 정도였다면 북측에게는 남측이 갑작스럽게 대표의 격을 떨어뜨린 것이 되므로 비난의 빌미를 남측이 북측에게 제공한 것일 수 있다. 이런 주제로 논설문을 쓸 것이라면 남측의 잘못을 제시해야 "남북 당국은 한발씩 물러서야 한다."라는 양비론이 어느 정도 설득력을 얻을 수 있게 된다. 위 사설의 내용만으로는 남측이 양보할 것이 없어 보인다.

▌예문 2

정쟁 접고 이제 '민생 국회' 챙길 때다

국회 예산결산특별위원회가 21일 첫 전체회의를 열어 여야 간사를 선출하고 2012년도 정부 집행예산의 결산안 심사를 담당할 결산심사소위 구성을 위원장과 양당 간사에게 위임하는 등 심사 채비를 겨우 마쳤다. 정기국회를 불과 열흘가량 앞두고서다. 예결특위 구성부터 올해는 예년에 비해 한 달 가량 늦어졌다. 그런 만큼 정기국회 개회에 앞서 마무리해야 하는 8월 결산국회는 시간에 쫓겨 어떤 식으로든 차질이 불가피해 보인다. 심지어 정기국회마저 정상적으로 열릴 수 있을지 가늠하기가 쉽지

않은 실정이다.(중략)

그런데도 여야는 정치공방에 날 새는 줄 모르고 '그들만의 리그'에 몰두하고 있다. 국정원 댓글의혹 사건에 대한 국회 국정조사도 23일 결과보고서를 채택하고 종지부를 찍어야 하지만 무슨 의혹을 어떻게 속시원히 규명했는지 국민은 제대로 알지 못하고 있다. 여당은 여당대로, 야당은 야당대로 지금껏 해온 주장에서 앞으로 나아가지 못하고 고성과 막말, 비방을 주고받는 구태를 되풀이해 청문회 무용론만 부각된 실정이다. 새누리당은 민주당을 끌어안는 포용력을 발휘하지도, 야당의 장외정치에 제동을 걸지도 못했다. 민주당은 서울광장에 설치한 천막당사를 접지 않은 채 여전히 장외를 서성이고 있다. 댓글의혹과 관련해 새로운 사실이 청문회를 통해 드러났다며 특검 카드까지 빼들겠다는 태세다. 이런 현실을 보고 새 정치에 대한 기대를 접지 않을 국민이 몇이나 되겠는가.(이하 생략)

— 연합시론,《연합뉴스》 2013년 8월 21일자

이 글은 양비론에 입각하여 작성한 아주 전형적인 글이다. 국회가 예산결산심사를 제대로 하라는 의견을 주장할 것이라면 그에 집중하여 말하면 될 터인데 공연히 '정쟁 접고'라는 말을 넣어서 지금 여야가 대치하고 있는 상황을 양비론적으로 비난하였다.

여야 대치의 주제는 국가정보원의 대통령 선거 개입 여부이다. 국가정보원이 대통령 선거에 개입했는지 여부를 따지는 데서 발생한 여야의 싸움을 정쟁으로 매도하는 것은 잘못이다. 거기다가 "국정원 댓글의혹 사건에 대한 국회 국정조사도 23일 결과보고서를 채택하고 종지부를 찍어야 하지만 무슨 의혹을 어떻게 속 시원히 규명했는지 국민은 제대로 알지 못하고 있다."라고 하여 국정조사도 별로 의미가 없는 것으로 깎아내리고 있다. 의혹을 규명하지 못했으면 왜 그렇게 되었는지 따지고 이를 해소할 방안을 찾아야 하는 것이 사회의 목탁이라는 언론이 해야 할 사명이 아닌가? 이런 사명을 감당하기보다는 여기서도 여야가 정쟁을 하느라고 국정조사를 제대로 하지 못했다는 양비론을 적용한 것이다. 눈에 보이는 현상만 가지고 양쪽을 비난하는 것은 결국 어느 한편을 옹호하는 편파적인 방법으로 변질된다.

흔히 지식인들은 양비론을 좋아한다. 그러나 촘스키는 "도덕적 행위자로서 지식인이 갖는 책무는 '인간사에 중대한 의미를 갖는 문제'에 대한 진실을 '그 문제에 대해 뭔가를 해낼 수 있는 대중'에게 알리려고 노력하는 것이다. 이런 정의는 도덕적 행위자라면 당연히 해야 할 노릇이기 때문에 동어반복일 수 있다. 그런데 안타깝게도 이 뻔한 소리가 제대로 지켜지지 않아 문제다."라고 지적함으로써 진실에 관한 지식인의 책무를 강조한 바 있다.(노암 촘스키, 『지식인의 책무』)

(4) 제목을 내용과 일치시켜라

제목이 나타내는 글의 주제를 내용이 충실하게 구현한다면 글은 제목과 내용이 일체가 되어 잘 짜인 글, 주제화가 잘 된 글로서 인정받을 것이다. 그러나 욕심을 내어 제목을 좀 보편성 있게 내걸기 위해서 제목에 사용하는 개념을 너무 넓게 잡으면 내용에서 주제어의 일부만 뒷받침하고 말게 되기 쉽다. 반대로 제목에 사용한 개념을 너무 좁게 인식하면 내용이 자칫 주제의 범위를 벗어나기 쉽다. 따라서 제목에 사용할 개념이 내용에 비하여 너무 넓지도 좁지도 않도록 정할 필요가 있다.

■ 예문 1

나는 후회한다. 너에게 포마이커 책상을 사 준 것을 지금 후회하고 있다. 그냥 나무 책상을 사 주었더라면 좋았을 걸 그랬다.

어렸을 적에 내가 쓰던 책상은 참나무로 만든 거친 것이었다. 심심할 때, 어려운 숙제가 풀리지 않을 때, 그리고 바깥에서 비가 내리고 있을 때, 나는 그 참나무 책상을 길들이기 위해서 마른걸레질을 했다. 백 번이고 천 번이고 문지른다. 그렇게 해서 길들여져 반질반질해진 그 책상의 광택 위에는 싱기된 내 얼굴이 어른거린다.

너의 매끄러운 포마이커 책상은 처음부터 번쩍거리는 광택을 가지고 있다. 그것은 길들일 수가 없을 것이다. 다만, 물걸레로 닦아 내는 수고만 하면 된다. 그러나 결코 너의 포마이커 책상은 옛날의 그 참나무 책상이 지니고 있던 심오(深奧)한 광택, 나무의 목질 그 밑바닥으로부터 솟아 나온 그런 광택의 의미를 너에게 가르쳐 줄 수는 없을 것이다.

책상만이 아니었다. 옛날 사람들은 무엇이든 손으로 문지르고 닦아서 광택을 나게 하는 버릇을 가지고 있었다. 청동화로나 놋그릇들은 그렇게 닦아서 길을 들였다. 마룻바닥을, 장롱을, 그리고 솥을 그들은 정성스럽게 문질러 윤택이 흐르게 했던 것이다. 거기에는 오랜 참을성으로 언어진 이상한 만족감과 희열이란 것이 있다.

아들이여, 그러나 나는 네가 무엇을 닦는 것을 본 적이 없다. 옛날 애들처럼 제복 단추나 배지를 윤이 나게 닦는 것을 본 적이 없다. 그럴 필요가 없기 때문인지도 모른다. 스테인리스 그릇이나 양은솥은 너의 포마이커 책상처럼 처음부터 인공적인 광택을 지니고 있어 길들일 필요가 없고, 또 길들일 수도 없다.

아들이여, 무엇인가 요즈음 사람들이 참을성 있게 닦고 또 닦아서 사물로부터 광택을 내는 일을 볼 수 있다면, 그것은 구두닦이 정도가 아닐까 싶다. 카뮈라는 프랑스의 소설가는 구두닦이가 일하는 모습을 보고 무한한 희열을 느꼈다고 했다. 구두닦이 아이들이 부드러운 솔질을 하고 구두에 최종적인 광택을 낼 때, 사람들은 그 순간, 그 부드러운 작업이 끝났거니 생각할지 모른다. 그러나 그때 바로, 그 억척스러운 손이 다시, 반짝거리는 구두 표면에 구두약을 칠해 광을 죽이고, 또 문질러 가죽 뒷면까지 구두약이 배어들게 하고, 가죽 맨 깊은 곳에서 빚어지는, 이중의, 정말 최종적인 광택이 솟아나게 한다.

아들이여, 우리도 이 생활에서 그런 빛을 끄집어낼 수는 없는 것일까? 화공(化工) 약품으로는 도저히 그 영혼의 광택을 끄집어낼 수는 없을 것이다. 투박한 나무에서, 거친 쇠에서 그 내면의 빛을 솟아나게 하는 자는, 종교와 예술의 희열이 무엇인가를 아는 사람이다.

— 이어령, 「삶의 광택」

이 글의 주제는 '갈고닦고 길들이는 삶'을 살자는 것이다. 주제와 제목이 그대로 일치한다. 각 문단의 소주제도 모두 주제를 지향하고 있다. 포마이카를 사 준 것을 후회하는 이유, 옛날 사람들이 오랫동안 닦고 문질러서 윤택을 냈던 일, 아들이 무엇을 닦는 것을 보지 못한 것, 구두닦이 이야기, 내면의 빛을 솟아나게 하는 것의 희열 등 모든 것이 갈고닦고 길들이는 삶을 뒷받침한다. 마무리도 광택을 끄집어내는 삶을 살 것을 권하는 내용이다. 이렇듯 이 글은 제목과 주제와 내용을 일치시킴으로써 깔끔하게 주제화한 글이다.

① 내용에 비하여 제목을 너무 넓게 잡는 경우

제목을 논의하고자 하는 개념보다 너무 넓게 잡으면 아무리 열심히 글을 써도 주제화가 부족하게 된다. 주제의 한 부분을 놓치고 설명하지 않게 될 우려가 있기 때문이다.

예건대 세목을 '어떻게 살 깃인가'라고 헤 놓고 '농부의 삶'만 이야기하거나, 제목을 '사업에서 성공하는 길'이라고 잡아 놓고 '음식점을 내어 성공하는 방법'만 이야기한다면 주제를 제대로 구현하지 못한 글이된다. 몇 퍼센트만 주제화한 글이 되는 셈이다.

자기가 말하고자 하는 바를 정확하게 인식하여 제목에 사용하는 개념을 말하고자 하는 내용과 일치시켜야 한다. 실제로는 귀농한 농부의삶을 쓰고 싶은 사람이 '농부의 삶'을 주제로 쓰겠다고 하면 안 된다. 자기가 쓰고자 하는 것과 주제로 삼은 것의 범위가 일치하지 않기 때문이다. 반드시 '귀농 농부의 삶'이라고 제시해야 한다. 물론 실제로 책을 내는 경우나 신문에 글을 올리는 경우에는 내용보다 한참 부풀린 개념의 제목을 붙이는 경우가 있다. 흔히 글을 더 돋보이게 하기 위하여 또는 많은 사람이 관심을 갖도록 하게 하려고 또는 멋지게 보이려고 주제를 폭넓은 개념으로 설정하는 경우를 본다. 그러면 결국 그 글은 주제를 부분만 구현하는 부족한 글이 되고 만다.

■ 예문 1

창조적 사고

금세기 위대한 과학자 중의 한 사람인 알베르트 아인슈타인은 학교 공부를 제대로 하지 못한 사람이다. 국민학교에 다닐 때 성적이 좋지 못했을 뿐만 아니라 사교성이 없어서 학교에서는 별로 알려지지 못한 존재였다. 국민학교를 졸업할 때 담임선생은 그가 "장차 무엇을 하더라도 성공할 가능성은 없다."라는 판정을 내릴 정도로 학교 공부를 잘하지 못하였다.

위대한 발명가 토머스 에디슨의 경우도 이와 유사하다. 그 역시 학교 성적이 좋지 못하였다. 학교 공부에 대하여 별로 흥미를 느끼지 못하고 다른 일에만 열중하는 그였다. 급기야 학교를 그만두고 연구하는 일에만 몰두하게 되었다.

이 두 사람의 경우에서 우리는 하나의 공통점을 발견하게 된다. 그것은 학교 공부에 흥미를 느끼지 못하고, 또 학교 공부를 잘할 수 있는 데 필요한, 이른바 지능은 높지 않았다는 사실이다. 그러면서도 두 사람은 모두 뛰어난 창조적 능력을 가지고 있었던 것으로 생각할 수 있다.(중략)

이러한 점에서 창조적 사고력을 키우는 일은 교육적으로 대단히 중요한 일이다. 더욱이 나라의 앞날을 생각해 보면 다른 어떤 능력보다도 뛰어난 창조력이 요구되고 있다는 점에서 그 교육적 필요는 절실한 바 있다. 결국 우리의 유일한 자원은 인간이며 인간의 창조적 능력만이 냉혹한 국제 경쟁에서 우리의 생존을 약속해 주기 때문이다.

그런데 우리의 교육은 그러한 창조적 능력을 육성하는 일과는 너무나 먼 거리에 있다는 데 문제가 있는 것으로 보인다. 창조적 능력을 키우기 위해서는 무엇보다도 창조적으로 사고하는 경험이 주어져야 하는데 우리의 현실은 그렇지 못한 것이다.(중략)

학교를 포함하여 가정이나 사회의 분위기가 이탈적인 사고를 허용하지 않는 '획일성(劃一性)'의 풍토는 다른 어떤 의미에서보다도 우리의 소중한 창조적인 잠재력을 계발하지 못하고 사장(死藏)하게 만든다는 점에서 혁신되어야 할 일이다.

자라나는 젊은 세대의 창조력을 키우기 위해서는 무엇보다도 좀 엉뚱한 생각을 허용하고 격려하는 분위기부터 만들어야 하지 않을까. 그러한 엉뚱한 생각이 위대한 창조를 가져오는 시발이 된다는 관점에서이다.(이하 생략)

― 정원식,『꼭 읽어야 할 설명·논설·사설 109선』

위 글은 한국의 교육을 창조적 교육으로 바꿔야 한다는 내용으로 글을 썼으면서도 제목에는 '창조적 사고'라는 일반 개념을 사용하여 철학적 담론을 제시하는 것처럼 제목을 붙이고 글을 전개한 글이다. 아마 이 글의 제목을 읽은 사람은 대부분 '창조적 사고' 일반에 관한 글로 예측할 것이다. 무엇이 창조적 사고이며, 왜 창조적 사고가 논의의 대상이 되었는지, 창조적 사고가 어떤 일을 해낼 수 있는지 등 다양한 소주제를 설정하여 글을 쓸 수 있다. 글의 제목만으로 보면 이 글의 주제는 매우 넓어서 어디에 초점을 맞추어 글을 쓸 것인지 예측하기도 쉽지 않을 정도이다.

이 글의 전개를 보면 먼저 아인슈타인과 에디슨의 예를 들면서 창조적 사고의 중요성을 제기했다. 그런데 글쓴이는 이들이 학교 공부에 흥미를 느끼지 못했다고 했다. 비록 학교 성적을 올리는 지능은 높지 않았지만 창조적 사고력이 있었기에 위대한 과학자, 발명가가 되었다고 칭찬했다. 여기까지는 '창조적 사고'라는 제목과 일치하게 글을 전개했다. 그 뒤 글의 방향이 바뀌어 창조적 사고력은 선천적으로 타고나더라도 그것이 실제로 무엇을 창조할 수 있으려면 후천적으로 길러져야 한다고 했다. 그리고 자원이라고는 사람밖에 없는 우리나라의 앞날을 위해서 창조적 사고력을 길러 주는 교육이 절대 필요하다고 했다. 갑자기 '창조적 사고를 길러 주는 교육'이 주제로 등장한 것이다.

글쓴이가 왜 갑자기 창조적 사고력의 문제에서 우리나라의 인재 양성의 문제로 방향을 틀었을까? 이는 그가 처음부터 암기 위주의 우리 교육을 비판하려 했기 때문일 것이다. 그렇더라도 이 방향 전환은 너무 엉뚱하다. 앞에서 예시한 아인슈타인과 에디슨이 창조적 사고력을 중요시하는 교육 제도 아래에서 성장한 사람이라면 이런 주장을 해도 무리가 없다. 그러나 이 두 사람은 학교 교육을 제대로 받지 못했다. 무슨 교육으로 이 두 사람 같은 창조적 사고력을 길러 줄 수 있단 말인지, 예를 들어도 너무 잘못 들었다. 창조적 사고라고 하면 으레 이 두 사람을 예시하면 될 것으로 본 것 같은데, 일반적인 창조적 사고를 이야기하는 경우에는 상관없지만 글쓴이가 주장하려는 창조적 사고력을 기르는 '교육'을 이야기하는 데는 이 두 사람의 예는 부적절하다.

우리 교육이 창조적 사고력을 배양할 수 있는 교육으로 탈바꿈하는 것을 바라는 내용으로 글을 쓰려 했다면 글의 제목부터 바꿔야 하고, 글의 전개도 사뭇 달라져야 한다. 우선 이 글의 제목을 '창조적 사고력을 키우는 교육' 정도로 좁혀야 한다. 즉 주제를 명확하게 특화할 수 있도록 제목을 바꿔야 한다는 말이다. 다음으로 주제를 구현하기 위한 소주제를 정한 뒤에 각 소주제를 뒷받침해야 한다. 아래 구성을 제시한다.

주제/제목: 창조적 사고력을 기르는 교육을 하자.				
들머리	소주제1	소주제2	소주제3	마무리
소주제문: 창조적 사고력 양성 교육의 필요성, 배경	소주제문: 창조적 사고력 배양 교육 현황	소주제문: 창조적 사고력 양성 교육 방안	소주제문: 창조적 사고력 배양 교육 제도 개선	소주제문: 창조적 사고력을 높이는 교육을 시행하자
뒷받침: 창조적 사고력 정의. 중요한 이유.	뒷받침: 우리 현황, 외국의 예	뒷받침: 토론, 엉뚱한 질문 격려	뒷받침: 필요한 제도 제시	

이 글은 일차로 위와 같은 설계도를 그려 놓고 쓰기 시작하면 좋겠다. 소주제문에 합당한 뒷받침문장을 만들어 문단을 구성하면 자연스럽게 글이 완성될 것이다. 소주제문이 있으므로 글이 그 범위를 벗어나지 않을 것이다. 이 정도의 복잡한 글을 쓰려면 반드시 설계도를 만들어 놓고 그 설계도에 따라서 전개하는 것이 주제를 벗어나지 않는 방법이다.

② 제목의 개념을 너무 좁게 인식한 경우

주제의 개념을 실제 개념에 비해서 너무 좁게 이해하여 글을 쓰면 주제를 충분히 구현하지 못하고 경우에 따라서는 편협하거나 편향된 주장을 하기 쉽다. 예를 들면 민주주의를 의회민주주의로만 이해하고 글을 쓰거나, 언론자유를 언론사 기자들의 표현의 자유로만 이해하게 되면 민주주의나 언론자유를 편협하게 또는 편향적으로 설명하기 쉽다.

아래 글은 '쉬운 글'의 핵심 개념인 '쉽다'라는 개념을 글쓴이가 지나치게 좁게 이해하여 '쉬운 글'의 가치를 정확하게 반영하지 못한 글이다. 이런 경향은 대개 자기의 생각을 일반화하려고 하는 과정에서 생긴다. 따라서 개념을 일반적인 관점에서 파악한 뒤에 그것의 범위 안에서 특수한 개별적 관점을 제시하는 것이 필요하다.

▌예문 1

쉬운 글이 불편한 이유

좋은 글은 가독성이 뛰어난 글이다. 그러나 '쉽게 읽힌다'는 말은 많은 설명이 필요하다. 내 생각에 쉬운 글에는 두 가지가 있다. 하나는 익숙한 논리와 상투적 표현으로 쓰여져 아무 노동(생각) 없이 읽을 수 있는 글이다. 익숙함은 사고를 고정시킨다. 쉬운 글은 실제로 쉬워서가 아니라 익숙하기 때문에 쉽게 느껴지는 것이다. 진부한 주장, 논리로 위장한 통념, 지당하신 말씀, 제목만 봐도 읽을 마음이 사라지는 글이 대표적이다.

또 하나, 진정 쉬운 글은 내용(콘텐츠)과 주장(정치학)이 있으면서도 문장이 좋아서 읽기 편한 글을 말한다. 하지만 새로운 내용과 기존 형식이 일치하는 것은 사실상 불가능에 가깝기 때문에 그런 글은 매우 드물다. 새 술은 새 부대에. 이 말이 괜히 있는 게 아니다. 쉬운 글은 없다. 소용 있는 글과 그렇지 않은 글이 있을 뿐이다.

어려운 글은 내용이 어렵다기보다는 소통 방식에 문제가 있는 글이라고 생각한다. 그런 면에서 어려운 글은 없다. 자기가 무슨 말을 하는지 모르는 글, 개념어의 남발로 누구나 아는 이야기를 아무도 모르게 쓴 글, 즉 잘 쓰지 못한 글이 있을 뿐이다.(중략)

나는 주식이나 자동차 분야를 잘 모른다. 하지만 이와 관련한 글을 읽을 때 무지한 내가 문제지 '어렵게' 쓴 사람이 문제라고 생각하지 않는다. 반면, 여성(학)의 글일 경우 사람들은 모르면서도 무턱대고 비난하거나 거리낌 없이 "누구나 읽을 수 있도록 쉽게 쓰라"고 요구한다. 이는 품성이나 인격의 문제가 아니라 권력관계의 단면을 보여준다. 같은 이야기인데도 누가 말하느냐에 따라 정반대의 대접을 받는다. 어떤 이의 생각은 '독창적'이라고 평가받고, 어떤 사람의 생각은 '편협하다'고 비판받는다.

'근친강간(가족 내 성폭력)'이라고 써서 원고를 보내면 편집자가 오타인 줄 알고 '근친상간'으로 바꾸어, 나도 모르게 활자화되는 경우를 수없이 겪었다. 내가 장애인의 '상대이'를 비장애인이라고 쓰면 '정상인'이나 '일반인'으로 고친 후, "이 표현이 더 자연스럽다"고 오히려 나를 설득한다. 성 판매 여성 혹은 성산업에 종사하는 여성을 가리켜 불가피하게 '창녀'라고 표현할 때가 있는데, 작은따옴표를 삭제해 버린다. 사소한 문제 같지만 섹슈얼리티에 대해 논의할 기회 자체를 차단하는 행위다. 여성과 성에 대한 기존의 의미가 고수되는 것이다.

쉬운 글을 선호하는 사회는 위험하다. 쉬운 글은 내용이 쉬워서가 아니라 이데올로기여서 쉬운 것이다. 쉬운 글은 지구를 망가뜨리고(종이 낭비), 약자의 목소리를 억압하며, 새로운 사유의 등장을 가로막아 사이비 지식을 양산한다. 쉬운 글이 두려운 이유다.

— 정희진 칼럼, 《경향신문》, 2013년 2월 14일자

이 글은 '쉬움'의 개념을 너무 좁게 잡은 글이다. 글쓴이는 글이 쉽게 느껴지는 이유로 '익숙함'과 '읽기 편함'을 들고 새로운 내용이 없는 쉬운 글을 추구하는 것은 '새로운 사유의 등장을 가로막아 사이비 지식을 양산하므로' 배격한다고 했다. 그런데 이 글의 핵심어인 '쉬움'이 갖는 범주를 다양하게 검토하지 않고 '쉬움＝익숙함＝읽기 편함＝새로운 생각이 없음'의 등식에 따라서 그의 사유의 폭을 좁혀 나갔다.

그러나 '쉬움'의 개념에는 '익숙함'과 '익숙한 것을 익숙한 문체로 적어서 읽기 편함'만 있는 것이 아니라 '새로운 것을 새로운 문체로 적어서 읽기 편함'도 있고 '새로운 것을 익숙한 문체로 적어서 읽기 편함'도

있다. 글쓴이는 이런 '쉬움'은 불가능하다고 판단했는데 이런 판단이 정당하다고 할 수 있을까? 왜냐하면 우리는 그런 '쉬움'을 지향해야 하기 때문이다.

주제의 개념을 지나치게 좁히면 편향적인 글이 되기 쉽다. 이런 잘못을 벗어나려면 자기 결론을 대변해 줄 수 있는, 결론에 딱 맞는 개념을 주제로 사용하는 것이 한 방법이다. 이 글의 경우에는 '쉬운 글'을 비판하기보다는 '익숙한 글'을 비판하는 것이 주제를 살리는 데 조금이나마 도움이 될 것 같다.

(5) 태도의 일관성을 갖춰라

글이란 글쓴이의 시각으로 쓰지만 독자의 시각으로 읽히는 양면성이 있다. 글쓴이의 시각으로 쓴 글이 독자의 시각으로 수용될 때에 글쓴이와 독지의 소통이 이루어진다. 우리가 글의 주제화를 논할 때에는 이 부분에서 무리가 없는 상태를 이야기하는 것이다. 글쓴이가 아무리 주제화를 잘 했다고 해도 독자의 시각에서 수용할 수 없는 것이라면 글쓴이와 글 사이에 진정성이라는 기본이 빠졌음을 독자가 알아차리는 경우일 것이다. 그리고 그 진정성 여부를 독자에게 인식시키는 가장 확실한 잣대가 바로 글쓴이의 태도의 일관성이다. 아무리 정교한 논리로 주제화를 해도 같은 사안에 대하여 어제의 글과 오늘의 글에서 보이는 태도가 상반된다면 독자는 글쓴이의 주제화에 진정성을 느끼지 못하게 되고 그에 따라서 그가 주제화한 글을 믿지 못하게 될 것이다. 이것이 자기 글의 올바른 주제화를 방해하는 매우 치명적인 상황이다.

사람의 태도가 언제나 한결같을 수는 없지만 글감을 대하는 태도와 가치관에 일반인이 납득할 수 없을 정도로 일관성이 없으면 안 된다. 대개 글쓴이는 자기의 이익이나 특정 집단의 이익을 위하여 필요하다면 어제 부정한 것을 오늘 긍정하고, 어제 좋다고 말한 것을 오늘 나쁘다고 말하는 등 태도를 손바닥 뒤집듯이 바꿔 논리 전개를 하는 경향이 있다. 이런 태도로 글을 쓰면 사람들이 그 글의 주제화를 곧이곧대로 받아들이지 못하게 된다.

개인의 글뿐 아니라 공적 기관(정부 기관이나 언론사 등)이 정책을 설명하거나 주장을 내세우는 글에도 태도의 일관성이 필요하다. 정부 기관의 담화문이나 신문사의 논설 등이 독자의 시각으로 볼 때에 수시로 태도가 변화한다고 느껴진다면 정부의 담화나 언론사의 논설은 독자의 시각에서는 주제화를 이루지 못한 글이 된다.

■ 예문 1-1

국익에 역행하는 고속철도 민간 개방

(들머리, 주제 문단) 최근 국토해양부는 고속철도 민간 개방 정책을 발표했다. 그 이유가 경쟁체제 도입에 있다는데, 이는 철도 및 교통 산업의 특성을 잘못 이해한 것이다. 철도·도로·항공은 치열하게 경쟁하고 있지만, 동시에 국가 교통 시스템의 최적화를 위해 상호 보완성에 더 가치를 두는 게 세계적 추세다. 예컨대 서울의 서울메트로, 도시철도공사, 철도공사와 광역버스 등이 출혈경쟁한다면 국민 편의와 국가경제는 파탄에 이를 것이다. 국가 기간 교통망인 고속철도에 민간 참여라는 극단적 방

법까지 동원해 경쟁을 도입하는 것은 자가당착이다.

(뒷받침 문단1) 이 정책이 지난 2004년에 결정된 것이라는 말도 수긍하기 어렵다. 2004년 고속철도 개통을 앞두고 건설교통부는 고속철도 운영을 일반철도와 분리해 철도시설공단에 맡기려고 했다. 그러나 치열한 논쟁 끝에 통합운영이 옳다고 결론 났다. 당시에도 대표적인 '규모의 경제' 산업인 철도를 토막 내서 효율성을 높인다는 논리가 잘못됐다는 의견이 우세했다. 안전에 대한 우려도 컸다. 복잡한 기계와 설비, 여러 사람의 손발이 완벽하게 맞아야 안전이 담보되는 철도의 특성상 운영기관 다원화는 사고 위험을 키우기 때문이다. 특히 민간 개방 때는 경쟁관계인 공사와 민간기업 간에 원활한 정보 및 의사소통을 기대하기 어렵고, 수익에 민감한 민간 기업이 안전 투자에 적극적일 리 없다. 그리고 2004년 결정된 것이라면서 8년간 준비는 고사하고 일언반구 없다가 정권 막바지에 갑자기 추진하는 것도 오해를 불러일으키기 십상이다.

(뒷받침 문단2) 흔히 지적되는 공사의 '높은 인건비', '부실경영'도 고속철도 민간 개방을 정당화할 수는 없다. 철도공사는 정부의 엄격한 관리 아래 있고, 굳이 민간 개방 없이도 정부가 공사의 경영효율화를 압박할 수 있다. 철도공사의 부실경영 문제도 명확히 밝혀져야 한다. 철도공사 적자는 부실경영보다는 잘못 설계된 재무구조에 더 큰 원인이 있다. 2005년 출범한 철도공사는 부풀려진 수요 예측에 의해 KTX 차량과 고속철도역 건설비 등 5조8000억 원을 부채로 떠안았고, 매년 5000억~6000억 원의 시설사용료를 내야 한다. 그러니 실수입과 설계 수치에 매년 1조원 이상 차이가 나서 빚을 내 이자를 갚는 악순환이 이어지고 있다.

(뒷받침 문단3) 철도공사의 유일한 수익사업인 고속철도 운영권을, 그것도 소득수준이 높은 서울 강남권 수요를 흡수하면서 장차 서울역 몇 배의 성장잠재력을 갖춘 수서역을 특정 민간 기업에 주는 것은 특혜다. 더구나 수십조 원 혈세로 건설된 역사와 선로 등 모든 설비를 임차해 쓰면서 민간운영사가 수익만 챙겨가는 구조가 되고 만다. 이는 투자 리스크를 지는 진짜 민영화보다 더한 특혜다.

(뒷받침 문단4) 가장 안타까운 점은 철도산업에 대한 정부의 인식 부족이다. 우리나라에서 철도는 남북관계를 풀어갈 중요 매개체이자 북방 정책 수단이다. 향후 남북한 철도와 대륙철도 연결을 고려하면 철도공사 역량이 최소한 중국·러시아·북한의 당국자와 대화가 가능한 수준은 되어야 한다. 그런데도 영세한 규모와 누적된 적자로 초라하기 짝이 없는 철도공사를 더욱 위축시키는 것은 국익에도 역행한다. 수서~평택 고속철도 개통을 계기로 정부는 철도공사의 몸집을 키워 강도 높은 경영 효율화를 추진하는 한편 역세권 개발 등 수익사업 활성화를 위한 환경을 만들어야 한다. 이것이 철도를 살리고, 국민 부담도 줄이는 최선의 길이다.

— 전 철도대학 총장 최연혜 기고문, 《조선일보》, 2012년 1월 31일자

이 글의 주제는 고속철도를 분할하여 민간에 개방하는 것은 국익에 역행한다는 것이다. 주제를 제목에 내건 것은 주제를 명료하게 드러내는 데 도움이 된다. 그리고 주제를 글의 들머리에 내놓은 것도 주장을 명쾌하게 해 주는 데 도움이 된다. 대체로 주장하는 글에서는 주제를

이처럼 앞에 내세우는 것이 설득력을 높일 수 있다. 들머리가 주제 문단이 되는 것이 좋다.

　뒷받침 문단1부터 뒷받침 문단4까지는 주장의 근거를 제시한 것인데 뒷받침 문단1과 뒷받침 문단2는 고속철도 민영화를 주장하는 측이 제시한 논리를 부정하는 내용으로 되어 있다. 그리고 뒷받침 문단3과 뒷받침 문단4는 글쓴이가 생각하는 근거를 논리적으로 제시하였다. 이 글은 아래와 같은 표로 한눈에 알아볼 수 있을 만큼 비교적 논리적으로 구성되어 있음을 알 수 있다.

글의 주제: 고속철도 민영화는 국익을 해친다.

글의 제목: 국익에 역행하는 고속철도 민간 개방

주제문: 국가 기간 교통망인 고속철도에 민간 참여라는 극단적 방법까지 동원해 경쟁을 도입하는 것은 자가당착이다.

뒷받침 문단(1): 당시에도 대표적인 '규모의 경제' 산업인 철도를 토막 내서 효율성을 높인다는 논리가 잘못됐다는 의견이 우세했다.

뒷받침 문단(2): 흔히 지적되는 공사의 '높은 인건비', '부실경영'도 고속철도 민간 개방을 정당화할 수는 없다.

뒷받침 문단(3): 장차 서울역 몇 배의 성장잠재력을 갖춘 수서역(수서발 KTX 법인)을 특정 민간 기업에 주는 것은 특혜다.

뒷받침 문단(4): 정부는 철도공사를 분할할 것이 아니라 몸집을 키워, 향후 남북한 철도와 대륙철도 연결을 하는 시점에서 철도공사 역량이 최소한 중국·러시아·북한의 당국자와 대화가 가능한 수준은 되어야 한다.

이를 통해서 확인할 수 있는 것은 고속철도 경영에 경쟁체제를 도입하기 위하여 고속철도를 분할하여 민간에 매각해야 한다는 논리가 잘못된 것이고, 오히려 국가는 고속철도의 규모를 더 키워서 미래에 대비하는 정책을 추진하여야 한다는 점을 이해할 수 있게 된다. 이 글이 비교적 논리적이라고 말한 것은 네 개의 뒷받침 문단의 소주제문을 사실과 진실에 바탕한 합리적 근거로 뒷받침했기 때문이다. 즉, 일방적인 주장만 나열할 것이 아니었다는 것이다.

이 글을 좀 더 논리적인 글로 만들려면 뒷받침 문단1과 2를 주제와 좀 더 가깝게 만들었어야 했다는 점이다. 뒷받침 문단1의 소주제는 정책 결정 과정의 이야기이므로 주제를 직접 뒷받침하지 못한다. 정책 결정 시기가 언제인가는 정책의 타당성 여부를 논리적으로 설명하기 어렵기 때문이다. 뒷받침 문단1의 소주제는 주제를 잘 뒷받침하지만 뒷받침 문단2의 뒷받침문장은 소주제를 뒷받침하는 데 부족하다. 부실 경영의 원인이 정부의 잘못된 정책과 관리 때문임을 좀 더 적극적으로 설명했어야 옳다. 그래야 고속철도 민간 개방이 정부가 잘못한 결과(부실 경영)를 이유로 삼아 정부 재산을 민간에 팔아넘기려 하는 잘못된 정책임을 더욱 논리적으로 부각할 수 있었을 것이다.

■ 예문 1-2

현명하고 냉철한 판단을 부탁드립니다

(뒷받침 문단1) 수서발 KTX는 코레일 계열사가 분명합니다. 지난 6월 철도산업발전방안이 확정됨에 따라 코레일은 정부와 심도 있는 협의를

거쳐 수서발 KTX를 코레일의 계열사로 탈바꿈시켰습니다.

(뒷받침 문단2) 먼저 민영화 논란을 완전히 불식했습니다. 그동안 민간자본이 참여할 가능성이 높다는 것이 민영화 논란의 핵심이었습니다. 민간자본 참여를 원천적으로 차단하기 위해 공적자금 유치 실패시 정부 운영기금을 투입하기로 결정했습니다. 또 주식도 공공부문에만 양도할 수 있도록 정관을 정하였습니다. 출자지분도 확대했습니다. 당초 정부안은 코레일 30%이었으나 41%까지 확대했습니다. 또, 우리가 영업흑자를 달성할 경우 매년 10%까지 지분을 확대할 수 있습니다. 영업흑자 달성으로 10%만 추가로 확보해도 공사 지분 51%로 명실상부 코레일 계열사로 확정지을 수 있으며, 우리가 원한다면 100%까지 지분을 확보해 직영도 할 수 있습니다.

(뒷받침 문단3) 경영지배권도 강화했습니다. 이를 위해 수서발 KTX법인의 대표이사를 코레일 추천으로 임명되도록 바꾸었으며, 공적자금의 경영참여를 배제했습니다. 그 밖에도 신규 차량 22편성 등 주요 자산 현물출자, 선로배분에 코레일 입장 반영, 수요전이로 경영악화시 정부지원 등을 약속받았습니다.

(뒷받침 문단4) 이러한 값진 성과는 임직원 임금 동결과 비용 절감 등 직원 여러분의 전사적인 희생과 노력의 결과물입니다. 하지만 우리 모두의 노력으로 수서발 KTX를 코레일 계열사로 확정하였음에도 노조에서는 '민영화 시작', '민영화 전 단계' 운운하며 파업을 하겠다고 합니다. 가슴을 치며 통탄할 일입니다.

(마무리, 주제문) 수서발 KTX 이제 더 이상 민영화의 대상이 아니며

코레일의 계열사로서 철도 경쟁력 제고에 기여하게 될 것이라는 걸 다시 한 번 밀씀 드립니다. 또한 앞으로 다시 민영화의 움직임이 있다면 제가 먼저 선로에 드러누워서라도 막아내겠습니다. 사랑하는 직원 여러분, 제발 사장인 저를 믿고 따라와 주시기 바랍니다.(이하 생략)

— 한국철도공사 사장 최연혜 호소문,《코레일 뉴스》, 2013년 12월 5일자

예문 1-2는 한국철도공사에 이른바 '수서발 KTX'라는 자회사를 설립하여 분할하는 것이 결코 민영화가 아님을 역설하여 이 정책이 옳음을 주장하는 글이다. 이 글은 앞의 예문 1-1의 글쓴이와 같은 사람이 쓴 글이라는 점에서 태도의 일관성에 문제가 있음을 지적하고자 한다.

우선 예문 1-1의 뒷받침문단(4)에서 한국철도공사를 쪼개지 말고 오히려 지금보다 규모를 키워서 중국이나 러시아 등의 철도회사와 겨룰 수 있게 해야 한다는 주장과 예문 1-2의 첫 문단에서 수서발 KTX의 별도 법인화가 민영화가 아니므로 괜찮다는 논리는 정면으로 배치된다. 설령 그것이 민영화를 의미하지 않는다고 해도 한국철도공사를 두 회사로 나누는 것은 사실이기 때문이다. 예문 1-2의 주장처럼 한국철도공사와 수서발 KTX가 새로운 경쟁 체제를 유지하게 되면 예문 1-1에서 주장한 한국철도공사의 규모의 경제는 사라지게 되는 것이 명확하다. 이처럼 글쓴이의 논리가 정반대로 바뀌는 것은 일관성을 잃은 처사로서 때에 따라서 또는 필요에 따라서 논리를 달리하는 것이므로 글쓴이의 글은 주제화가 잘 되었다고 볼 수 없다. 그의 어떤 말을 믿어야 할지 모르기 때문이다.

자기 글의 설득력을 높이려면 모든 경우에 일관성 있는 태도를 유지해야 한다. 만일 예문 1-1과 예문 1-2가 보여주듯이 상반되는 주장을 해야 하는 경우가 생기면 그 이유를 상세히 설명하여 주장을 바꾼 데 대한 합리적 근거를 제시해야 한다. 상반되는 두 가지 주장이 다 옳을 수는 없다. 어느 하나는 잘못된 근거로 주제화하였을 것이므로 그렇게 상반되는 주장의 글은 글쓴이의 시각에서는 양쪽 다 이치에 맞게 주제화가 되었다고 하더라도 독자의 시각에서는 주제화가 엉터리로 되었다는 비난을 받게 된다.

■ 예문 2-1

그래서 어떻다는 말이냐

(들머리) 친자(親子) 확인 소송에 연루돼 지금 인터넷상에서 시끄러운 A장관 사건을 프랑스의 시각에서 본다면 어떨까. 1994년 11월, 프랑수아 미테랑 대통령에게 혼외(婚外)의 딸이 있다는 사실이 보도되자 유력 일간지 '르몽드'는 이렇게 반문했다. "그래서 어떻다는 말이냐?"

(소주제1) 미테랑에겐 숨겼던 연인과 58세 때 낳은 딸이 있었다. 이는 프랑스 언론의 고참 기자들도 대부분 알고 있었다. 하지만 사생활 문제이니 보도하지 않는다는 암묵적 합의가 있었다.

(소주제2) 오래된 불문율을 '파리 마치'라는 주간지가 깼다. 파파라치가 찍은 미테랑 부녀의 사진을 게재한 것이었다. 현직 대통령의 숨겨진 자식을 보도한 대특종이었지만, 잡지에 쏟아진 시선은 냉랭했다. 르피가로는 "하수구 저널리즘"이라 쏘아붙이기도 했다.

(소주제3) 만약 한국의 A장관 사건을 프랑스 신문들이 보도한다면? 아마 "그래서 어떻다는 말이냐" 하고 똑같은 반응을 보일 것 같다. 그런데 A장관 사건은 프랑스와 다른 양상으로 번지고 있다. A장관이 야당에 의해 공직 퇴진 압박까지 받는 상황에 몰린 것이다.

(소주제4) 프랑스만큼은 아닐지 몰라도, 한국에도 공직자의 사생활은 건드리지 않는다는 사회적 합의가 있다. 공직자의 사생활 소문이 황색 인터넷에 오르거나 선거 때 상대방 비방 루머를 퍼뜨리는 식의 '반칙'은 있을지언정, 적어도 공공 영역에선 사생활 문제가 보호돼왔다. 몇몇 전직 대통령의 혼외자 문제도 있었지만, 주류 언론이나 정치권은 '침묵의 신사협정'으로 지켜 주었다.(중략)

(소주제5) 그러나 이런 문제들은 A장관과 진씨가 알아서 해결할 개인적 이슈에 불과하다. 두 사람 사이에 어떤 일이 있었는지 우리로선 알고 싶지도 않고, 알 필요도 없다. 우리가 관심을 가질 것은 그런 사생활의 문제가 A장관의 직무에 영향을 미칠 '공적(公的) 이슈'냐 하는 점이다.

(소주제6) A장관이 결혼 후에도 부도덕한 일을 범했는가. 35년 전 미혼 시절의 '실수'가 장관직 수행에 결격 사유가 될 만한 것인가. A장관이 지난 30여 년간의 공직 생활 중 사생활 문제로 업무에 차질 빚은 일이 있는가. 이런 질문에 대답하지 못하는 한 A장관이 퇴진해야 한다는 주장은 성립하지 않는다.

(마무리) 공직자에게도 보호받아야 할 사생활이 있다. "그래서 어떻다는 말이냐"는 르몽드의 반문은 생각할수록 절묘하다.

— 태평로 칼럼, 《조선일보》, 2009년 11월 19일자

이 기사의 주제는 공직자의 사생활 가운데에서 도덕적으로 비난을 할 수 있는 것이 있더라도 그것이 공직 수행에 결격 사유가 되는지, 또는 공직을 수행하는 데 차질을 빚을 정도의 것인지, 다른 말로 말하면 도덕적으로 비난할 만한 행위가 '공적 이슈'가 되는 것인지 판단하여야 한다는 것이다. 들머리부터 소주제1, 소주제2는 프랑스의 경우를 설명하였고, 소주제3과 소주제4는 현재 우리나라에서 벌어지고 있는 A장관의 사생아 관련 이야기를 다루고 있다. 그리고 소주제5와 소주제6은 비난 가능성이 무엇인지 기준을 제시하고 있다. 결론은 공직자에게도 보호받아야 할 사생활이 있다는 것이다. 이것이 이 글의 주제문이 될 것 같다.

■ 예문 2-2

채동욱 검찰 총장 婚外 아들 숨겼다

(소주제1) 채동욱(蔡東旭·54) 검찰총장이 10여 년간 한 여성과 혼외(婚外) 관계를 유지하면서, 이 여성과의 사이에서 아들(11)을 얻은 사실을 숨겨 온 것으로 밝혀졌다. 이는 청와대의 채 총장 인선·검증 과정이나 지난 4월 초 국회의 인사 청문회 때는 전혀 거론되지 않았다. 채 총장의 아들은 지난 8월 31일 미국 뉴욕행 비행기를 타고 출국한 것으로 확인됐다.

(소주제2) 채 총장은 청와대의 인사검증과 국회 인사청문회를 앞두고 부인(55)과의 사이에 1녀(16)를 두고 있다고 밝혔다. 그러나 본지 취재 결과 채 총장은 대검찰청 마약과장으로 근무하던 2002년 7월, Y(54)씨와의 사이에서 아들을 낳았다.

(소주제3) 채 총장과 Y씨 주변에는 채 총장이 부산지검 동부지청 부장 검사로 근무하던 1999년 무렵 Y씨와 처음 만났다고 알려져 있다. 채 총장의 아들은 미국으로 출국하기 전까지 서울의 사립초등학교에 다녔으며, 채 총장에 대한 국회 인사청문회를 즈음한 시기부터 본격적으로 미국 유학을 준비했던 것으로 알려졌다.

(소주제4) 본지가 만난 Y씨의 한 지인은 "학교에는 채군의 아버지 직업을 '과학자'로 알려서, 학교에서는 최근까지도 그 사실(아버지가 채 총장이라는 것)을 몰랐던 것으로 알고 있다"고 말했다. 학교 측 관계자는 "아이 엄마는 미술 하는 분이고, 아이에게 다른 형제는 없다고 들었다"고 말했다.(이하 생략)

— 《조선일보》, 2013년 9월 6일자

이 기사도 공직자의 사생활을 들추어 그의 공적 활동을 제약하려 한 글이다. 이 기사가 나온 시점은 수많은 외부 압력을 견디며 채동욱 당시 검찰총장의 지휘 아래 검찰이 국가정보원의 불법행위(대통령선거 개입 행위)를 조사하면서 국가정보원장을 공직선거법 위반 혐의로 기소한 상태였다. 상식적인 언론이라면 이 시점에서 국가정보원의 불법행위를 검찰보다 더 발 빠르게 추적하여 기사화하였을 것이다. 그러나 이 신문은 그런 추적 기사보다는 갑자기 10년 전에 있었다는 한 여인과의 사생활을 들추어 검찰총장을 직위에서 물러나게 만들었다. 이 보도가 설령 사실이라고 하더라도 그의 사생활이 현재의 검찰 직무를 감당하는 데 문제가 있는 것이 아니라면 공무를 수행하는 데 나쁜 영향을 주지 않도록 보도를 신중하게 해야 한다. 특히 이 사람이 국가의 법질서를 무너뜨린 국가정보원의 불법을 수사하고 있는 터이므로 이런 기사는 그의 중요한 공무 수행을 어렵게 할 소지가 있을 것이다. 그러니 언론이 이런 내용을 크게 보도한 것은 그가 하고 있는 수사를 가로막고 나선 것으로 보일 수 있다.

그런데 이 기사는 같은 신문에 실린 예문 2-1 기사의 논조와 전혀 다르다. 예문 2-1의 소주제5부터 마무리까지의 논조와 상반되는 입장을 취함으로써 스스로 '하수구 저널리즘'으로 자리매김하였다.

글을 쓰는 태도를 바꾸는 것은, 거기에 합리적인 이유가 없다면, 사적인 이익 때문에 자신의 신념을 바꾼 것이 되므로 그의 글은 아무리 주제화를 잘 하려 해도 한계가 있다. 그 주제를 독자가 액면 그대로 믿으려 하지 않기 때문이다. 따라서 글쓴이는 평소의 태도를 바꿀 만한 상식적으로 타당한 이유가 없는 한 글을 쓰는 태도를 바꾸지 말아야 한다. 그래야 정정당당하게 글을 주제화할 수 있다.

6. 짜임글 쓰기

(1) 제목 만들기

짜임글에는 제목을 붙여야 한다. 단위 글은 주제문이 맨 앞에 나오고 글 전체가 한눈에 다 들어오기 때문에 굳이 제목을 붙일 필요가 없다. 그러나 짜임글은 긴 글을 다 읽어 보아야 무슨 내용인지 또는 무슨 말을 하려고 글을 썼는지 파악할 수 있게 된다. 이런 불편은 제목을 붙임으로써 해소할 수 있다. 제목을 통해서, 글을 읽기 전에도 글의 내용이나 주제를 어느 정도 파악할 수 있게 하는 것이다.

일반적으로 자기 이름을 붙여 글을 쓴다면 마땅히 글의 제목을 붙이는 것이 자연스러운 일일 것이다. 모든 사람에게 이름이 있고, 모든 사물이나 집단에 이름을 붙이듯이 하나의 글에도 이름을 붙여 그 글을 대변하게 만드는 것이 자연스럽다.

그러면 글에 어떤 제목을 붙이는 것이 좋을지 생각해 보자. 제일 좋은 이름은 제목만 보아도 글의 내용이 눈에 들어올 수 있게 짓는 것이다. 이 경우 우리는 제목이 글의 내용을 대변한다고 말할 수 있다. '사랑이란 무엇인가?'라는 제목을 붙였다면 그 글은 사랑에 대한 글쓴이 나름의 시각을 보이는 글일 것이다. 물론 구체적인 내용은 알 수 없지만 적어도 겉모습만으로는 그런 추측을 할 수 있다. '사랑은 자기희생이다'라는 제목을 붙였다면 글의 주제까지 짐작할 수 있다. 만일 제목을 '사랑'이라고만 한다면 매우 추상적이어서 글 내용을 종잡기 어렵다. 사랑을 아름답게 묘사한 글인지, 사랑에 대한 철학적 담론을 적은 글인지, 부모와 자식 간의 사랑 이야기를 담은 글인지 도무지 알 수 없게 된다. 제목은 글이 어떤 내용을 담고 있는지 알려 주도록 정하는 것이 일차적으로 좋다. 이 방법이 제목을 붙이는 보편적인 방법이기도 하고 일종의 정석이라고 말할 수 있겠다.

조금 신선하게 제목을 붙이는 다양한 방법도 있다. 글 내용 중의 한 구절을 그대로 제목으로 사용하는 경우도 있고, 글의 주제를 상징할 수 있는 개념을 제목으로 삼는 경우도 있다. 아니면 글과 관련된 특정 사건을 제목으로 사용할 수도 있다. 논설문에서는 글쓴이의 주장을 그대로 제목에 쓰는 경우가 많고, 기사문에서는 사건의 중요한 내용을 제목으로 사용하는 경우가 많다. 제목을 정하는 일은 글쓴이의 자유로운 선택이기도 하지만 경우에 따라서는 독자의 관심이나 취향을 고려하는 경우도 있어서 제목을 통해서 무엇을 얻고자 하는지, 독자에게 무엇을 심어 주고자 하는지 생각하여 결정하는 것이 좋겠다.

① 제목과 주제의 관계

제목은 주제를 대변하기 때문에 제목만 보아도 글의 주제를 알 수 있는 것이 보통이다. 아래 표에서 몇 개의 예를 들어보자.

번호	제목	주제
1	아베의 일본, 불량국가의 길을 걷는가	아베는 일본을 고립된 불량국가로 후퇴시키고 있다.
2	비리 얼룩, 존립근거 잃은 국제중학교	글로벌 인재 양성을 위한 조기 특수교육의 필요성이 검증되지 않은 상황에서 비리로 얼룩진 국제중학교 운영 실험을 계속할 수 없다.
3	주파수가 도대체 뭐길래	정부는 주파수 배정의 원칙을 국민의 편익 극대화와 자원 활용의 공공성 제고에 둬야 한다.
4	올 것이 왔을 뿐이다	신자유주의적 경제 정책으로 사회 양극화가 확대되어 민주주의 발전 토대를 붕괴시킬 위험에 빠졌다.

위 표에 제시한 것은 모두 신문의 사설 제목과 주제이다. 1번과 2번 글의 제목은 주제를 대변한다. 제목만 보아도 글의 주제가 무엇인지 알 수 있다. 이에 비해서 3번 글은 제목을 보면 무엇에 관한 글인지 알 수 있지만 글의 내용이 어떻게 될지 예측하기는 어렵다. 어떤 분쟁이나 다툼이 있음을 암시하고 있지만 그에 대해서 글쓴이가 어떤 의견을 내놓을지 알 수 없다. 4번 글의 제목은 대단히 엉뚱하다. 무엇에 관한 글일지 도무지 알 수 없는 제목이다. 그러나 무척 선정적이어서 사람들의 관심을 끌기에는 아주 좋아 보인다. 결국 제목은 글의 주제를 감안하고, 독자를 감안하는 등 여러 상황을 반영하여 결정할 수밖에 없음을 알 수 있다.

② 제목과 내용의 긴밀성

제목과 내용을 긴밀하게 연결시키는 것은 글을 쓰는 사람이라면 당연히 노력하는 점이다. 글의 내용을 잘 나타낼 수 있는 제목을 뽑기 위해서 노력하는 일이나, 제목이 글의 내용을 매우 적절하게 대변할 수 있게 노력하는 일, 글의 내용에서 명쾌하게 지적하지 못한 내용을 제목이 적절하게 상징적으로 표현해 낼 수 있게 하는 일 등 글에 따라서 제목과 내용을 일치시키기 위한 다양한 노력이 모두 최상의 구조를 이루기 위한 노력의 일환이다.

모든 글에 다 두루 적용될 수 있는 최상의 구성 요령이 불변한 모습으로 존재하는 것은 아니다. 글에 따라서, 그 글이 쓰인 사회적 상황에 따라서, 글쓴이의 목적에 따라서 최상의 구성은 조금씩 달리 생각될 수 있다. 우리는 제목과 내용이 일치하지 않은 상태를 부적절한 상태로 보고 이를 제거하는 일부터 시작함으로써 최상의 구조를 만드는 일을 시작할 수 있다.

글의 내용과 전혀 관련이 없는 제목을 붙이는 일, 글의 내용을 과장하거나 왜곡하는 제목을 붙이는 일, 글의 내용에 관심을 갖도록 하기 위하여 선정적으로 제목을 붙이는 일 따위는 제목과 내용의 사이를 어긋나게 만드는 행위이다.

■ 예문 1

국민교육헌장

우리는 민족중흥의 역사적 사명을 띠고 이 땅에 태어났다. 조상의 빛난 얼을 오늘에 되살려, 안으로 자주독립의 자세를 확립하고, 밖으로 인류 공영에 이바지할 때다. 이에, 우리의 나아갈 바를 밝혀 교육의 지표로 삼는다.

성실한 마음과 튼튼한 몸으로, 학문과 기술을 배우고 익히며, 타고난 저마다의 소질을 개발하고, 우리의 처지를 약진의 발판으로 삼아, 창조의 힘과 개척의 정신을 기른다. 공익과 질서를 앞세우며 능률과 실질을 숭상하고, 경애와 신의에 뿌리박은 상부상조의 전통을 이어받아, 명랑하고 따뜻한 협동 정신을 북돋운다. 우리의 창의와 협력을 바탕으로 나라가 발전하며, 나라의 융성이 나의 발전의 근본임을 깨달아, 자유와 권리에 따르는 책임과 의무를 다하며, 스스로 국가 건설에 참여하고 봉사하는 국민정신을 드높인다.

반공 민주 정신에 투철한 애국 애족이 우리의 삶의 길이며, 자유세계의 이상을 실현하는 기반이다. 길이 후손에 물려줄 영광된 통일 조국의 앞날을 내다보며, 신념과 긍지를 지닌 근면한 국민으로서, 민족의 슬기를 모아 줄기찬 노력으로, 새 역사를 창조하자.

박정희 시대 모든 학생이 외워야 했던 것이 이 헌장이다. 국민 교육의 기본 방향을 밝히고 국민의 자세를 확립할 것을 내용으로 하며, 전문(全文) 393자로 되어 있다. 1968년 12월 5일에 선포하였다.

이 글은 제목이 '국민교육헌장'이므로 국민을 교육하는 헌장이라는 의미를 담고 있다고 보아야 한다. 즉 국민을 교육하는 이념과 지표를 담았다고 보아야 한다. 그렇다면 먼저 누가 국민을 교육할 것인지 교육 주체가 명확해야 헌장을 정확하게 만들 수 있을 것임은 너무나 당연한 일이다. 그러나 이 헌장을 만든 사람 누구도 교육의 주체를 명확하게 생각하지 않았다. 그렇다면 국민을 교육하는 권위와 능력이 있는 자가 누구일까? 민주국가에서 주권자인 국민을 교육한다는 발상을 할 수 없기 때문에 만일 국민을 교육할 수 있는 자가 있다면 그는 분명히 독재자일 것이다. 그러니 엉거주춤 이렇게 교육 주체가 명확하지 않은 상태로 글을 짓게 되었고, 그 결과로 아래 문장처럼 누가 누구에게 하는 말인지 모호하기 짝이 없는 문장을 만들게 되었다.

– 우리의 처지를 약진의 발판으로 삼아, 창조의 힘과 개척의 정신을 기른다.

- 공익과 질서를 앞세우며 능률과 실질을 숭상하고, 경애와 신의에 뿌리박은 상부상조의 전통을 이어받아, 명랑하고 따뜻한 협동 정신을 북돋운다.

　　- 자유와 권리에 따르는 책임과 의무를 다하며, 스스로 국가 건설에 참여하고 봉사하는 국민정신을 드높인다.

　　- 신념과 긍지를 지닌 근면한 국민으로서, 민족의 슬기를 모아 줄기찬 노력으로, 새 역사를 창조하자.

　　국가 또는 정부가 주권자인 국민의 의식 교육을 하겠다고 하는 것은 민주국가에서는 몰상식한 일일 것이다. 박정희는 권위주의적 정치를 했기 때문에 자신이 국민을 교육할 수 있다고 믿고 이런 헌장을 만들었는지 모르겠다. 교육 주체가 없는 이 글은 '국민교육헌장'이라기보다는 차라리 '우리의 맹세*'나 '우리의 다짐' 같은 제목이 더 어울릴 것이다. 제목과 내용이 일치하지 않는, 세계적으로 보기 드문 헌장이다.

◆ '우리의 맹세(盟誓)'는 이승만 정권이 국민을 국가에 충성하도록 교육하기 위하여 만든 것으로서, 군국주의 일본이 만들어 사용한 '황국 신민의 서사(誓詞)'를 모방한 것이다. '국민교육헌장'은 제국주의 일본의 '황국 신민의 서사'와 이승만 정권의 '우리의 맹세'에 기반하여 국민을 통치자의 입맛에 맞게 순치시키기 위해 만든 것이라고 볼 수 있다. '우리의 맹세'는 다음의 세 가지로 되어 있다. 첫째, 우리는 대한민국의 아들딸, 죽음으로써 나라를 지키자. 둘째, 우리는 강철같이 단결하여, 공산 침략자를 쳐부수자. 셋째, 우리는 백두산 영봉에 태극기 휘날리고, 남북통일을 완수하자. '황국신민의 서사' 내용은 다음과 같다. 첫째, 우리는 황국신민(皇國臣民)이다. 충성으로써 군국(君國)에 보답하련다. 둘째, 우리 황국신민은 신애협력(信愛協力)하여 단결을 굳게 하련다. 셋째, 우리 황국신민은 인고단련(忍苦鍛鍊)하여 힘을 길러 황도(皇道)를 선양하련다.

'미코 이하늬' 소문 사실이었다니 '충격'

미스코리아 출신 배우 이하늬가 방송에서 채식주의자라고 밝혔다. 이하늬는 24일 방송된 케이블채널 온스타일의 '이효리의 소셜클럽 골든12'에서 9년차 채식주의자임을 털어났다. '이하늬는 고기를 먹지 않는다'라는 루머가 사실이었던 것. 하지만 채식을 하게 된 이유는 몸매 때문이 아니다. 알고 보니 그녀에겐 고기를 먹지 못하는 동생이 있었던 것.

이하늬는 "사실 제 동생은 단백질 분해 능력이 떨어져 태어날 때부터 선천적으로 채식을 해야 했다"며 "(동생이) 어렸을 때부터 고기가 먹고 싶어 우는 모습을 보면서, 똑같이 살아야지 그런 다짐을 했다"며 채식을 결심하게 된 계기를 전했다.(이하 생략)

— 《아시아경제》, 2012년 5월 25일자

위 예문은 신문의 기사문이다. 제목과 기사의 주제가 몹시 어울리지 않음을 알 수 있다. 기사의 주제는 '이하늬가 채식주의자라는 사실을 밝혔다는 것'이다. 그런데 제목은 이것이 마치 충격적인 사실인 것처럼 달아 놓았다. 독자는 무슨 소문이 있었는지 알지 못할 뿐 아니라, 그것이 왜 충격으로 받아들여야 하는지도 수긍할 수 없다. 이 기사를 쓴 기자의 기사문 작성 능력이 부족하였거나, 데스크가 제목을 다는 데 문제가 있었거나, 아니면 다른 정략적 목적을 위해서 신문 기사를 이용한 결과일 것이다. 제목으로 독자를 선동하거나 글의 내용과 다른 의미를 전달하려는 시도는 하지 말아야 한다. 어떤 경우이건 제목은 주제와 긴

밀히 관련되도록 달아야 한다.

(2) 들머리와 마무리 만들기

글의 시작과 끝을 어떻게 할 것인지는 매우 중요하다. 글에 대한 인상
이 여기서 결정되기 때문이다. 시작이 좋아야 독자가 글에 대한 기대감
이나 호기심을 갖고 읽을 것이고, 마지막 마무리를 잘 해야 글에 대한
인상을 오래 간직할 것이다. 그런 점에서 들머리와 마무리에는 특별한
구성이 필요해 보인다.

우선 들머리에는 주제를 내세우게 된 배경을 적는 것이 좋겠다. 그
래야 독자가 그 글의 중요성이랄까 의미를 이해할 수 있을 테니까. 배
경에는 이런 주제 논의가 필요하게 된 상황을 설명하면 될 것이다. 배
경을 설명할 때에는 독자의 관심을 끌 만한 사건이나 상황을 제시하는
것이 좋겠다. 그런 점에서 아래 글은 들머리를 아주 산뜻하게 구성한
예이다.

■ 예문 1

안녕, 합시다!◆

(들머리) 대학가에 하나의 유령이 떠돌고 있습니다. '안녕들하십니까'
라는 유령이. 새누리당과 국정원, 박근혜 대통령과 보수언론, 일간베스

◆ 연세대학교 인문·사회과학회 목하회가 작성한 '안녕들하십니까' 대자보로 통칭되는 대학가 대
자보 중에서 연세대학교에 붙은 대자보의 들머리 부분이다.

트저장소는 이 유령을 퇴치하기 위해 신성동맹을 맺었지만 유령은 계속하여 다양한 형태로 출몰히고 있습니다.

그 동안 사회문제에 무관심했던 자신을 반성하거나, 관심이 있었더라도 표명하지 못했던 자신을 반성하는 등, 그야말로 재 위에 앉아 옷을 찢는 회개의 행렬이 이어지는 실정입니다. 이와 더불어 최근 7천명에 달하는 대규모 인원을 직위해제한 코레일에 대한 규탄과, 권위주의적 행태를 보이는 정부에 대한 불같은 분노 역시 꼬리를 물고 있습니다. 그 동안 안녕하지 못했던, 누구도 대표해주지 않았던 얼굴 없는 시민들의 목소리가 수면 위로 부상하고 있습니다.

역사는 반복됩니다. 한 번은 비극으로, 한 번은 희극으로. 한국 현대사 역시 비극으로 시작되었고, 지금은 그것이 다시 희극으로 반복되고 있습니다. 아버지에 대해서 딸이, 서북청년단에 대해 일간베스트저장소가, 1972년의 유신에 대해서는 국정원 사태가 바로 그러합니다. 그리고 공안정국으로 이루어진 정세 속에서 바로 그런 현상이 발생하고 있는 것입니다. 박근혜 대통령에 대한 숭배는 박정희 전 대통령 개인에 대한 숭배의 열화 버전으로 서울에서 재현되고 있습니다. 박근혜 대통령이 이런 식으로 계속 공안 정국을 이끌어 나가게 된다면, 언젠가 국립 5.18 민주화 묘지는 한낱 역사적 희생양들의 공동묘지로 전락하고 말 것입니다.

이 글의 들머리 부분이 인상적인 이유는 칼 마르크스의 「공산당 선언」 앞부분을 우리 사회가 당면한 문제에 적절하게 대입하여 패러디하였기 때문이다. 들머리만 읽어도 글이 지향하는 바 곧 주제가 무엇인지 짐작할 수 있는 것도 이 글의 장점이다. 원래 「공산당 선언」의 앞부분은 명문으로 많은 사람들의 입에 오르내린 바 있다.

마무리도 인상적으로 맺을 수 있다면 더할 나위 없이 좋은 일이다. 들머리에서 제시한 주제를 펼침 부분에서 다양하게 조명하여 주제화를 한 뒤에 마무리 단계에서 이를 종합적으로 정리하는 것이 마무리의 임무이다. 그런데 이 종합적인 마무리를 새로운 단어나 표현으로 나타낼 수 있다면 금상첨화이겠다. 물론 이런 표현을 할 수 있는 것은 오로지 개인의 능력일 뿐 아무나 멋진 마무리를 할 수 있는 것은 아니므로 교과서적인 마무리를 시도하는 것도 나쁘지 않다. 아래 글은 마무리 가운데 가장 인상적이고 가장 멋진 글이라는 평을 받고 있다.

▌ 예문 2

'에이브러햄 링컨의 게티스버그 연설'

지금으로부터 87년 전 우리의 선조들은 이 대륙에서 자유 속에 잉태되고 만인은 모두 평등하게 창조되었다는 명제에 봉헌된 한 새로운 나라를 탄생시켰습니다. 우리는 지금 거대한 내전에 휩싸여 있고 우리 선조들이 세운 나라가, 아니 그렇게 잉태되고 그렇게 봉헌된 어떤 나라가, 과연 이 지상에 오랫동안 존재할 수 있는지 없는지를 시험받고 있습니다. 오늘 우리가 모인 이 자리는 남군과 북군 사이에 큰 싸움이 벌어졌던 곳입니다. 우리는 이 나라를 살리기 위해 목숨을 바친 사람들에게 마지막 안식처가 될 수 있도록 그 싸움터의 땅 한 뙈기를 헌납하고자 여기 왔습니다. 우리의 이 행위는 너무도 마땅하고 적절한 것입니다.

그러나 더 큰 의미에서, 이 땅을 봉헌하고 축성하며 신성하게 하는 자는 우리가 아닙니다. 여기 목숨 바쳐 싸웠던 그 용감한 사람들, 전사자 혹은 생존자들이, 이미 이곳을 신성한 땅으로 만들었기 때문에 우리로서는 거기 더 보태고 뺄 것이 없습니다. 세계는 우리가 여기 모여 무슨 말을 했는가를 별로 주목하지도, 오래 기억하지도 않겠지만 그 용감한 사람들이 여기서 수행한 일이 어떤 것이었던가는 결코 잊지 않을 것입니다.

그들이 싸워서 그토록 고결하게 전진시킨, 그러나 미완으로 남긴 일을 수행하는 데 헌납되어야 하는 것은 오히려 우리들 살아 있는 자들입니다. 우리 앞에 남겨진 그 미완의 큰 과업을 다 하기 위해 지금 여기 이곳에 바쳐져야 하는 것은 우리들 자신입니다. 우리는 그 명예롭게 죽어간 이들로부터 더 큰 헌신의 힘을 얻어 그들이 마지막 신명을 다 바쳐 지키고자 한 대의에 우리 자신을 봉헌하고, 그들이 헛되이 죽어가지 않았다는 것을 굳게 다짐합니다.

(마무리) 신의 가호 아래 이 나라는 새로운 자유의 탄생을 보게 될 것이며, 인민의, 인민에 의한, 인민을 위한 정부는 이 지상에서 결코 사라지지 않을 것입니다.(도정일, 「에이브러햄 링컨의 게티스버그 연설」)

『태백산맥』의 작가 조정래는 언젠가 텔레비전 대담 프로그램에 나와서 자기는 시작과 끝을 미리 적어 놓고 글을 쓰기 시작한다고 말했다. 방대한 소설을 쓰는 작가가 시작과 끝 곧 들머리 문장과 마무리 문장을 미리 정해 놓고 글을 쓴다는 말은 참으로 신선하게 느껴졌다. 나는 소설 같은 글에서는 그렇게까지 할 필요가 없다고 생각했는데 말이다. 그러나 들머리와 마무리에서 할 말을 미리 적어 놓았다는 말은 주제를 어떻게 제시하고 어떻게 마무리할 것인가를 이미 생각했다는 것이어서 글을 전개하면서 주제를 벗어나지 않을 확률이 높아진다. 그래서 미리 들머리와 마무리를 적어 놓는 글쓰기가 바람직하다.

(3) 본문 얽기

시작과 마무리를 어느 정도 생각했으면 이제 본문을 어떻게 구성할 것인지 생각해야 한다. 이곳에서 중요한 주장을 후회 없이 드러내야 하고, 주장의 근거도 빠짐없이 제시해야 한다. '이래야 되는 이유'가 세 가지라면, 각 이유마다 그 근거를 제시해야 한다. 그러면 본문은 세 개의 문단으로 나뉘고, 각 문단마다 하나 이상의 이유와 근거가 제시된다. 이렇게 해서 만들어진 본문의 얼개는 아래와 같게 될 것이다.

> 제1문단: 첫째 이유와 뒷받침문장(근거 제시)
> 제2문단: 둘째 이유와 뒷받침문장(근거 제시)
> 제3문단: 셋째 이유와 뒷받침문장(근거 제시)

이제까지 설명한 내용의 얼개를 그려 보면 아래와 같다.

글 = 들머리 + 본문 + 마무리

= 들머리 + (제1문단) + (제2문단) + 제3문단) + 마무리

= 들머리 + (첫째 이유 (소주제문 1) + 뒷받침 문장)

+ (둘째 이유 (소주제문 2) + 뒷받침 문장)

+ (셋째 이유 (소주제문 3) + 뒷받침 문장)

+ 마무리

위 표에 따라서 글을 쓴다면 가장 중요한 것이 세 가지 이유와 그 근거를 제시하는 일이다. 글을 쓰기 전에 바로 이 세 가지와 그 근거가 될만한 확실한 자료를 확보해야 한다. 그런 뒤에 글을 쓰기 시작하면 비교적 쉽게 좋은 글을 쓸 수 있다.

이런 과정을 거치면서 이미 말한 것처럼 여러분은 자신에게 끊임없이 질문을 던져야 한다. '왜 이래야 하는가?', '제시된 이유가 최선인가?', '다른 더 중요한 이유가 있지 않나?', '근거가 이것으로 충분한가?', '더 확실한 증거가 필요하지 않나?' 등등. 언제나 좋은 질문이 좋은 답을 만들어 주는 것이므로 냉정하고 날카롭게 질문하는 습관을 길러야 한다. 귀찮다고 대충 생각하면 결국 다른 사람에게서 냉정하고 날카로운 질문을 받게 된다. 물론 적절한 사례를 제시하는 것도 빠뜨리지 않아야 한다.

어떤 글은 주제의 대상을 나누어 설명해야 하는 경우도 있다. 이런 경우에는 어떻게 나누는 것이 좋은지 결정하는 것이 중요하다. 예를 들면 '한국인의 미적 감각'에 대한 글을 쓴다면 한국인을 남자와 여자로

나눌 것인지, 미적 감각을 옷, 음식, 건축 등으로 나누어 설명할 것인지, 아니면 미적 감각을 종류별로 제시하고 해당하는 근거를 옷, 음식, 건축 등에서 찾아 제시할 것인지 결정해야 한다.

이런 것이 결정되면 비로소 문단 구성을 시작한다. 문단은 소주제문과 뒷받침문장으로 구성하는 것이므로 소주제문을 무엇으로 하고 뒷받침문장은 어떻게 쓸 것인지 생각한다. 그러면 본문은 아래와 같은 얼개를 갖추게 될 것이다.

주제: 한국인의 미적 감각

제1문단 소주제문(색에 대한 미적 감각) + 뒷받침문장(음식 색, 색동저고리,
　무지기치마, 단청, 방패연 등)

제2문단 소주제문(선에 대한 미적 감각) + 뒷받침문장(처마, 옷소매, 치마,
　논틀길 등)

제3문단 소주제문(맛에 대한 미적 감각) + 뒷받침문장(차의 맛, 매운 맛,
　깊은 맛, 손맛 등)

제4문단 소주제문(멋에 대한 미적 감각) + 뒷받침문장(춤사위, 풍류, 언행 등)

이제 이 얼개에 따라서 뒷받침 자료를 풍부하게 준비한 뒤에 소주제문을 적고 뒷받침문장을 붙이면 된다.

(4) 소주제문 만들기

난위 글에서 수제분을 만들 때 익힌 바와 같이 소주제문도 그렇게 만들 수 있다. 주어와 서술어를 갖추고 완전한 정보가 들어가도록 문장을 완성하여야 한다. 앞에서 한국인의 미적 감각을 주제로 삼은 경우를 생각해 보자. 이를 설명하기 위하여 네 개의 소주제를 설정하였으니 이 소주제를 잘 드러낼 수 있는 문장을 만들면 된다. 아래 표에 예시한 것이 네 개의 소주제를 이용해서 소주제문을 만든 것이다. 물론 이 예문은 예시에 지나지 않으므로 여러분이 조금 더 독특하게 만들어도 된다.

> 제1소주제: 한국인은 오방색을 사랑한다.
> 제2소주제: 한국인은 곡선을 사랑한다.
> 제3소주제: 한국인은 매운 맛을 사랑한다.
> 제4소주제: 한국인은 풍류의 멋을 사랑한다.

앞에서도 설명했지만 한국인의 미적 감각을 설명하기 위해 색, 선, 맛, 멋의 네 범주로 소주제를 설정하고 소주제를 잘 표현하는 소주제문을 만든 뒤에 이를 뒷받침할 뒷받침문장을 적는 방식을 '주제어 분석에 의한 주제화'라고 했다.

만일 색동저고리, 가무, 고추, 보자기, 태극기, 마늘, 김치, 처마, 배래기, 단청, 판소리, 논틀길, 농악, 시조, 추녀 등을 한국인의 미적 감각이 들어 있는 전통문화 요소로 보았다면 이것들을 특징별로 모둠을 나누고 그 모둠을 포괄할 수 있는 상위 개념을 이용하여 모둠짓기하는 방식으로 소주제를 만들 수 있을 것이다. 그러면 색동저고리, 보자기, 태극기, 단청을 색이라는 범주로 묶어 오방색이 여기에 어떻게 쓰이는지 설명하고, 처마, 배래기, 추녀, 논틀길을 선의 범주로 묶어 여기에 곡선이 어떻게 쓰이는지 설명하고, 고추, 마늘, 김치를 묶어 맛이라는 범주로 모둠을 지어 매운맛을 설명하고, 가무, 판소리, 농악, 시조를 묶어 멋이라는 범주를 설정하여 설명하는 식으로 뒷받침하여 주제화를 할 수 있다.

한국인이 좋아하는 전통문화 요소	모둠짓기		소주제어
색동저고리, 태극기, 마늘, 배래기, 가무, 판소리, 추녀, 보자기, 시조, 논틀길, 단청, 고추, 김치, 농악, 처마	색	색동저고리, 보자기, 태극기, 단청	오방색
	선	처마, 추녀, 배래기, 논틀길	곡선
	맛	고추, 마늘, 김치	매운맛
	멋	가무, 판소리, 농악, 시조	풍류

한국인의 미적 감각을 위의 네 가지로 설명할 수도 있지만 이와 전혀 다른 각도에서 설명할 수도 있을 것이다. 지역에 따라서 한국인의 미적 감각을 보는 각도가 다를 수 있다는 점에서 지역으로 모둠짓기를 하여 소주제를 설정할 수 있다. 예컨대 경기 지역의 미적 감각, 호남 지역의 미적 감각, 경상 지역의 미적 감각, 충청 지역의 미적 감각 등으로 나누어 설명할 수 있다.

(5) 소주제를 만드는 네 가지 원칙

소주제를 만들 때는 주제를 완진하게 구현할 수 있도록 치밀하게 구성해야 한다. 소주제를 정하는 원칙 네 가지를 제시한다.

〈그림1〉 주제를 충분히
구현하지 못하는 소주제문

① 소주제를 모두 빠짐없이 제시하지 못하여 주제가 안 채워지면 치명적이다. 예를 들어 각 지역의 전통놀이를 설명하면서 경상도 지역의 전통놀이를 빼고 다른 지역의 전통놀이만 소개하는 것과 같다. 이런 경우에는 소주제를 더 제시하여야 한다.

〈그림1〉은 소주제문이 주제를 제대로 채우지 못해 빈 틈이 많은 경우이다. 이는 소주제문 세 개의 뒷받침 내용이 빈약하여 주제를 제대로 구현하지 못하거나, 소주제문 설정이 주제를 제대로 구현하기에 부족하게 설정되었음을 보여 준다. 〈그림1〉의 글을 보완하려면 소주제문을 뒷받침하는 문장을 더 많이 쓰거나(세 개의 소주제문만으로도 '한국인의 미적 감각'을 각인시키기에 충분하게), 소주제문을 한두 개 더 만들어('한국인의 미적 감각'을 나타내는 소주제를 한두 개 더 보태어) 이를 뒷받침하는 문단을 만들면 된다.

아래 글은 공정(公正)이라는 가치가 공동체를 경영하는 기준이라는 점을 강조하고, 다만 공정한 사회를 실현하는 데 유의해야 할 것이 있

음을 문제점으로 제기하는 글이다. 그리고 유의해야 할 점으로 다섯
가지를 제시하였다. 다섯 가지의 내용을 보면 아래와 같다.

■ 예문 1

정의가 없다면 국가도 강도 집단과 다를 바 없다

당연히 공정은 공동체라는 배가 항해하면서 방향을 잡는 데 기준으로
삼아야 할 '북극성'과 같은 가치다. 하지만, 그 '공정'을 실천하는 데 각별
히 유의해야 할 사항이 있다. 그것은 칼이나 불이 인간생활에 아무리 유
익하다고 해도 그들을 사용하는 데 분별력과 신중함이 요구되는 이치와
같다.

첫째, 공정성은 한 공동체의 지속가능성을 위해 구성원 모두가 공유
해야할 규범이지만, 권력층과 지도층이 제일 먼저 준수해야할 행동규범
이다. 불공정은 권력과 재력을 가진 사람이 부조리한 방식으로 이익을
추구할 때 생긴다.

이것은 이미 플라톤의 '국가'에서 트라시마쿠스가 "정의는 강자의 이
익"이라고 했을 때 반어법으로 설파한 내용이다. 바로 이점이 공정이 일
차적으로는 국민에게 요구할 행동규범이 아니라 권력층과 지도층이 우
선적으로 지켜야할 도덕률이 되는 이유다. 권력층부터 솔선수범하지 않
으면 공정사회는 무의미해지기에 권력주도세력의 '자기 채찍질'은 반드
시 선행되어야한다.

둘째, 공정사회는 약자와 빈자를 배려하는 사회다. 고단한 삶을 살아
가는 사회적 약자를 배려하는 공정사회의 도덕적 매력은 자명하다. 서민

들이 내쉬는 한숨소리에는 사람들의 공감을 이끌어내는 '도덕적 호소력'이 배어있지 않은가. 하지만 공정사회 추신에는 대선제가 있다.

잘사는 사람과 대립각을 세우는 식으로 접근해서는 안 된다는 점이다. 물론 잘사는 사람과 못사는 사람을 '상생'이 아닌 '상극'의 존재로 접근한 경우도 없는 것은 아니다.

셋째, 공정사회는 경쟁을 공정하게 만드는 사회지 경쟁을 폐지하거나 다른 것 — 예를 들면 추첨제 — 으로 대체하는 사회는 아니다. 경쟁은 양질의 공정사회를 만드는 데 필요하다.

하이에크(F. A. Hayek)는 경쟁이 없으면 개인은 자신이 가진 능력을 최대한 개발하거나 발휘하려고 하지 않는다고 주장한다. 개인이 자신이 가진 잠재력을 최대한 발휘하지 않으면, 공동체는 그 질이 하락할 수밖에 없다. 그런 점에서 공정사회는 경쟁의 철학을 폐기하기보다 활성화시켜야 한다.

넷째, 공정사회는 개인의 몫과 개인의 권리를 보장하는 사회다. 그러나 그렇다고 해서 '나'는 '나'의 권리를 가지고 있고 '너'는 '너'의 권리를 가지고 있다는 식으로 모든 인간관계를 가늠하려고 하는 사회는 아니다. 공정사회는 권리만을 중시하는 권리만능주의 사회와는 다른 것이다.

그렇기 때문에 '내 몫'이 훼손당했다며 권리를 요구하는 소리만 넘쳐나고, 법과 질서를 지키며 공동선을 위해 기여하는 등, 의무나 책임을 이행하는 문제가 사소한 범주로 밀려난다면, 공정은 제자리를 찾을 수 없다.

다섯째, 공정사회가 재화의 공정한 분배를 보장하는 사회임에는 틀림없다. 그러나 그렇다고 재화의 분배에만 '집중'하는 사회는 아니다. 공동체의 구성원들을 경제적 인간, 즉 물질적 욕구의 대상으로만 치부할 수는 없기 때문이다.

사람이 살아가는 데 물질적 만족은 중요하다. 그러나 인간이 빵만으로 살 수 없듯이 공동체도 빵만으로 살아갈 수는 없다. 공정사회가 분배 문제에만 매몰돼서는 안 되는 이유가 여기에 있다. 도덕적이고 정신적인 문제를 외면하면 공동체는 비열함과 저급함만을 노정할 뿐이다.

— 박효종 칼럼 (축약), 《데일리안》, 2010년 10월 30일자

주제: 공동체 경영의 기준으로서 공정을 실현하는 데 유의해야 할 다섯 가지

소주제1: 공정은 권력주도층의 행동규범이 되어야 한다.

소주제2: 공정사회를 이루려면 약자와 빈자를 배려해야 하지만 부자와 대립하는 방법으로는 안 된다.

소주제3: 공정사회는 경쟁을 배격하는 것이 아니라 경쟁을 공정하게 만드는 사회이다.

소주제4: 공정사회는 개인의 몫과 개인의 권리를 보장하는 사회이지만 자기의 권리만 주장하고 의무나 책임을 소홀히 하는 사회가 아니다.

소주제5: 공정사회는 재화의 공정한 분배를 보장하는 사회이지만 도덕적이고 정신적인 부분을 도외시하는 사회는 아니다.

이 글에서 우리가 눈여겨보아야 할 것은 공동체 경영의 기준으로서 공정을 실천하는 기준이 이 다섯 가지로 충분한가에 있다. 나는 다섯 가지 소주제로는 주제가 채워지지 않는다고 생각한다. 그래서 부족한

소주제를 보태거나 아니면 이미 제시한 소주제의 내용을 충실하게 보완함으로써 더 충실하게 주제화를 해야 한다고 본다.

예를 들면, 이 글에는 현존하는 또는 미래의 불공정을 바로잡는 기준이 제시되지 않았다. 이 글처럼 공정을 실천하는 기준대로만 한다면 사회가 공정해지겠지만 이미 불공정한 상태가 있거나 앞으로 불공정한 상태가 되었을 경우에 어떻게 공정을 담보할 것인지 판단해야 한다.

다음으로 이 글은 공정한 경쟁을 추구하면서도 무엇이 공정한 경쟁인지 말하지 않았다. 예를 들면 1억 원 이상이 드는 법학전문대학을 설립하여 거기 나온 사람만 법관이 될 수 있도록 한 뒤에 법학전문대학교 입학시험을 공정한 경쟁으로 치르도록 하는 것이 공정한 경쟁인지, 아니면 누구나 일정한 능력이 있으면 사법시험을 치르도록 하여 법관을 뽑는 것이 공정한 경쟁인지 판단하지 않은 것이다.

이 글에 부족함이 또 하나 있다. 공정사회가 재화의 공정한 분배에만 집중하는 사회가 아니라고 했으면 분배 외에 무엇에도 집중해야 하는지 제시하여야 할 것인데 그것을 제시하지 않은 것이다. 이렇게 보면 이 글은 소주제를 더 보완하여야 주제화에 이를 수 있게 됨을 알 수 있다.

② 소주제 사이에 겹침이 생기면 안 된다. 소주제의 내포나 외연이 겹치면 뒷받침도 일정 부분 겹치지 않을 수 없기 때문에 글이 불필요하게 길어지고 중복 설명이 많이 나타나게 된다. 예컨대, 한국의 전통놀이를 설명하는 주제에서 지역적으로 소주제를 설정할 때에, 중서부, 남

서부, 남동부, 중동부, 중부, 남부로 나눈다면 중부, 중서부, 중동부에 겹침이 일어나 어느 지역의 전통놀이는 중부의 전통놀이로 제시되거나 중서부 또는 중동부의 전통놀이로 설명될 수 있다. 따라서 소주제를 설정할 때는 소주제의 개념 사이에 확실하게 구별되는 선이 있어야 한다.

〈그림2〉 소주제문의 겹침

■ 예문 1

세계 소식을 중국어로 전하는 중국의 예안

(들머리) 중국에는 예안(Yeeyan)이라는 모임이 있다. 예안은 십오만 명의 자원봉사자들로 구성되어 있다. 이들 봉사자들은 영문으로 된 신문이나 웹사이트의 글 중에서 가장 흥미로운 글을 찾아서 하루에 약 백 개씩을 번역해서 중국어로 올린다. 이들은 보수를 받지 않고 번역을 한다. 예안은 장 레이가 구상했다. 그는 티베트 라사 폭동 기간 중 미국에 있었는데, 그때 미국 언론의 편향된 보도에 놀라움을 금치 못했다. 장 레이는 "지금 할 수 있는 일이 하나 있다면, 그건 번역을 시작하는 겁니다. 그럼으로써 양국의 국민들은 서로를 더 잘 이해하기 시작할 것입니다." 라고 말했다.

(소주제1) 지금 우리는 '인터넷'과 '핸드폰'이라는 제3의 정보 혁명의 물결 속에서 다시 한 번 세계의 선두에 서 있다. 우리에게 주어진 과제는

이 도구를 활용하여 한국의 정보 민주화와 국제화를 얼마만큼 이루어내느냐이다. 이는 전 국민에게 영어 교육을 시켜, 나라 전체를 영어로 획일화시키는 것에 있지 않다. 한국의 정보 민주화는 한국어와 한글로 다양하고 유익한 정보들을 국민들이 쉽게 교환할 수 있는 방법을 모색하는 것에 있다.

(소주제2) 인터넷과 핸드폰은 우리가 가진 정보를 매우 빠르게 여러 사람에게 전달하는 강력한 힘을 가지고 있다. 국가별로 인구당 인터넷을 사용하는 비율은 2010년 현재 우리나라가 95%로 OECD 국가 중 1위이다. 2위는 스웨덴으로 75.6%, 3위가 일본으로 75.3%이고, 미국은 9위로 44.4%이다. 우리는 정보교환을 위한 인프라를 누구보다 탄탄히 가지고 있다. 또한 정보화에 유리한 한글을 가지고 있다. 남은 일은 가능한 한 많은 한국인들이 영어 실력에 상관없이 한글과 한국어로 쉽고 빠르게 세계의 정보를 공유하고, 민주적인 정보교환을 할 수 있는 환경을 만드는 일이다.

(소주제3) 이를 위해서는 '번역'이라는 수단을 이용할 수 있다. 오늘날 인터넷에 올라 있는 정보들은 영어로만 되어 있지 않다. 점점 더 각 나라들은 자국의 언어로 인터넷 활동을 하고 있다. 영어에만 의존하면, 중국어와 일본어, 스페인어와 아랍어 등으로 전해지는 생생하고 중요한 정보들을 놓치는 실수를 범하게 될 것이다. 우리는 다양한 외국어를 번역할 수 있는 인력들을 길러야 한다. 그리고 번역을 통해 일반 민중들이 여러 언어로 된 중요한 소식들을 한국어로 얻을 수 있게 해야 한다. 국민들에게 세계의 정보를 알고 싶으면, 영어를 공부해서 직접 얻으라고 말하는

것은 정부와 지식인 그룹이 자신의 책임을 각각의 국민에게 전가하는 무
책임한 일이다. 정부와 지식인 그룹은 자신들이 접할 수 있는 중요한 정
보들을 일반 국민들과 한국어로 공유할 수 있는 방법을 마련해야 한다.

— 김미경, 『한국어의 힘』

이 글은 4개의 문단으로 구성되어 있고, 글의 주제는 한국 정부와 지
식인 그룹이 정보 민주화를 이루기 위해서 외국어를 한국어로 번역하
는 일을 시작해야 한다는 것이다. 그런데 글의 제목을 '세계 소식을 중
국어로 전하는 중국의 예안'이라고 붙였다. 이는 주제를 뒷받침하기 위
해서 중국의 예를 끌어들이고 이것을 앞세움으로써 독자의 관심을 끌
고 싶은 욕구 때문이었을 것으로 본다. 그러나 제목이 주제를 왜곡할
수 있어서 바람직하지 않고, 또 중국에 관심이 없는 독자라면 이 부분
을 읽지 않고 넘어갈 수도 있어서 좋은 방법은 아니다. 뿐만 아니라 이
글에는 소주제를 제대로 구성하지 못한 문제점도 보인다.

첫 문단(들머리)은 중국의 '예안'이 중국인이 미국의 정보를 중국어로
번역함으로써 중국인에게 미국의 정보를 쉽게 접하게 하는 역할을 하
고 있음을 설명하는 것이다. 이것은 주제를 설명하기 전에 중국의 예를
든 것이어서 곤란하다. 먼저 독자가 주제를 인식하게 해 놓고 중국의
예를 들어야 할 것이다.

둘째 문단(소주제1)은 한국의 정보 민주화를 모색해야 한다는 것이
다. 한국어와 한글로 세계의 다양한 정보를 접할 수 있게 해야 함을 강
조하였다. 셋째 문단(소주제2)은 민주적 정보 교환 환경을 만들자는 것

이다. 정보교환을 위한 인프라가 탄탄한 우리나라에서 한국인이 한글로 세계의 정보를 읽을 수 있도록 하자는 것이다.

셋째 문단(소주제3)은 번역을 활성화하여 세계의 정보를 한국인이 쉽게 접하게 하고 덧붙여 정부와 지식인이 국민과 정보를 공유하는 노력을 해야 함을 강조하는 것이다. 결국 소주제1과 소주제2, 소주제3이 모두 비슷한 소주제를 가지고 논하고 있음을 알 수 있다. 즉 소주제의 겹침이 심하게 일어난 것이다. 이렇게 되면 주제화가 지지부진하게 느껴지고, 같은 이야기가 반복되므로 글이 지루해진다. 무엇보다 주제가 모호해지는 약점이 있다.

이 글은 "정보 민주화를 위해서 한국어로 세계의 정보를 한국인이 접하게 하라"는 것으로 주제를 잡고, 소주제에서 왜 그렇게 해야 하는지 그 이유와 정책의 효용성 그리고 실현 가능성을 설명하고, 중국의 예를 들어 이를 뒷받침하게 했으면 글이 더 짜임새가 있었을 것이다.

▌예문 2

재판장님 그리고 심판관님 최후진술의 기회를 주셔서 감사합니다. 목이 잠겨서 제대로 얘기가 될는지 모르겠습니다마는 최후진술이니까 끝까지 해보겠습니다.

금번 본인 외에 피고인이 내란죄로 지금 기소가 되고 재판을 받고 있습니다. 그런데 우리나라에는 그동안에 합법적으로 수립됐던 민주당 정권이 5·16혁명에 의해서 밀려났습니다. 그 다음에 10월 유신은 말하자면은 자기네 집 앞마당에서 또 한 차례 치르는 혁명이었습니다. 그리하여 이 혁명에서는 자유주의를 말살했습니다.

그리고 금번 10월 26일 혁명은 우리나라의 건국이념이고 또한 국시이고 6·25를 통해서 전 국민이 수난을 겪고 수없이 많은 사람들이 생명을 다치고 지켜온 자유민주주의를 회복하기 위해서 혁명을 한 것입니다. 이 혁명이 어떻게 하야 내란죄의 심판을 받아야 되느냐 이런 생각이 듭니다. 또 오늘날 자유민주주의는 우리 대한민국 전체 국민, 남녀노소 할 것 없이 3700만이 다 같이 갈구하고 있는 것은 사실입니다. 이것을 회복시키는 데 어찌하여 내란죄의 적용을 받아야 되느냐, 이런 생각이 듭니다.

또 10월 26일의 혁명은 순수하고 깨끗합니다. 집권 욕심이 있는 것도 아니고 어떤 사리나 사욕이 있는 게 아닙니다. 오로지 자유민주주의를 회복하겠다는 일념에서 이루어진 것입니다. 또 이 혁명의 결과 자유민주주의는 완전히 회복이 됐습니다. 그것이 보장이 됐습니다. 최 대통령께서 권한대행 시절에 국민 앞에 공약을 하셨습니다. 또 최 대통령께서는 지금 현 대통령의 자리를 임기를 다 마치지 않고 도중에서 그만 두시겠다, 다시 말해서 과도적으로 이 정권을 지키겠다, 이러한 말씀을 하셨습니다. 그렇다면 이 과도라고 하는 것은 자유민주주의로 이행해 가는 과도라고 하는 걸 의미하는 겁니다. 따라서 10월 26일 혁명의 목적은 완전히 달성이 됐다, 이렇게 생각할 수 있는 것입니다. 뿐만 아니라 국회에서 긴급조치 9호를 해제 결의를 했습니다. 이것 또한 만일 10월 26일의 혁명이 없었던들 어떻게 이러한 결의를 할 수가 있었겠습니까? 이것 또한 이 혁명의 성공을 입증해 주는 것입니다.

또 이 혁명은 5·16혁명이나 10월 유신에 비해서 그야말로 정정당당합니다. 허약한 자유민수당 정권을 무력하다는 이유로 밀어치우는 것, 앞마당에서 자기 마음대로 한바탕 해 놓던 거 해서 자유민주주의를 말살하는 여기에 비하면 서슬이 시퍼렇고 막강한 힘을 가지고 있는 유신체제를 정면에서 도전해 가지고 유신체제를 타파하는 데 성공했습니다. 그렇게 하야 민주주의를 회복하는 데 완전히 성공을 했습니다. 따라서 10월 26일 혁명이야 말로 역사상에 가장 정정당당한 혁명이다, 이렇게 생각을 합니다.

― 김재규 전 중앙정보부장의 보통군법회의 최후진술문(1979년 12월 18일)

위 글은 10월 26일 유신체제의 막을 내리게 한 박정희 시해 행위가 혁명으로서 내란으로 단죄되는 것이 옳지 않음을 논설하는 것이 주제인데, 이 주제를 구현하기 위해서 제시한 3개의 소주제가 대체로 '자유민주주의를 실현하기 위한 것'으로 합쳐지는 것을 알 수 있다.

첫째 소주제는 '모든 국민이 바라는 자유민주주의를 회복하기 위해서 한 혁명'이었다는 것이고, 둘째 소주제는 '자유민주주의를 회복하겠다는 순수하고 깨끗한 일념에서 이루어진 혁명'이었다는 것이고, 셋째 소주제는 '자유민주주의를 말살한 유신체제를 타파한 혁명'이었다는 것으로, 세 소주제가 모두 "자유민주주의를 회복하기 위한 혁명이었으므로 내란죄로 단죄되는 것은 옳지 않다."고 주장한 것이다.

같은 소재를 가지고 글을 쓰더라도 소주제를 달리하여 글을 쓴다면 이보다 훨씬 더 설득력 있는 글을 쓸 수 있었을 것이다. 물론 이 글은 죽음을 앞두고 쓴 것이므로 완벽한 글이 될 것을 주문하는 것은 무리가 있다. 다만 소주제의 겹침을 지적하기 위한 예일 뿐이다.

③ 소주제가 주제의 범주를 벗어나면 안 된다. 왜냐하면 소주제는 주제의 하위 개념이기 때문이다. 〈그림3〉은 소주제문1과 소주제문3이 주제를 벗어났음을 보여 준다. 주제를 벗어난 문단이나 뒷받침문장을 읽으면서 '왜 이런 것을 썼지?'라는 의문이 생기는 경우가 있다.

〈그림3〉 주제를 벗어난 소주제문

예를 들면 한국의 전통놀이를 설명하는 주제에서 지역적으로 소주제를 설정할 때에 중국의 전통놀이와 미국의 전통놀이를 포함한다면 한국이라는 주제 개념의 범위를 벗어나기 때문에 적절하지 못한 소주제가 되는 것이다.

마찬가지로 '한국의 전통놀이'를 주제로 하는 본문에 '야구와 축구'를 설명하기 위한 소주제를 두거나, '한국인의 미적 감각'을 주제로 한 글에서 '한국인은 단결심이 강하다'라는 소주제를 내거는 것은 소주제가 주제의 범주를 벗어나는 것이다.

비빔밥의 융합

고립식이 아니라 관계와 융합을 통한 혼합식의 김치 문화를 극단화하면 비빔밥이 된다. 비빔밥은 말 그대로 여러 음식을 한데 섞어서 비벼먹는 음식이다. 이는 독립된 개별 음식 맛을 즐기는 서양 것과 가장 대조를 이룬다. 한데 섞이고 어울려서 어느 것이 어느 맛인지 모르게 융합 혼성된 맛을 즐기는 음식인 까닭이다.

비빔밥을 먹으면서 포크, 나이프를 바꿀 필요가 어디 있겠는가. 마이클 잭슨이 한국에서 가장 즐겨먹은 음식이 바로 비빔밥이었다는 것을 생각해 봐도 김치와 마찬가지로 비빔밥이 한국 음식의 내력과 특성을 설명해주는 모델이라는 사실을 부정하지 못할 것이다.

그러므로 한국 음식의 또 하나의 특성으로 지적되는 쌈 문화 역시 비빔밥의 한 변형이라고 볼 수 있다. 쌈은 여러 종류의 음식을 섞어서 한입에 들어갈 수 있도록 한 데서 나온 혼합식의 일종이다. 쌈의 맛은 통째로 모든 것을 입안에 넣고 씹는 그 맛이다. 일본 요리는 눈으로 먹는다고 하지만 쌈을 먹는 한국인들을 보면 온몸으로 먹는다고 하는 표현이 적절하다. 그만큼 쌈 문화는 총체적인 감각을 포함한 음식이요, 식사법이라고 할 수 있다.

불고기도 그냥 먹는 것이 아니라 상추 같은 것에 싸서 먹을 때 그 맛의 시너지 효과가 나타난다. 일본사람들은 오랫동안 순수한 채식주의자로 육식을 금해왔지만 한국은 채식 못지않게 쇠고기 등 육류 요리도 즐겼다. 그래서 한국의 쇠고기 요리는 육식을 주로 하는 목축민의 요리보다도 더 다양하고 더 높은 수준을 보여 준다. 이 같은 채식문화와 육식문화의 공존이 바로 오늘날 불고기집에서 볼 수 있는 쌈 문화라고 할 수 있을 것이다.

김치, 비빔밥, 쌈과 함께 나물 문화도 같은 맥락에서 읽을 수가 있다. 이 지구상에서 한국만큼 나물이 발달된 곳도 드물 것이다. 더구나 나물음식의 근간은 채집 문화의 유물이라고 할 수 있기 때문에 문명 자체를 서로 혼합한 것이라고 할 수 있다. 농경시대의 삶을 살면서도 자연 그대로의 것을 산과 들에서 캐어 요리를 만든다. 어느 한 가지를 택일하지 않고 모둠 지어 있거나 혹은 분할되어 있는 것을 쌈을 싸듯 한데 싸서 먹는다. 나물의 형태 자체가 서로 얽혀 있으며 얽혀 있는 것을 씹는 맛이 나물 문화의 진수라고 할 수 있다.

짐승의 먹이에는 요리라는 것이 없다. 자연 그대로의 것을 먹는다. 인간만이 자연의 재료를 그냥 먹지 않고 가공, 가열히어 음식을 만들어 먹는다. 레비 스트로스의 말대로 날것은 자연이고 불로 익혀 먹는 것은 문명이다.

그러나 한국의 음식은 날것도 익힌 것도 아닌 그 중간 항(項), 자연과 문명을 서로 융합하려는 시스템 속에서 음식을 만들어낸다. 그래서 한국인은 유난히도 발효식을 좋아하고 나물을 좋아하고 비빔밥을 좋아했다고 풀이할 수가 있다.

또한 새로운 문명을 추구하면서도 한 편으로는 자연 그대로의 것을 보존하려는 두 가지 모순을 한곳에 조화시키고 융합하려는 균형 속에서 한국의 요리법이 탄생한 것이라고 정의할 수도 있다.

맛의 교향곡을 만들어내듯이 한국 음식은 한국 문화가 세계와 어울리고 자연과 어울리는 글로벌 시대의 포용력 있는 문화적 잠재력을 지니고 있음을 보여준다. 그 나라의 음식 속에 그 나라의 미래의 운명이 숨어 있다고 해도 지나친 말은 아닐 것이다.

— 이어령, 『디지로그』

위 글은 비빔밥을 융합의 시대정신에 맞는 음식으로 높이 평가하는 것을 주제로 삼았다. 그래서 비빔밥을 만들어 낸 한국인이야말로 글로벌 시대 포용력 있는 문화를 발전시켜 나갈 잠재력이 있고 미래의 나라 발전의 싹이 여기에 있음을 강조하고 있다. 비빔밥에서 그런 융합의 정신을 찾은 것은 글쓴이의 탁견이라고 할 수 있다. 그러나 비빔밥과 융합을 말하는 자리에서 비빔밥에 대한 다양한 분석과 의미 찾기를 하기보다는 비빔밥과 비슷한 쌈 문화 설명으로 넘어갔다가 불고기 문화와 나물 문화로, 거기서 한 걸음 더 내디뎌 익힌 음식 예찬으로 넘어간 것은 주제를 벗어난 것이다.

글쓴이가 말했듯이 쌈이 비빔밥의 변형이라고 해서 이것을 융합의 한 형태로 설명하는 것까지는 의미가 있을 테지만 불고기와 나물, 익힌 음식과 요리를 언급한 것은 한국 음식 예찬이라는 또 다른 주제로 나아간 것이다. 이렇게 하니 아쉽게도 정작 비빔밥의 융합 정신을 수박 겉핥기로 건드리고 넘어갔을 뿐, 이를 깊이 있게 분석하고 설명하지 못하고 말았다.

④ 소주제 사이에 통일성이 있어야 한다. 주제에서 소주제를 분석해

내는 경우에는 대개 소주제 사이에 통일성이 생기므로 이런 걱정은 하지 않아도 된다. 그러나 주제에서 사용되는 개념과 관계없이 소주제를 설정할 때에는 이들 사이의 통일성이 매우 중요해진다. 아래 예문은 소주제의 통일성을 깬 예이다.

▌예문 1

　나는 그믐달을 몹시 사랑한다. 그믐달은 요염하여 감히 손을 댈 수도 없고, 말을 붙일 수도 없이 깜찍하게 예쁜 계집 같은 달인 동시에 가슴이 저리도 쓰리도록 가련한 달이다.

　서산 위에 잠깐 나타났다 숨어버리는 초생달은 세상을 후려 삼키려는 독부(毒婦)가 아니면 철모르는 처녀 같은 달이지마는, 그믐달은 세상의 갖은 풍상을 다 겪고, 나중에는 그 무슨 원한을 품고서 애처롭게 쓰러지는 원부(怨婦)와 같이 애절하고 애절한 맛이 있다.

　보름에 둥근 달은 모든 영화와 끝없는 숭배를 받는 여왕(女王)과 같은 달이지마는, 그믐달은 애인을 잃고 쫓겨남을 당한 공주와 같은 달이다.(중략)

　내가 한(恨) 있는 사람이 되어서 그러한지는 모르지마는, 내가 그 달을 많이 보고 또 보기를 원하지만, 그 달은 한 있는 사람만 보아 주는 것이 아니라 늦게 돌아가는 술주정꾼과 노름하다 오줌 누러 나온 사람도 보고, 어떤 때는 도둑놈도 보는 것이다.

　어떻든지, 그믐달은 가장 정(情) 있는 사람이 보는 중에, 또는 가장 한 있는 사람이 보아 주고, 또 가장 무정한 사람이 보는 동시에 가장 무서운 사람들이 많이 보아준다. 내가 만일 여자로 태어날 수 있다 하면, 그믐달 같은 여자로 태어나고 싶다.

— 나도향, 「그믐달」

위 글은 수필로서 제목이 '그믐달'이므로 그믐달에 대한 글쓴이의 감
상을 표현하는 것이 글의 주제일 것이다. 주제문은 "나는 그믐달을 몹
시 사랑한다."로 표현되어 있고, 이 감정이 마지막 문단에서 "내가 만
일 여자로 태어날 수 있다 하면, 그믐달 같은 여자로 태어나고 싶다."
로 구현되어 있다. 글쓴이는 자신의 이런 감성을 뒷받침하기 위하여 몇
개의 문단으로 그믐달에 대한 글쓴이의 생각을 풀었다.

세 문단의 소주제는 각각 "그믐달은 어떤 달인가"에 대한 글쓴이의
느낌을 적는 것이다. 각 문단의 소주제를 비교해 보자.

문단	소주제문
첫째 문단	그믐달은 요염하여 감히 손을 댈 수도 없고, 말을 붙일 수도 없이 깜찍하게 예쁜 계집 같은 달인 동시에 가슴이 저리도 쓰리도록 가련한 달이다.
둘째 문단	그믐달은 세상의 갖은 풍상을 다 겪고, 나중에는 그 무슨 원한을 품고서 애처롭게 쓰러지는 원부(怨婦)와 같이 애절하고 애절한 맛이 있다.
셋째 문단	그믐달은 애인을 잃고 쫓겨남을 당한 공주와 같은 달이다.
넷째 문단	그믐달은 한이 있는 사람만 보는 것이 아니라 술주정꾼, 노름꾼, 도둑놈도 보는 달이다.
다섯째 문단	그믐달은 가장 정(情) 있는 사람이 보는 중에, 또는 가장 한 있는 사람이 보아 주고, 또 가장 무정한 사람이 보는 동시에 가장 무서운 사람들이 많이 보아준다.

글쓴이가 몹시 사랑하는 그믐달은 어떤 달일까? 첫 문단에서는 '요염한 달' + '깜찍하게 예쁜 계집 같은 달' + '가련한 달'이고, 둘째 문단에서는 '원한을 품고 애처롭게 쓰러지는 원부 같은 달'이다. 그리고 셋째 문단에서는 '애인을 잃고 쫓겨남을 당한 공주 같은 달'이고, 넷째 문단에서는 '한이 있는 사람이 보는 달' + '술주정꾼이 보는 달' + '노름꾼이 보는 달' + '도둑놈이 보는 달'이며, 다섯째 문단에서는 '가장 정(情) 있는 사람, 가장 한이 있는 사람, 가장 무정한 사람, 가장 무서운 사람이 보아 주는 달'이다. 각 문단에서 그믐달에 대한 글쓴이의 느낌을 드러내 보인 것은 개별 문단으로서는 나무랄 것이 없지만 전체적으로 그믐달에 대하여 '몹시 사랑하는 감정'으로 통합하기에는 무리가 있어 보인다.

그믐달	① 깜찍하게 예쁜 계집 같은 달	
	② 가슴이 저리도 쓰리도록 가련한 달	
	③ 한이 있는 사람이 보는 달	원부와 같이 애절하고 애절한 달
		애인을 잃고 쫓겨남을 당한 공주와 같은 달
	④ 술주정꾼, 노름꾼, 도둑놈도 보는 달	
	⑤ 가장 정(情) 있는 사람이 보는 달	
	⑥ 무정한 사람이 보는 달	
	⑦ 무서운 사람들이 보는 달	

그믐달에 대하여 무려 일곱 가지 속성을 제시하였는데 글쓴이의 심정을 '그믐달 같은 여자로 태어나고 싶다'라고 말할 수 있을 정도의 사랑의 감정으로 환원하기에는 매우 어렵다. 그믐달에 매우 다양한 감정

을 이입하고 그럴 수 있는 그믐달을 사랑한다는 의미로 받아들일 수 있지만 그믐달을 묘사하는 데 사용한 개념의 이질성이 너무 심하다는 (소주제가 주제를 통일되게 뒷받침하지 못한다는) 지적을 할 수 있을 것이다.

(6) 뒷받침문장을 나열하는 세 가지 원칙

단위 글이나 짜임글에서 뒷받침 문장을 쓸 때 주의할 점은 똑 같다. 즉 주제문과 소주제문을 뒷받침하기에 적절한 문장을 골라서 쓰는 것이다. 그런데 짜임글의 각 문단에 적을 뒷받침문장을 적을 때에는 2중의 주제화를 염두에 두어야 한다. 먼저 소주제문을 뒷받침하는 것이 가장 급한 일이지만 글 전체의 주제에도 합치되어야 한다. 즉, 짜임글의 뒷받침문장은 소주제를 뒷받침하면서 동시에 주제도 뒷받침하는 것이어야 한다. 그런 의미에서 짜임글의 뒷받침문장을 쓸 때 필요한 요령을 제시한다.

① 통일의 원리를 따르라

하나의 문단은 소주제문과 그것을 뒷받침하는 뒷받침문장으로 구성되어 있다. 소주제문도 아니고 소주제문을 뒷받침하는 문장도 아닌 문장은 문단 안에 존재할 수 없다. 만일 그러한 문장이 있다면, 이 문단에 불필요한 문장이므로 삭제하거나 소주제문을 뒷받침하도록 수정해야 한다. 한 문단 안에 있는 모든 뒷받침문장은 소주제문을 뒷받침해야 한다. 모든 뒷받침문장이 소주제를 통일되게 뒷받침해야 한다는 원리가 뒷받침문장의 통일 원리이다.

  과학기술자의 활동이 연구실에 국한되어 있다는 것은 잘못된 생각
이다. 과학기술과 사회의 관계가 밀접해지면서 오늘날의 주요한 사회
문제를 과학기술과 분리하기는 어려워진 것이다. 물론 연구에만 전념하
는 것이 과학기술자의 본분이라고 주장하는 사람도 있지만 이제 과학
기술은 사회와 따로 떼어 생각할 수 없을 정도로 밀접한 관계를 맺게
되었다.

— 이필렬 외, 앞의 책

  위 글의 소주제문은 "과학기술자의 활동이 연구실에 국한되어 있다
는 것은 잘못된 생각이다."이다. 즉 이제는 과학기술자들이 연구실 밖
에서도 여러 활동을 하고 있음을 말하고자 하는 것이다. 그렇다면 이
소주제문을 뒷받침할 만한 근거가 되는 사례를 제시하면 된다. 소주제
와 뒷받침문장을 분석하여 소주제와 뒷받침문장 사이에 어느 정도 관
련이 있는지 검토해 보자.

소주제문	과학기술자의 활동이 연구실에 국한되어 있다는 것은 잘못된 생각이다.
뒷받침문장1	과학기술과 사회의 관계가 밀접해지면서 오늘날의 주요한 사회 문제를 과학기술과 분리하기는 어려워진 것이다.
뒷받침문장2	물론 연구에만 전념하는 것이 과학기술자의 본분이라고 주장하는 사람도 있지만 이제 과학기술은 사회와 따로 떼어 생각할 수 없을 정도로 밀접한 관계를 맺게 되었다.

뒷받침문장1은 과학기술과 사회가 긴밀하게 연관되어 있음을 제시하였을 뿐 왜 과학기술사가 연구실에 국한되어 있다는 생각이 잘못인지 설명하지 않았다. 뒷받침문장2도 마찬가지로 소주제문을 뒷받침하지 못하였다. 소주제문을 뒷받침하려면 '과학기술자의 활동이 연구실 밖의 여러 곳까지 미치고 있음'을 근거를 제시하여 증명하여야 한다. 사례를 제시하여도 좋고, 앞으로 그럴 확률이 큼을 설명해도 좋다. 중요한 것은 과학기술자가 연구실 안에서 연구만 해야 한다는 생각이 잘못임을 실증적으로 증명하는 내용을 제시하여 주제를 뒷받침하는 것이다. 이 글을 아래와 같이 수정한다면 주제를 뒷받침하는 데 어느 정도 성공한 글이 될 수 있다.

수정 전	수정 후
과학기술과 사회의 관계가 밀접해지면서 오늘날의 주요한 사회 문제를 과학기술과 분리하기는 어려워진 것이다.	과학기술과 사회의 관계가 밀접해지면서 과학자가 사회 각 부문에 직접 나가지 않을 수 없게 된 것이다.
물론 연구에만 전념하는 것이 과학기술자의 본분이라고 주장하는 사람도 있지만 이제 과학기술은 사회와 따로 떼어 생각할 수 없을 정도로 밀접한 관계를 맺게 되었다.	일반인에게 과학기술을 가르치는 것, 연구실에서 얻은 연구 성과를 응용하여 산업화하는 것도 연구실 밖에서 과학기술자들이 해야 할 일이다.

이처럼 주제문 외의 모든 문장은 주제문을 뒷받침할 수 있도록 구성해야 한다.

　사람들은 하고 많은 이별을 생각해 보는 것이다. 흉년에 초근목피를
감당 못하고 죽어 간 늙은 부모를, 돌림병에 약 한 첩 써 보지 못하고 죽
인 자식을 거적에 말아서 묻은 동산을, 민란 때 관가에 끌려가서 원통하
게 맞아 죽은 남편을, 지금은 흙 속에서 잠이 들어 버린 그 숱한 이웃들
을. 바람은 서러운 추억의 현을 가만가만 흔들어 준다.

— 박경리, 『토지』

　위 글의 주제문은 "사람들은 하고 많은 이별을 생각한다."이다. 뒷받
침문장은 '하고 많은 이별'이 무엇인지 제시하는 것으로 되어 있다. 첫
째는 '늙은 부모', 둘째는 '동산', 셋째는 '남편', 넷째는 '이웃'이다. 그리
고 마지막으로 주제를 되살려서 강조하는 뒷받침문장이 나온다. 이 글
의 구조는 아래와 같다.

주제 = 주제문	사람들은 하고 많은 이별을 생각해 보는 것이다.
뒷받침문장1	흉년에 초근목피를 감당 못하고 죽어 간 늙은 부모를, 돌림병에 약 한 첩 써 보지 못하고 죽인 자식을 거적에 말아서 묻은 동산을, 민란 때 관가에 끌려가서 원통하게 맞아 죽은 남편을, 지금은 흙 속에서 잠이 들어 버린 그 숱한 이웃들을.
뒷받침문장2	바람은 서러운 추억의 현을 가만가만 흔들어 준다.

　뒷받침문장1은 서술어 '생각해 본다'가 생략되었다. 여기에 제시된
네 가지 이별 가운데에서 둘째 이별의 대상에 문제가 있다. 다른 이별
과 통일성이 없는 것이다. 둘째 이별은 자식과의 이별을 이야기하려 한

것인데 문장을 잘못 구성하여 '동산'과의 이별이 되고 말았다. 아래와 같이 문장 구성을 바꿔야 통일성이 유지된다.

수정 전	수정 후
돌림병에 약 한 첩 써 보지 못하고 죽인 자식을 거적에 말아서 묻은 동산을.	돌림병에 약 한 첩 써 보지 못하고 죽여 거적에 말아서 동산에 묻은 자식을.

이처럼 뒷받침문장은 주제를 구현하기 위해서 내용과 형식 모든 면에서 통일성을 갖추어야 한다.

② 연결의 원리를 따르라

여러 뒷받침문장을 나열할 때에 아무 질서 없이 나열한다면 독자가 읽기 불편할 뿐 아니라 내용을 이해하기도 어렵다. 일정한 원리나 순서에 따라서 나열하여야 읽기도 쉽고 내용을 이해하기도 쉽다. 그래서 뒷받침문장을 여럿 나열할 때에는 각 뒷받침문장이 일정한 규칙에 따라서 연결되도록 하는 것이 뒷받침문장의 연결 원리이다.

뒷받침문장을 연결할 때 어떤 규칙이나 원리에 따르는 것이 좋을까? 여기에는 시공간 연속성의 원리와 논리적 연속성의 원리가 적용된다. 시공간 연속성의 원리는 시간의 흐름에 맞추어, 또는 장소의 가깝고 먼 정도나 넓고 좁은 정도 등에 맞추어 뒷받침문장을 구성하는 원리이다. 경우에 따라서는 예시한 물건의 크기에 따라서 나열할 수도 있다. 이는 뒷받침문장의 나열에서 일정한 순서를 독자가 깨닫게 함으로써 독자의 이해도를 높이기 위함이다.

시공간의 연결성

시간과 공간의 연속성에 따라서 뒷받침문장이 연결되도록 하는 원리를 시공간의 연결성이라고 한다. 사람을 볼 때 대개 먼저 그 사람의 눈을 보게 된다. 그리고 시선이 아래로 내려와 그의 몸을 본다. 그렇다면 사람을 묘사할 때에는 그 사람의 얼굴을 먼저 묘사한 뒤에 몸매를 묘사하는 것이 순서일 것이다(물론 글쓴이의 생각에 따라서 이와 전혀 다를 수 있다). 특정한 장소를 묘사한다면 가까운 곳에서 먼 곳으로 또는 왼쪽에서 오른쪽으로 마치 비디오를 찍는 것처럼 묘사할 수 있고 그 반대 방향으로 묘사할 수도 있다. 사건의 진행 과정을 설명한다면 시작된 때부터 마지막 시간까지 시간의 진행 순서에 따라서 설명할 것이다. 이렇게 한 방향으로 설명하는 것이 글을 읽는 사람들에게 쉽게 인식되고 이해될 수 있기 때문이다. 아래의 예문에 이 원리가 작동하고 있음을 알 수 있다. 시간은 앞에서 뒤로, 공간은 가까운 곳에서 먼 곳으로 (또는 그 반대 방향으로), 방향은 한쪽에서 다른 한쪽으로 생각과 눈을 돌리면서 묘사하거나 설명하는 것이 좋다.

■ 예문 1

언제 떠올랐는지 모를 그믐달이 동녘 하늘에 비스듬히 걸려 있었다. 밤마다 스스로의 몸을 조금씩 조금씩 깎아내고 있는 그믐 달빛은 스산하게 흐렸다. 달빛은 어둠을 제대로 사르지 못했고, 어둠은 달빛을 마음대로 물리치지 못하고 있었다. 달빛과 어둠은 서로를 반반씩 섞어 묽은 안개가 자욱이 퍼진 것 같은 미명을 만들어내고 있었다. 그 아슴푸레함

속으로 바닷물이 실려 있는 포구와 햇솜 같은 흰 꽃의 무리를 이루고 있는 길내밭이 아득히 널었다. 바닷가를 따라 이어지고 있는 긴 방죽 위의 길은 희끄무레한 자취를 이끌며 뻗어나가고 있었다. 그 끝머리에 읍내가 잠들어 있었다. 읍내 너머의 들녘이나 동네는 켜켜이 싸인 묽은 어둠의 장막에 가려 자취가 없었다.

— 조정래, 『태백산맥』

위 글의 주제는 '읍내와 그 주위의 새벽 모습을 묘사하는 것'이다. 읍내를 묘사하기 위하여 읍내 주위를 묘사하는 것부터 시작하였다. 글을 읽으면 독자는 시간의 흐름과 함께 공간을 바라보는 시각이 점점 변하는 것을 느낄 수 있을 것이다. 처음에는 동녘의 달빛, 그 밑으로 자욱하게 퍼진 안개, 그 밑으로 포구와 갈대밭, 그리고 거기서 이어지는 방죽, 방죽의 끝에 있는 읍내, 이처럼 연속적으로 시각이 이동한다. 시각의 이동을 한 방향으로 연결되도록 함으로써 글의 연결성을 확보하였다.

▌예문 2

자애학원은 안개 속에 서 있었다. 교문을 지나 주차장에 차를 세우려는데 청색의 고급승용차가 그의 옆에서 시동을 거는 것이 보였다. 창문을 열고 무슨 말인가 건네려고 했으나 청색 차의 운전자는 안개 따위는 아무렇지도 않다는 듯한 표정으로 차를 출발시켰고, 이어 무서운 속도로 흰 안개의 벽 너머로 사라졌다. 차창 안으로 벗어진 머리가 얼핏 보인 것이 그가 파악한 인상착의의 전부였다. 그는 안개로 가득 찬 주차장에 조심스레 차를 세웠다. 바닷가에서 바람이 불어올 때만 커튼 자락이 열리듯이 자애학원의 거대한 석조건물이 얼핏 모습을 드러냈다가 이내 다시 흰 안개에 덮였다. 그는 차에서 내렸다.

— 공지영, 『도가니』

위 글은 뒷받침문장을 시간의 흐름에 맞추어 구성하였다. 즉, 시간의 흐름에 따라서 누가 무슨 행위를 했는지 차례로 적음으로써 뒷받침 문장의 시간적 연결성을 지킨 것이다.

논리적 연결성

주제를 뒷받침하기 위하여 여러 뒷받침문장을 논리적 순서로 연결해야 하는 경우도 있다. 귀납법, 연역법 같은 논리 전개 방법으로 주제를 뒷받침하는 것을 논리적 연결이라고 한다. 우리가 쓰는 글에는 의식하든 의식하지 않든 이런 논리적 연결 구조가 사용되는 경우가 많다.

▌예문 1

세속적인 의미에서 '실용적'이란 말은 무엇을 의미할까요? 예를 하나 들어봅시다. 어떤 사람이 화재가 난 건물의 지붕 위에서 발을 동동 구르고 있습니다. 친구들이 모여 여러 가지 제안을 내놓습니다. 한 친구가 옆집에서 사다리를 가져오자고 제안합니다. 다른 친구는 그 사람을 옆집 지붕으로 올라가게 한 다음 빗물받이로 내려오게 하자고 의견을 냅니다. 이런 제안들은 실용적이지요. 한편, 세 번째 친구는 화재의 원인이 무엇인지 혹은 친구가 탈출하려고 하는 이유가 무엇인지를 알고 싶어 합니다. 이런 의문들은 핵심에서 벗어났다는 이유로 즉각 제지당합니다. 아니면 한창 바쁜 사람에게 다가가 충고를 해 보세요. 그 충고가 실용적인지 아닌지 금방 알게 됩니다. 당면한 문제를 쉽게 해결할 만한 구체적이고 상업적인 메커니즘을 만들어내서 여러분이 실용적인 사람이란 것을 보여 주면, 사람들은 금방 귀를 기울일 것입니다. 하지만 사업가에게 왜 그토록 열심히 돈을 벌려고 하는지를 묻고 그럴 만한 가치가 있는지 의구심을 보이면 장막이 드리워질 것입니다. 그 사업가는 여러분을 한가한 사람으로 여길 테고 여러분은 전처럼 그의 신뢰를 회복하기 어려울 것입니다. 그러므로 '실용적'이란 말은 당면한 문제와 관련되었다는 뜻으로 들립니다. 어른들은 보통 '당면한 일거리'가 있고, 어떤 일로 바쁘며, 목표를 향해 달려갑니다. 실용적이란 말은 이미 달려가고 있는 목표에 도움을 주는 것이고, 비실용적이란 말은 목표 그 자체를 반성하는 것입니다.

— 윌리엄 앨런 닐슨 엮음, 『열린 인문학 강의』

'실용적'이란 말의 의미를 설명하기 위해서 귀납적 방법이 사용되었다. 먼저 화재 속에 있는 사람을 구하기 위해서 제안한 방법이 실용적인가 아닌가를 판단하여 어떤 것이 실용적이고 어떤 것이 비실용적인지 판단하였다. 다음으로 사업가에게 건네는 충고 가운데에서 실용적인 것과 비실용적인 것을 판단하였다. 그리고 이 두 사건에서 얻은 결론을 이용하여 '실용적'이라는 말은 당면한 목표에 도움을 주는 것이고, 비실용적이란 말은 목표에 대해서 이러쿵저러쿵 이야기하는 것이란 결론을 내렸다.

▌예문 2

　우리 사회가 빈익빈 부익부의 현상에 비틀거린다면, 우리 사회의 신문 역시 부유한 자의 속성에 비틀거리고 있다. 신문사의 주인은 대재벌급의 기업가, 그들이 밑바닥 인생들의 문제에 기본적으로 관심을 표시할 이유가 없다. 그들은 자기의 신문 경영에 막대한 영향력을 행사하고 있는 정치권력의 비위를 일부러 거스를 필요가 없기 때문이다. 하지만 신문 경영도 하나의 장사이므로 신문을 사 보는 독자들의 구미에 당기는 기사를 제작할 필요는 있다. 그러나 신문의 독자층이래야 대체로 중산층이다. 그들의 구미를 맞추려면 엘리사베스 테일러 같은 깃으로도 충분하다고 신문 경영자들은 판단한다. 그리하여 대부분의 서민대중들은 신문과 인연이 멀어지게 마련이다. 그들이 신문을 사서 보는 일도 드물거니와 그들의 문제가 신문에 취급되는 일도 드물다.

— 조영래, 『전태일 평전』

　이 글은 "우리 사회의 신문이 부유한 자의 속성에 비틀거리고 있다." 라는 주제를 실현하기 위하여 연역적인 방법을 사용하였다. 먼저 신문사 사주가 대재벌급의 기업가라서 밑바닥 인생들의 문제에 기본적으로 관심을 표시할 이유가 없다는 것에서 신문이 부유한 자의 속성에 비틀거리는 근거를 찾았고, 다음으로 신문 독자가 중산층이므로 이들의 구미를 맞추려면 신문이 연예, 오락 같은 기사를 쓰지 서민대중의 삶에 관한 기사를 쓸 이유가 없다고 생각하여 주제를 실현할 또 다른 근거를 찾았다. 이 두 가지 근거로 "우리 신문이 부유한 자의 속성에 비틀거리고 있다."라는 결론에 이르렀다. 이 글처럼 두괄식을 택하는 논설문은 연역적 논리 전개 방식을 취한다. 연역적 논리 전개를 택한 글에서 뒷받침문장을 주제의 근거가 될 수 없는 문장으로 만든다면 논리의 연결이 끊어질 수 있다.

▌예문 3

아시아에서는 기독교 전파가 쉽지 않았는데 그 이유는 일반 대중이 대부분 문맹이라 성경을 읽지 못했기 때문이다. 이런 사정은 문자는 있지만 문자 자체가 배우기 힘든 인도 등의 나라도 마찬가지였다. 중국이야말로 제일 안 좋은 경우인데, 지배층에서는 고고한 문화를 논하며 편안히 지내는 동안, 대중은 일자무식으로 소문, 귀동냥, 그리고 미신만 믿으면서 살아왔다. 극동에서 한국은 유일한 예외인데, 그들에게는 누구나 쉽게 배우고 쓸 수 있는 글자가 있었다. 어떤 선구자적인 본능이 작용했는지 모르지만 한국에서는 460년 전에 간단한 표음문자가 발명되었다. 따라서 남녀노소, 빈부의 차이, 직업의 고하, 생계의 방법을 막론하고 누구나 글을 읽을 수 있었다. 요즘 교회 일을 보는 한국인들 중에는 평생 학교를 가본 적이 없는 사람도 많다. 선교사들은 세종대왕이 발명한 한글로 성경을 번역했고, 그리하여 이 은둔의 나라에 사는 사람들은 에덴동산에서 갈릴리 바다에 이르기까지 성경 이야기를 훤히 알게 되었다. 또 한국에는 이미 하늘에 계시는 '하나님'이라는 개념이 있어서 우리가 전하고자 하는 유일신 개념을 쉽게 전할 수가 있었고, 하나님이 우리의 일상생활을 어떻게 주관하는지 쉽게 이해시킬 수 있었다. 한글은 복음 전파의 선교활동을 아주 쉽게 해 주었다. 이에 비해 중국 사람이나 일본 사람들은 유일신 개념이 없다.

— 엘리자베스 키스, 『영국화가 엘리자베스 키스의 코리아 1920~1940』

③ 충실성의 원리를 따르라

처음 글을 쓰는 사람은 대개 자기가 알고 있는 것, 생각하고 있는 것 중에서 당장 손에 잡히는 한두 가지를 글감으로 삼아 글을 쓴다. 어쩌면 당연하다고 해야 할 일이지만 글쓰기를 익히고자 하는 사람에게는 별로 좋은 방법이 아니다. 왜냐하면 한 사람의 지식과 경험은 제한되어 있어서 거의 상식적인 글감을 사용하게 될 확률이 높다. 우리가 익히 아는 바와 같이 글을 상식적으로 쓰면 사람들이 읽지 않는다. 뭔가 독특한 자료와 시각이 필요한 법이다. 그래서 가장 좋은 뒷받침 글감을 마련하기 위해서는 품을 팔아야 한다. 책을 읽어서 글감을 구하고, 관련자를 찾아가서 글감을 만들어 오는 등의 노력을 해서 상식적으로 알고 있는 것을 넘어 특별한 것으로 뒷받침하려는 노력을 기울여야 한다. 글쓰기는 좋은 글감을 많이 모아서 적절하게 뒷받침을 하는 것이다. 그래서 뒷받침을 적절한 것으로 많이 하는 것이 좋다. 이것이 뒷받침의 충실성 요건이다. 뒷받침이 충실하면 충실할수록 주제화는 강력하게 이루어진다.

아래 연설문은 연설자가 상대를 설득하기 위한 충실한 뒷받침을 하지 않아서 일방적인 연설이 된 예이다. 뒷받침이 충실하지 않으면 설득력이 없고 그래서 상대의 동의를 이끌어 내기 어렵다. 다시 말하면 주제화가 어렵다는 말이다.

■ 예문 1

정부 조직 개편안 지연에 대한 대국민 담화문

존경하는 국민 여러분, 오늘 새 정부가 출범한 지 일주일째 되는 날입니다. 산적한 현안과 국민의 삶을 챙겨야 할 이 시기에 저는 오늘 참으로 안타깝고 송구스러운 마음으로 국민 여러분 앞에 섰습니다.

지금 북한의 핵실험과 연이은 도발로 안보가 위기에 처해 있고, 글로벌 경제위기와 서민경제도 매우 어려운 실정입니다. 우리가 극복해야 할 현안과 국민 경제가 위협받고 있는 상황에서 새 정부 출범 일주일이 되도록 정부조직법 개정안이 국회를 통과하지 못해 국정에 심각한 차질이 발생하고 있습니다. 이것은 헌정 사상 초유의 일입니다.(중략)

국민 여러분, 이번에 마련한 정부조직 개편안은 오랜 고심과 세심한 검토 끝에 만들어진 것입니다. 글로벌 경제위기가 지속되고 우리 경제가 성장의 한계에 부딪힌 상황에서 이것을 극복하고 미래로 도약하는 데에 모든 초점을 맞췄습니다. 새로운 성장동력을 만들어 국가경쟁력을 강화하고, 좋은 일자리를 많이 만들어서 국민의 삶을 더 나아지게 만들겠다는 목적 이외에 어떠한 정치적 사심도 담겨있지 않습니다. 일부에서 주장하는 방송 장악은 그것을 할 의도도 전혀 없고 법적으로도 불가능합니다. 그 문제는 이 자리에서 국민 앞에서 약속드릴 수 있습니다. 대통령으로서 국가와 국민을 위한 충정의 마음을 정치권과 국민들께서 이해해 주실 것을 당부 드립니다.

저는 우리 경제가 한 단계 더 도약하고, 질 좋은 일자리를 창출하려면 반드시 과학기술과 방송통신의 융합에 기반한 ICT 산업 육성을 통해 국가 성장 동력을 마련해야 한다고 생각합니다. 이것은 저의 신념이자 국정철학이고 국가의 미래가 달려있는 문제입니다. 저는 대한민국의 대통령으로서 국가의 미래를 위해 이 문제만큼은 물러설 수 없다는 절박한 심정입니다.

그동안 야당이 우려하는 대표적인 사항을 많이 받아들였습니다. 그 결과 많은 부분에서 원안이 수정됐고, 이제 핵심적이고 본질적인 부분만 남겨놓은 상황입니다. 이것이 빠진 미래창조과학부는 껍데기만 남는 것이고 굳이 미래창조과학부를 만들 필요가 없다고 생각합니다. 그래서 이 부분은 국민을 위해 받아들이기 어려운 것입니다.

잘 아시듯이 지금은 국민들이 출퇴근 하면서 거리에서 휴대폰으로 방송을 보는 세상입니다. 이렇게 이미 방송과 통신이 융합된 현실에서 방송정책과 통신정책을 분리시키는 것은 시대의 흐름에도 역행하는 것이고 방통융합을 기반으로한 ICT 산업을 우리의 신성장 동력으로 육성하기도 어렵습니다. 그것을 통해서 새로운 시장과 서비스를 만들고 질 좋은 일자리도 창출하겠다는 새 정부의 국정운영도 차질을 빚게 됩니다. 국민들의 경제 살리기 열망에도 부흥하지 못하게 되고 우리 경제는 방향을 잃게 될 것입니다.

야당은 정부가 방송을 상악할 섯이라고 주상하고 있지만 방송의 공정성, 공익성의 핵심인 지상파 종편 보도채널 주제를 모두 방통위에 그대로 남겨두기로 했고 뉴미디어 방송사업자가 보도방송을 하는 것은 지금도 법적으로 금지되어 있습니다. 그것만으로도 부족하다는 의견을 받아들여서 뉴미디어 방송사업자가 직접 보도방송을 하는 것을 보다 더 엄격히 금지하는 방안도 제시했습니다.

이미 수많은 소셜 미디어들과 인터넷 언론이 넘치는 세상에 정부가 방송을 장악하는 것이 무슨 의미가 있겠습니까? 과거의 생각의 틀에서 벗어나지 못하고 본질에서 벗어난 정치적 논쟁으로 이 문제를 묶어 놓으면 안 될 것입니다.(이하 생략)

— 박근혜 대통령 대국민 담화문, 2013년 3월 4일

위 연설의 주제는 국회가 정부조직법을 하루빨리 처리해 달라는 것이다. 그 이유로 국정에 심각한 차질이 생기고 있기 때문임을 제시하였다. 이유가 타당하므로 주제는 제대로 정립되었다고 볼 수 있다. 합리적인 사람이라면 이 점에 대해서 반대할 수 없을 것이다. 이 연설에서 우리가 기대할 수 있는 핵심은 국회가 정부조직법을 빨리 처리하도록 야당을 설득하는 일일 것이다. 그리고 그 방법은 주장의 뒷받침을 충실하게 설명하여 야당이 반대할 수 없게 하는 것이다. 그런데 이 연설문에는 그런 충실성이 부족하다는 평가를 할 수 있다.

우선, 대통령은 정부조직법을 "오랜 고심과 세심한 검토 끝에 만들

어진" 것이라고 강조했는데 그렇다고 해서 국회가 그냥 통과시켜야 하는 것은 아니다. 대통령이 오랜 고심과 세심한 검토를 했다면 국회도 그 이상으로 오랫동안 세심하게 검토해야 하는 것은 당연하다. 만일 대통령이 세심하게 검토했으니 국회는 빨리 처리하라고 한다면 그것은 독선적인 태도일 따름이다. 지금 문제가 되고 있는 논점을 충실하게 설명하여 야당뿐 아니라 국민도 대통령의 생각을 이해하도록 해야 한다.

대통령이라면 일방적으로 자기 말을 믿어 달라고 말하지 말고 좀 더 충실한 뒷받침으로 설득하는 노력을 해야 한다. 뒷받침이 충실하지 않은 글은 또 다른 의문을 만들어 낼 수 있다.

7. 중간 제목 만들기

큰 주제로 글을 쓰면 제목과 소주제 사이에 중간 제목이 필요해진다. 제목 하나로 수많은 소주제를 다 포괄하기는 너무 복잡하기 때문에 소주제를 모둠짓기 방식으로 분류하여 한 개념으로 묶는 것이 글을 쓰는 사람이나 읽는 사람에게 도움이 된다. 제목-중간 제목-소주제의 형태일 때는 중간 제목을 한 번 설정하면 되지만, 글의 분량이 많으면 제목-중간 제목-소제목-소주제처럼 중간 제목을 2단계로 설정하기도 한다. 여기서는 이 중간 제목을 설정하는 요령을 설명한다.

(1) 중간 제목의 설정과 제목 피라미드

지금까지 하나의 제목과 그 밑에 몇 개의 문단이 있는 비교적 단순한 짜임글을 설명했다면 복잡하고 폭넓은 주제를 다루는 글쓰기 단계로 들어가 보자. '정의란 무엇인가'라는 주제로 글을 쓴다면 어떤 사람이 쓰든 정의의 일반적인 뜻을 설명할 것이고, 사회적으로 이 말이 어떻게 쓰여 왔는지 살필 것이다. 특히 유명한 사상가들이 이 말을 어떻게 사용했는지 확인하는 것도 매우 중요하다. 그 밖에도 일반적으로 정의에 부합한다고 생각하는 것들의 속성이 어떤지 파악하여 우리가 정의를 어떻게 이해하고 있는지도 점검해야 할 것이다. 이런 많은 과정을 거쳐서 자신이 생각하는 정의의 개념을 제시할 것이다. 그러려면 이제까지 익힌 '한 제목 여러 문단 글'의 구성으로는 이 방대한 내용을 다 적어낼 수 없다. 그래서 논점의 부문별로 글을 나누고 각 부문에 별도의 제목(중간 제목과 소제목)을 달아 준다. 그러면 글이 아래와 같은 구성을 취하게 될 것이다. 이것을 '제목 피라미드'라고 한다.

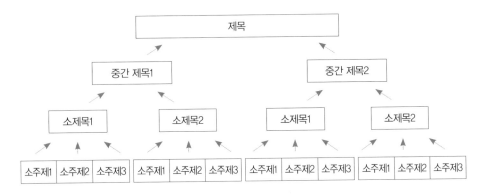

이 그림을 보면, 소주제를 모둠짓기하여 소제목을 설정하고, 다시 소제목을 모둠짓기하여 중간 제목을 설정한 모습이다. 폭넓고 복잡한 글을 쓰려면 이런 제목 피라미드를 만들지 않을 수 없게 된다. 앤드류 달비의 책『언어의 종말』의 차례에 나와 있는 제목을 검토해 보자.

제목	언어의 종말(Language In Danger)
중간 제목	제1장 언어와 인류/ 제2장 언어와 변화/ 제3장 언어와 공동체/ 제4장 언어와 국가/ 제5장 세계적인 언어가 되는 법/ 제6장 우리가 언어를 잃는 순간/ 제7장 다양성의 상실
소제목	(제1장)언어의 본질/ 언어는 어떻게 분화했는가/ 언어는 어떻게 통합되는가/ 경쟁하는 언어들/ 세계의 언어들/ 언어의 확산과 쇠퇴
	(제2장)라틴어가 유럽을 정복하다/세계 제국 내에서의 다중 언어 병용/ 지역 언어는 어떻게 사멸했는가/ 그리스 어와 라틴 어가 거둔 승리/ 언어와 가정
	(제3장)다수와 소수의 태도/ 다중 언어 병용/ 이중 언어 병용/ 다중 언어 병용 정책과 그 결과
	(제4장)언어의 적들/ 현대의 언어 민족주의/ 언어 민족주의와 현실 세계/ 북아메리카 언어들과 유럽인의 정착/ 사고방식의 변화
	(제5장)국가의 교육과 국가의 발전/ 영어의 부상/ 영어로 집중되다/ 영어 혹은 영어들
	(제6장)언어의 소실, 그리고 문화의 소실/ 언어의 소실에 대한 인간의 척도/ 언어들의 내세/ 흔적 없이 사라졌는가?/ 캘리포니아의 언어들
	(제7장)세계에 대해 말하다/ 언어와 사고/ 언어적 다양성의 필요성/ 언어의 소실/ 우리가 직면한 손실들

즉, 책의 제목 밑에 7개의 중간 제목이 '장'으로 구별되어 있고, 각 장에는 5, 6개의 소제목이 제시되어 있다. 글의 내용은 각 소제목을 여러 개의 문단으로 나누어 설명하는 구조를 취하고 있다.

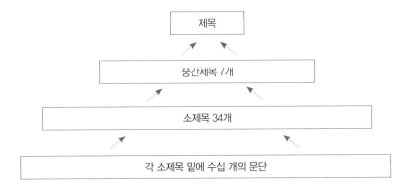

여기서는 소주제를 모둠짓기하는 방식으로 주제화하는 방법을 설명하였는데, 거꾸로 제목을 하위 제목으로 분석하여 중간 제목을 만들고, 중간 제목을 다시 하위의 소제목으로 분석하는 방식으로 주제화를 할 수 있음은 이미 설명한 바와 같다.

제목 피라미드를 만드는 이유는 제목의 주제를 몇 개의 하위 제목의 주제로 나누고, 그 하위 제목의 주제를 다시 그 하위 제목의 주제로 나누어서 마지막에는 가장 간단하고 단순한 형태의 문단 주제(소주제)를 설정하는 것이 주제를 구현하는 데 효과적이기 때문이다. 이 경우에 문단의 소주제가 모여 바로 위의 소제목을 실현하고, 소제목이 모두 모여 그 위의 중간 제목을 실현하고, 중간 제목이 모두 모여 제목인 주제를 실현할 수 있게 된다. 제목 피라미드는 이 메커니즘을 구현하는 장치이다. 논문이나 단행본 같은 큰 작품을 쓰는 사람이라면 제목 피라미드를 만드는 것은 피할 수 없는 작업이다.

(2) 제목 피라미드와 책의 차례

책이나 논문에 따라서 조금씩 다르지만, 제목 피라미드에 있는 중간 제목은 대체로 차례에 나타난다. 물론 제목은 책의 표지에 나타난다.

책의 제목	
제1장: 중간 제목	제2장: 중간 제목
제1절 소제목	제1절 소제목
1문단: 소주제문 + 뒷받침문장	1문단: 소주제문 + 뒷받침문장
2문단: 소주제문 + 뒷받침문장	2문단: 소주제문 + 뒷받침문장
제2절 소제목	제2절 소제목
1문단: 소주제문 + 뒷받침문장	1문단: 소주제문 + 뒷받침문장
2문단: 소주제문 + 뒷받침문장	2문단: 소주제문 + 뒷받침문장

위의 표와 같은 제목 구성을 마치면 비로소 제1장 제1절 소제목의 제1문단부터 글을 쓰기 시작하는 것이다. 물론 위 차례표는 단순한 예시이므로 실제는 이와 다른 구성을 보일 것이다. 어떻든 글을 쓰기 전에 또는 글을 쓰는 중이라도 이런 차례표를 완성하여야 글을 자기가 의도한 방향으로 쓸 수 있을 뿐 아니라 주제를 향하여 일사분란하게 쓸 수 있다.

글을 쓰다 보면 이미 만들어 놓은 차례표를 수정해야 할 경우가 많이 생긴다. 그럴 때도 이 표 전체를 놓고 수정하여 주제를 벗어나지 않고 가장 효과적으로 주제에 접근할 수 있도록 차례표를 작성하여야 한다.

여러분이 어떤 주제를 가지고 논문이나 글을 쓴다고 가정하고 제목 피라미드를 만들어 보기를 권한다. 예를 하나 들어 함께 제목 피라미드를 만들어 보자. 주제는 '건강하게 사는 법'이다. 그러면 이 주제에 맞게 어떤 하위 제목을 만들어 글을 쓸 수 있을까?

제목: 어떻게 하면 건강하게 살 수 있을까?

중간 제목1: 건강하게 산다는 것의 의미
중간 제목2: 건강하게 사는 방법

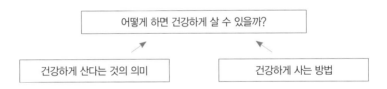

이렇게 일단 제목을 하위 제목 둘로 나눌 수 있을 것이다. 여러분은 어떤 하위 제목을 만들었는가? 나는 이 하위 제목을 몇 개의 소제목으로 나누고 싶다. 왜냐하면 '건강하게 산다는 것의 의미'를 몇 개의 문단으로 설명하기는 어렵다고 느끼기 때문이다. 그래서 아래와 같은 소제목을 만들었다.

제목: 어떻게 하면 건강하게 살 수 있을까?

중간 제목1: 건강하게 산다는 것의 의미
    소제목1: 건강이란 무엇인가?
    소제목2: 건강과 삶의 의미
중간 제목2: 건강하게 사는 방법
    소제목1: 건강을 유지하는 방법
    소제목2: 이렇게 살자

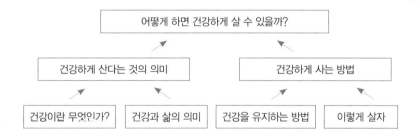

이처럼 소제목이 나오면 소제목을 실현할 문단을 생각한다. '건강이란 무엇인가?'에는 '육체적 건강'과 '정신적 건강'을 논하는 문단을 두고, '건강과 삶의 의미'에는 '건강한 삶의 모습'을 몇 가지 제시하여 설명한다. 그리고 '건강을 유지하는 방법'에는 운동과 음식 섭취 그리고 정신적인 여유 같은 것 몇 가지를 제시하고, '이렇게 살자'에는 몇 가지 삶의 방식 예컨대 '즐기는 삶', '느린 삶' 등의 삶의 방법을 제시하기로 한다. 이런 제목 피라미드가 완성되면 아래와 같은 차례표가 만들어질 것이다.

제목: 어떻게 하면 건강하게 살 수 있을까?

중간 제목1: 건강하게 산다는 것의 의미

　소제목1: 건강이란 무엇인가?

　　1문단: 육체적 건강

　　2문단: 정신적 건강

　소제목2: 건강과 삶의 의미

　　1문단: 사장과 근로자의 서로 다른 삶

　　2문단: 지식인과 노동자의 서로 다른 삶

중간 제목2: 건강하게 사는 방법

　소주제1: 건강을 유지하는 방법

　　1문단: 운동과 쉼의 건강학

　　2문단: 음식 섭취의 건강학

　소주제2: 이렇게 살자

　　1문단: 목표 지향적인 삶보다는 과정 지향적인 삶

　　2문단: 혼자 사는 삶보다는 함께 사는 삶

이런 제목 피라미드가 만들어지면 이제 글을 쓰기 시작해도 좋다. 문단 주제까지 나왔으니 그 주제를 뒷받침하는 문장을 적기만 하면 되기 때문이다. 내가 제목 피라미드를 만드는 동안 여러분도 자신의 제목 피라미드를 만들었을 줄 안다. 이렇게 제목 피라미드를 만들게 되면 어떤 글이라도 쓸 수 있게 된다. 뒷받침에 필요한 자료만 준비하면 말이다.

제목에 몇 개의 하위 제목이 필요한지 판단하는 것과 각 하위 제목을 무엇으로 해야 할지는 오로지 글을 쓰는 사람이 혼자 결정해야 한다. 여러분이 하위 제목을 설정하는 데 주의해야 할 것 두 가지를 소개하겠다.

① 제목 간의 통일성

글의 제목이 여럿 있는 경우에는 상위 제목과 하위 제목 사이에 통일성이 있어야 한다. 모든 제목이 주제의 실현에 도움이 되도록 구성되는 법인데, 그것도 일정한 방향으로 주제를 향하도록 해야 한다. 제목의 통일성은 층위가 많은 글의 제목일수록 지키기가 어려워진다. 아래 제목 피라미드는 한 단행본의 것이다. 여기에 제시된 제목을 검토해 보자.

■ 예시1

책 제목		모든 언어를 꽃피게 하라
하위 제목	1	바벨탑과 그 이후
	2	잔소리꾼의 간략한 역사
	3	말을 사랑하는 또 다른 방법
	4	어떤 언어는 다른 언어보다 더 평등한가?
	5	환영합니다. 이제는 이곳 말을 하시오
	6	말들은 종속되기를 거부한다
	7	언어의 마이크로소프트와 애플
	8	상자가 아니라 구름이다

위 제목 구성을 보면 8개 하위 제목과 상위 제목 사이에 일체감을 찾아보기 어렵다. 지나치게 주관적인 관점에서 제목을 작성한 것 같다. 예컨대 '잔소리꾼의 간략한 역사'나 '상자가 아니라 구름이다'로는 글의 내용을 조금도 예측할 수 없다. 그래서 제목 사이의 통일성이 낮은 수준이다. 물론 하위 제목 아래 있는 소제목을 다시 살펴보면 어느 정도의 통일성을 확인할 수 있지만 적어도 위의 상위 제목과 하위 제목 사이에는 제목의 통일성이 매우 낮다. 하위 제목에서 상위 제목의 주제를 연상할 수 있고, 상위 제목으로 하위 제목에 적혀 있을 내용을 파악할 수 있도록 해야 구성이 잘되었다고 말할 수 말할 수 있다.

▌ 예시2

책 제목		제국의 후예들
하위 제목	제1장	영친왕 이은
	제2장	이방자
	제3장	이구와 줄리아
	제4장	덕혜옹주
	제5장	의친왕 이강
	제6장	이건
	제7장	이우
	제8장	남아 있는 황실의 후예들

이 책(정범준, 『제국의 후예들』)은 부제 '대한제국 후예들의 삶으로 읽는 한반도 백년사'에서 볼 수 있듯이 대한제국의 황실 후예들 곧 고종

의 자손들에 관한 이야기를 실은 것이다. 그런데 책 제목 밑에 구성된 하위 제목을 보면 후예가 아닌 사람들의 이름이 보이는 것을 알 수 있다. 이방자는 일본인이고, 줄리아는 미국인이므로 두 사람은 대한제국 황실의 후예라고 말할 수 없다. 이 두 사람은 대한제국 후예에게 시집온 외국인이다. 물론 이 두 사람을 책에서 언급하는 것은 당연한 일이나 이처럼 독립된 제목으로 내세우는 것은 제목의 통일성을 해친다. 이방자는 이은의 하위 제목으로, 줄리아는 이구의 하위 제목으로 놓아 설명하는 것이 제목의 통일성을 유지하는 길이다.

② 상위 제목이 모든 하위 제목을 포괄하게

상위 제목은 하위 제목에 포함된 모든 정보를 포괄한다. 즉 하위 제목에 적힌 모든 정보는 상위 제목이 갖는 내용의 일부에 한정된다. 그러므로 하위 제목에는 상위 제목에서 사용하는 개념보다 넓은 개념을 사용하면 안 된다.

넓은 개념과 좁은 개념은 상위 개념과 하위 개념으로 표현하기도 한다. '사람-동양인-한국인-서울인'의 피라미드에서 한국인은 동양인보다 좁은 개념이고 서울인보다는 넓은 개념이다. '언어-한국어-서울말-왕십리말'의 피라미드에서 서울말은 한국어의 하위 개념이고, 왕십리말의 상위 개념이다.

제목을 정할 때에 하위 제목은 상위 제목을 구현하기 위해서 세우는 장치이므로 하위 제목에 상위 제목과 같거나 그보다 넓은 개념을 사용할 수 없는 것은 당연한 일이다. 따라서 아래와 같은 제목 피라미드를 만든다면 잘못이다.

위 피라미드에서 아시아인은 동양인과 범주가 겹친다. 따라서 동양인의 하위 개념이 아니므로 소제목으로 사용할 수 없다. 또 독일인은 동양인이 아니므로 소제목으로 사용할 수 없다.

결국 제목 피라미드를 만들 때는 상위 제목에 사용한 개념의 외연과 내포를 알고 그 범위 안에서 하위 제목을 정해야 한다. 위 피라미드는 동양인의 외연을 이용해서 소주제를 설정한 예이다. 만일 내포를 이용해서 소주제를 설정한다면 아래와 같이 될 것이다.

내포를 이용한 위와 같은 제목 피라미드에서 사람의 특징이 아닌 동물이나 생물에게도 해당하는 내용을 사용하면 안 된다. 예를 들면 '잠자기'라는 것을 특징으로 제시하는 소제목을 붙인다면 사람의 특징을 제대로 분석하지 못한 것이다.

③ 실제 차례 검토

그러면 실제 글의 차례표를 놓고 이제까지의 요령을 적용하는 문제를 검토해 보자. 아래 차례표는 『한글의 시대를 열다』(정재환 지음)의 차례를 옮긴 것이다. 이 책 제목 아래에는 '해방 후 한글학회 활동 연구'라는 부제가 붙어 있는 것이 특징이다.

책 제목: 한글의 시대를 열다 – 해방 후 한글학회 활동 연구

제1장 서론
제2장 조선어학회의 재건과 한글학회로의 전환
제3장 조선어학회·한글학회의 교육 활동
제4장 조선어학회·한글학회의 '우리말 도로 찾기' 운동
제5장 조선어학회·한글학회의 한글 전용 운동
제6장 큰사전 간행과 한글맞춤법간소화파동
제7장 결론

우선 책의 제목이 '한글의 시대를 열다'이므로 주제를 가늠하기 어렵다. 따라서 이런 경우에는 차례의 여러 제목을 검토하여 주제를 예상하는 것이 보통인데 이 책에는 다행히 부제가 붙어 있다. 곧 '해방 후 한글학회 활동 연구'가 그것이다. 그러므로 이 책은 해방 후 한글학회 활동 가운데에서 한글의 시대를 열기 위한 한글학회의 활동을 연구 대상으로 삼은 것임을 알 수 있다. 이 정도의 사전 지식을 가지고 이 책의 차례를 검토해 보자.

여러분은 곧 책 제목의 부제와 제3장, 제4장, 제5장의 하위 제목 사

이에 이상한 점을 발견했을 것이다. 부제는 '해방 후 한글학회 활동 연구'인데 제3상부터 제5장까지 제목에 '조선어학회·한글학회'를 씀으로써 조선어학회와 한글학회의 활동을 함께 연구한 것임을 암시하고 있다. 그렇다면 부제를 '해방 후 조선어학회·한글학회 활동 연구'라고 해야 할 것이다. 그러나 조선어학회(1931년 세움)는 해방 전에 있던 단체이므로 해방 후 한글학회 활동 연구의 범위를 넘어선다. 상위 제목의 연구 범위보다 하위 제목의 연구 범위가 더 넓어져 앞에서 설명한 "하위 제목에는 상위 제목보다 더 좁은 개념을 사용하라"에 어긋난다.

사실 부제를 살리려면 하위 제목에 '조선어학회·한글학회'를 쓰는 대신 그냥 '한글학회'만 쓰면 된다. 그래도 책의 내용이 훼손되지 않는다. 그런데 군이 부제는 '한글학회 활동 연구'라고 하고 하위 제목에 '조선어학회'를 다시 넣은 것은 제목의 통일성을 해친다. 아래와 같이 중간 제목을 설정하면 무리가 없다.

책 제목	책 제목: 한글의 시대를 열다 (부제: 해방 후 한글학회 활동 연구)
중간 주제	제1장 서론
	제2장 조선어학회의 재건과 한글학회로의 전환
	제3장 한글학회의 교육 활동
	제4장 한글학회의 '우리말 도로 찾기' 운동
	제5장 한글학회의 한글 전용 운동
	제6장 큰사전 간행과 한글맞춤법간소화파동
	제7장 결론

이번에는 제목을 아주 난해하게 붙인 책 하나를 소개한다. 책 제목은 『경계를 넘는 글쓰기』(한성우 지음)이다. 차례를 보면 아래와 같다.

책 제목	경계를 넘는 글쓰기
중간 제목	제1장 경계 찾기
	제2장 경계 넘기의 준비
	제3장 경계 넘기
	제4장 경계 넘어 터다지기
	제5장 경계 넘어 자유 찾기
	제6장 남은 경계들

중간 제목에 모두 '경계'라는 말이 들어 있다. 제1장에서 넘어야 할 경계가 무엇인지 밝히고, 제2장에서 그것을 넘을 준비를 하고 제3장에서 그것을 넘은 것까지는 일관된 진행이므로 '경계'의 개념만 확실하다면 문제가 없어 보인다. 그런데 제4장부터는 '터다지기', '자유 찾기' 같은 개념이 나와서 책 제목 '경계 넘는 글쓰기'의 범위를 넘어서고 있다. '경계를 넘는 글쓰기'를 쓰고자 했다면 경계를 넘는 지점까지 안내하면 될 터인데, 넘은 다음에 왜 터를 다져야 하고, 왜 자유를 찾아야 하는지 쉽게 이해할 수 없다. 저어도 제목만 본다면 제4장과 제5장은 사족의 성격이 강하다. 이것들이 꼭 필요하다면 제3장의 소제목으로 넣으면 될 것이다. 한편, 제6장 제목은 엉뚱하다. 열심히 경계를 넘었는데 아직 경계가 더 남아 있다니? 이미 경계를 넘어 터도 다졌고, 자유까지 찾았는데, 왜 아직도 경계가 남았다고 했을까? 매우 부자연스러운 제목 구성이다. 제목 피라미드에서 이렇게 방향을 잃게 되면 하위 제목이

나 소제목 그리고 각 문단의 설명은 매우 어수선하고 졸가리가 잡히지 않게 될 것이나. 노대체 경계란 무엇이며, 왜 넘어야 하며, 넘으면 글이 어느 방향으로 어느 정도 좋아질지 제목만으로는 감을 잡기 어렵다는 점에서 제목이 너무 추상적으로 설정되어 있다는 비판을 받을 수 있다.

제목은 너무 주관적인 표현을 붙이지 않는 것이 좋고, 상위 제목과 하위 제목 사이에 범위의 어긋남이 없어야 하며, 모든 제목 사이에는 통일성이 있어야 한다. 이렇게 제목을 설정하면 독자가 책의 차례만 보아도 어느 정도 주제화의 흐름을 알 수 있어서 책을 읽는 데도 도움이 된다.

8. 주제화의 역설

주제화를 한 결과가 독자로 하여금 가치의 모순에 빠지게 만드는 현상을 '주제화의 역설'이라고 한다. 한 사회나 한 인간이 추구할 소중한 가치가 있다면, 그런 가치를 추구하는 방향으로 주제화를 시도하는 것이 일반적이다. 그런데 이러한 가치를 추구하는 글을 썼는데도 주제화의 결과가 그 가치와 모순되는 일이 벌어질 수 있다. 주제화를 이루는 뒷받침문장을 잘못 사용하였을 때에 일어난다.

우리가 주제화를 이야기하는 이유는 글쓴이가 건전하고 유익한 생각이나 주장을 잘 뒷받침하여 독자들이 다양한 이익을 얻도록 하기 위함이다. 그런데 주제화의 결과가 인간 또는 공동체가 추구해야 할 가치와 모순된다면 인간의 선악 관념과 공동체의 유지에 해악을 끼치는 글이 될 수 있다. 아래 예문은 주제화의 역설을 보여 주는 글이다.

■ 예문 1

식민지 한국인의 생활수준

식민지 시기에 한국인의 생활수준이 일제의 수탈로 극도로 열악해졌다고 보는 것이 종래의 통설이었다. 예컨대 생산된 쌀의 절반을 일본에 빼앗겨 한국인은 초근목피의 비참한 생활을 강요당했다는 것이다. 이 같은 수탈론에는 실증적인 근거가 확실하지 않다는 문제점이 있다. 쌀은 일본에 수탈된 것이 아니라 경제 논리에 따라 일본으로 수출되었으며, 그에 따라 일본인을 포함한 한반도 전체의 소득은 증가하였다. 쌀을 대신해서 만주에서 조와 콩이 대용식품으로 수입되었다. 쌀의 1인당 소비기 감소한 것은 사실이지만, 잡곡 등 대용식품과 기타 가공식품을 종합적으로 고려할 때, 1인당 열량 섭취가 줄어들었다고는 단언할 수 없다. 생활비 가운데 식료품비의 비중을 나타내는 엥겔계수도 하락하여 사람들의 생활수준이 개선되었음을 시사하고 있다.

그러나 한국인 전 계층의 생활수준이 개선된 것은 결코 아니었다. 주로 도시부의 상공업자, 기술자, 숙련 노동자와 농촌부의 지주, 자작농의 상층 계층에 한정된 개선이었다. 도시의 비숙련 노동자, 농촌의 하층 빈농과 농업노동자의 생활은 낮은 수준에 머물렀다. 특히 하층 농민의 생활은 비참하였다. 일명 보릿고개라고도 부르는 보리 수확까지의 춘궁기에 식량이 떨어져 야산에서 나물, 풀뿌리, 나무껍질 등을 채취해서 식량으로 삼는 춘궁현상은 해마다 되풀이되었다. 빈곤의 직접적 원인은 영세한 소작시와 높은 소삭료에 있었지만, 근본 원인은 급속한 인구증가에 따른 농촌 과잉인구의 축적에 있었다. 가난에 떠밀려 대량의 인구가 일본과 만주로 빠져나갔지만, 농촌의 과잉인구는 여전했다. 한국에서 농촌 과잉인구가 해소되어 주민의 생활수준에 실질적인 개선이 이루어진 것은 1970년대 중반의 일이다.

— 교과서포럼,『한국 근·현대사』

위 예문은 식민지 한국인의 생활수준이 어땠는지 논리를 갖추어 설명한 글로서 형식적인 주제화 관점에서 치명적인 잘못은 없다. 글은 일본 제국주의의 정책으로 일부 한국인의 생활수준이 향상되었지만 농촌인구의 과잉 때문에 한국인 전체의 생활수준은 그리 높아지지 않다가 1970년대 중반에 비로소 실질적인 개선이 이루어졌다는 것이다.

이 글에는 일본 제국주의의 경제정책으로 한국인의 생활수준이 일부나마 개선되었고, 실제로 농촌 인구까지 완전히 개선된 것은 1970년대 중반이었다는 주장이 내포되어 있어 주제화의 역설이 일어난다. 이 글의 주장이 실증적으로 옳은지 검토해 보아야 하겠지만, 실증적으로 옳다고 가정하더라도 이 주장은 두 가지 면에서 가치의 모순을 일으키고 있다. 일본의 조선 식민 지배를 긍정하려는 의미가 숨어 있는 부분과 1970년대를 관통한 유신독재 체제를 긍정하려는 의미가 깔려 있는 부분이다.

일본이 힘을 앞세워 불법적으로 한국을 지배한 일이나 독립을 요구하는 한국인을 고문하고 죽인 죄는 그 어떤 이유로도 용납할 수 없는 악이다. 그런 악이 행해지던 동안 일부 한국인의 생활수준이 높아졌다고 말하는 것은 악을 선으로 바꾸려는 시도로 볼 수 있다. 또한 70년대 유신독재 시대에 한국의 지식인과 젊은이들이 얼마나 비인간적인 폭력에 시달렸는지는 우리가 익히 아는 바다. 정권에 조금이라도 해가 될 것 같은 모든 언론에 재갈을 물리고, 모든 정치적 집회를 폭력적으로 금지하던 시절에 경제가 발전했다고 말하는 것은 그 폭압 정치를 긍정하려는 시도로 볼 수 있다. 결국 위 예문은 두 개의 악을 선으로 바꾸려는 시도를 한 글이라고 볼 수 있다. 그런 의미에서 이 글은 주제화의 역설을 잘 드러낸 글이다.

주제화의 역설을 바로잡으려면 글의 방향을 바꾸는 수밖에 없다. 어느 방향으로 바꾸는가? 공동체의 공동선에 다가가는 방향이다. 어느 사회나 공동선이 일정하지 않지만 만인 평등의 이상 아래에서 개인의 자유와 행복을 추구하는 것이 공동선에 부합할 것이다. 이런 사회를 정의로운 사회라고 달리 부를 수도 있겠다. 글의 방향이 이런 가치에 어긋나지 않도록 수정된다면 개인의 자유를 유린하는 행위를 경제적 성과를 들어 선으로 포장하는 일을 하지 않을 것이고, 개인의 행복이 망가지도록 하는 악을 경제 논리로 선이라고 말하지는 않을 것이다. 식민지 시기에 발전을 이루었다면, 그 발전은 악이 준 선물이 아니라 악을 극복하고 발전을 이룬 개체들의 승리일 뿐이다. 이런 인식을 바탕으로 글을 쓴다면 주제화의 역설은 일어나지 않을 수 있다.

아래 글을 읽고 이 글의 주제와 소주제를 분석하고, 주제가 적절한지, 주제와 소주제 간에 통일성이 있는지, 소주제의 뒷받침이 적절한지 판단하여 글을 평가하는 짜임글을 A4 용지 3장 이내로 써 보자.

일한합방성명서(日韓合邦聲明書)◆

아! 우리 단군(檀君)으로부터 4천년의 신성한 역사를 지니고 우리 태조(太祖)가 500년 왕업을 창시한 땅에서 살고 있는 2천만 국민 동포여! 국가는 독립하고 국민은 자유로 경쟁무대에 뛰어들 조국 정신이 2천만의 머릿속에 충만되어 있다는 것은 진실로 인정하는 바이다. 만약에 이러한 정신에서 벗어나서 남의 구속과 억압에서 사는 것을 편안하게 여기고, 남의 노예가 되기를 바라서 아부하고 의뢰하는 것만을 달게 여겨 좋아하는 것은 홍노흑만(紅奴黑蠻)의 종족도 오히려 수치스럽게 여길 일이다. 그러나 나라의 정세를 가늠해보고 시기에 맞게 변통하는 것을 잘하지 못하여 도리어 몰락의 독을 흡수하고 멸망의 화를 자초하는 말로에 빠져 들어가도 멍청하게 각성하지 못하는 것은 비유하면 조국에 대한 정

◆ 이 글은 1909년 12월 4일에 일진회장 이용구와 회원 100만 명의 이름으로 한국 동포에게 한국을 일본에 병합하는 것이 한국인이 살 수 있는 유일한 길임을 밝힌 청원문이다. 이들은 이 글과 함께 순종 황제에게 상소로, 내각 총리대신 이완용에게 장서(長書)로, 그리고 일본의 조선통감에게 청원서로 이 뜻을 표명하였다.

신은 머리속에 충만하지만 이미 더는 어찌할 수 없는 한탄을 품게 되는 지경에 이르는 것이나 마찬가지인 것이다. 오늘의 상태는 이 근심을 하지 않을 수 없는 때이다. 생각해 보라! 2천만 국민의 눈앞에 닥친 위급한 형편이 과연 어떠한가? 살래야 살 수 없고 죽을래야 죽을 수도 없다. 이미 노예로 희생되는 비참한 지경에 떨어진 오늘날에 있어서 과거를 돌이켜보고 앞날을 생각하면 어찌 앞길이 막막하고 눈앞이 캄캄한 느낌이 없겠는가? 이것은 하늘이 돌보아주지 않아서도 아니고 사람이 스스로 초래케 한 것이라고 해야 할 것이다.

갑오년(1894)에 일본(日本)은 일청전쟁(日淸戰爭)을 일으켜 거액의 전비(戰費)를 소모하고 수만 명의 군사를 희생시켜 가면서 청(淸)나라의 굴레에서 벗어나게 하고 우리 한국의 독립을 확고히 해주었다. 그런데도 정사를 어지럽히고 호의를 배격하여 이 만대의 기초를 능히 지키지 못한 것은 우리 한국 사람들 스스로가 초래케 한 것이다.

마침내 일로전쟁(日露戰爭)의 인과(因果)를 초래하여 일본의 손해는 갑오년의 10배나 되었으나 우리를 러시아 사람들의 범 아가리에 한 덩어리의 고기로 먹히게 되는 것을 면하게 하고 온 동양(東洋) 판도의 평화를 유지하는 데에 노력하였다. 이런데도 불구하고 이 선린주의(善隣主義)에 즐거이 따르지 않고 도리어 이 나라에 붙었다 저 나라에 붙었다 하는 폐단을 만들어내어 마침내는 외교권을 남에게 넘겨주고 보호 조약(保護條約)을 체결함에 이른 것도 또한 우리 한국 사람들 스스로가 초래한 것이다.

일본과 한국의 관계가 이미 밀접해졌으니 감정을 풀고 기술을 배우며 문명의 모범을 점차 조금씩이라도 받아들여야 하겠는데 도리어 헤이그

〔海牙〕문제를 만들어내어 일대 정국의 변동을 일으키고 7조약(條約)을 계속히여 체결하게 된 것도 우리 한국 사람들 스스로가 소래한 것이나.

시국 형편이 완전히 달라진 뒤로 재산을 늘리는데 힘쓰게 하고 생활을 펴이게 하며 교육을 발전시키고 지식을 넓히게 한 지 3년 동안에 한 가지 사업도 발전시키지 못하고 안으로는 권세와 이익을 다투고 밖으로는 폭도와 비적(匪賊)이 창궐하여 인민의 생활은 아침과 저녁도 고려하지 못하게 되어 점점 극도에 빠지게 한 것도 우리 한국 사람들 스스로가 채택한 것이다.

이토오〔伊藤〕 태사(太師)가 백성들을 보살펴주고 동궁(東宮)을 이끌어주며 우리 한국을 위하여 수고를 다한 것은 잊기 어려운 것이다. 그런데도 해외의 하얼빈〔哈爾賓〕에서 변괴가 생긴 것으로 인하여 일본 전국의 여론이 물끓듯하여 한국에 대한 정책을 근본적으로 해결해야 한다고 주장하고 혹은 어떠한 위험을 불러일으킬지 모르게 된 것도 우리 한국 사람들 스스로가 채택한 것이다.

종래에 우리 한국은 전제(專制) 정치로 인민들의 권리를 속박하여 자유롭지 못하였던 민족인 까닭에 스스로가 채택 한 책임을 지고 있다고 하여도 될 것이다. 과거를 돌이켜보고 앞날을 생각하면 안위존망(安危存亡)을 결코 민족의 책임으로 돌린다고 하지 못할 것이다. 지난날의 교훈이 오래지 않은 만큼 그 전철을 밟지 말고 500년을 지내온 종사(宗社)가 폐허로 되고 2천만의 백성이 한 명도 남지 않을 비참한 지경에 빠질 것이다.

오늘날이 어떠한 때인가? 외교권 한 가지를 이미 넘겨준 결과로 재정이 우리에게 있는가, 군기(軍機)가 우리에게 있는가? 통신이 우리에게 있는가, 법률이 우리에게 있는가? 이른바 조약이라는 것은 하나의 무용지물이 되고 나라의 기백과 백성의 목숨은 빠르게 죽음의 구렁텅이로 떨어져가고 있다. 오늘에 지난날이 다시 오지 않고 내일에 오늘이 다시없는 것이다. 그렇다면 어제 오늘을 알지 못하는 만큼 오늘에 내일을 대처하지 않을 수 없는 것이다.

아! 우리 2천만 국민의 머리속에 충만된 조국 정신을 떨쳐내어 큰 소리로 외쳐서 지금 일본의 여론이 주창하는 근본적으로 해결해야 할 문제에 대하여 그 파란을 안정시키면서 우리 황제 폐하와 일본 천황 폐하가 하늘까지 통할 하나로 뭉친 정성으로 애달프게 호소하여 우리 황실을 만대에 높일 수 있는 기초를 공고히 하고 우리 백성들에게 일등 대우의 복리를 누리게 하며 정부와 사회가 더욱더 발전하게 할 것을 주창하여 일대 정치적 기관(機關)을 이룩하도록 하는 것이 곧 우리 한국을 보호하는 것이다.

죽을래야 죽을 수 없는 우리 2천만 국민은 노예의 멸시에서 벗어나고 희생의 고통을 면하여 동등한 대열에 서서 완전히 새롭게 소생하여 앞을 향하여 전진해보고 실력을 양성한다면 앞날의 쾌락을 누리고 뒷날의 살 길을 찾을 수 있을 것은 확연 명료하다. 아! 오늘 만 번의 죽을 고비를 넘어 한 번 살아날 길을 애달프게 호소하는 것은 단군으로부터 4천년의 역사와 태조가 500년 왕업을 창시한 큰 터전인 종묘사직을 길이 편안하게 하고 신성한 민족을 편안케 하려는 하나의 양심에서 우러나온 것이다. 만약에 이 기회를 이용하지 않으면 하늘의 신령이 반드시 죄를 주리라. 우리 2천만 국민에게 맹세를 다지며 이 뜻을 성명한다.

제4장

글쓰기의 시작,
기록하는 글쓰기

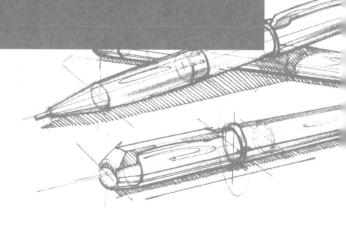

1. 어떤 글을 쓸 것인가

여기까지 읽은 독자라면 언젠가 멋진 글을 쓰고 싶은 생각을 자연스럽게 떠올릴 것이다. 그리고 그런 생각을 가진 사람은 분명히 멋진 글을 쓰게 되리라고 믿는다. 구성이 탄탄하여 한숨에 죽 읽어 내려갈 수 있는 유익하고 명료한 글을 쓰는 것이 꼭 어려운 일은 아니다. 그러니 여러분은 지금부터 글쓰기를 '시작'하면 된다.

아마 나에게 "무엇을 쓰란 말인가?"라고 반문하는 사람은 없을 것이다. 이미 여러분은 3장까지 읽으면서 어떤 결심을 하였을 것이기 때문이다. 어떤 글을 쓰든 주제가 있는 글쓰기를 하면 된다는 것, 또는 주제가 있는 글쓰기를 하면 어떤 글이든 쓸 수 있다는 것을 알았으니 여러분이 평소에 쓰고 싶은 글을 쓰면 된다. 그냥 쓰기 시작하라. 시작이 반이다.

혹 나에게 무슨 글을 쓰면 좋겠느냐고 굳이 묻는 분이 있다면 나는 이렇게 말하겠다. "기록하는 글을 쓰시오." 그렇다. 나는 가능하면 많은 분이 '기록하는 글'을 쓰기 바란다. 기록하는 글쓰기는 비교적 쉽게 시작할 수 있을 뿐 아니라 다른 글쓰기를 가능하게 해 주는 기반이 되기도 한다. 기록하는 글쓰기는 사실을 기록하는 것이다. 그날 있었던 일을 적는 일기도 기록하는 글이고, 신문이나 잡지의 기사도 기록하는 글이며, 주변에서 일어나는 사건이나 일상적 사실을 적은 것도 기록하는 글이다.

기록문을 쓰면 사실이나 사건에 대한 기록이 쌓이게 되어 개인적 글쓰기나 사회적 글쓰기를 할 때에 이를 좋은 글감으로 활용할 수 있어서 좋고, 기록문을 쓰는 동안에 글쓰기 능력이 커질 것이니 더욱 좋은 일이다. 기록문 쓰기를 어느 정도 한 뒤에는 각자 쓰고 싶은 글을 쓰면 된다. 기록문을 써 본 사람은 어느 순간부터 쓰고자 하는 어떤 분야의 글이라도 그리 어렵지 않게 쓸 수 있게 될 것이다.

2. 기록문 쓰기

(1) 기록문 쓰기는 글쓰기의 바탕

기록문이란 어떤 사실을 기록한 글이다. 단순히 객관적인 사실을 그대로 기록하거나 거기에 약간의 해설이나 정보를 덧붙인 글이다. 사건, 행사 따위의 진행 과정이나 특정한 시점에 있었던 여러 가지 일을 기록하는 것이 기록문이다. 기록하는 대상에 따라서 사건 기록, 행사 기록, 회의 기록, 대담 기록, 관찰 기록, 여행 기록, 독서 기록 등 다양한 기록문이 있을 수 있다.

기록문은 사실을 기록하는 글이므로 창작이나 주장하는 글에 비해서 쓰기 쉬운 면이 있다. 특별한 글재주가 없더라도 시간대별로 사건의 진행 과정을 적기만 해도 기록문이 될 수 있고, 일정 기간에 어떤 사람이 한 일을 적어도 기록문이 될 수 있다. 우리에게 가장 친근한 기록문이 일기문이다. 누구나 길든 짧든 일기를 써 본 경험이 있을 것이고 그리고 일부는 여행 기록이나 행사 기록도 써 보았을 것이다. 이처럼 기록문은 누구나 조금씩 써 왔다고 볼 수 있기 때문에 기록문 쓰기는 부담없이 지금 당장 시작할 수 있는 글쓰기 분야이다.

우리나라 사람들이 기록에는 어느 정도 일가견이 있다고 볼 수 있다. 유네스코에 세계기록유산으로 등록된 『조선왕조실록』과 『승정원일기』를 쓴 민족이기 때문이다. 특히 『조선왕조실록』은 주제가 단일한 세계 최장의 기록물이다. 그리고 그 기록을 지켜 온 역사를 보면 우리가 기록에 관한 한 열정이 대단한 민족이었음을 짐작하게 한다.

기록문은 모든 글의 기본이다. 기록문에 근거하여 설명문과 논설문, 연설문과 보고문도 쓰고, 한 걸음 더 나아가서 문학 작품 같은 창작문도 쓸 수 있다. 그뿐 아니다. 좋은 기록문은 영화나 연극 같은 제삼의 문화 상품을 만드는 데도 매우 유용할 수 있다. 그러므로 기록문이 다양하게 나와야 한다. 우리가 정신문화를 발전시키려면 먼저 기록문을 많이 써 놓아야 한다. 모든 국민이 기록하는 즐거움을 알고 이를 하나의 문화로 즐기는 날이 와야 할 것이다.

(2) 기록문의 열쇠는 이야기 구성 능력

기록문은 특별한 형식이 없기 때문에 쓰는 사람의 성격에 따라서 아주 자유스럽게 쓸 수 있다. 그래서 같은 사건을 기록한 기록문이라도 어떤 글이 더 유용하다거나 더 정확한지 판단하여 기록문을 평가하게 된다.

여행 기록문의 예를 들어 보자. 인터넷 포털 사이트에 '산티아고 순례길'이라고 입력하면 산티아고 순례를 다녀온 사람들의 여행기를 수없이 만나볼 수 있다. 여러분이 산티아고 순례길에 대한 정보를 얻고 싶어서 이 여행 기록을 읽어 보면 실제로 여러분이 바라는 정보를 주는 기록문이 그리 많지 않을 것이다. 왜냐하면 많은 여행기가 글쓴이 중심으로 씌어 있기 때문이다. 여기에 실린 여행기는 자기가 어디에서 여행을 시작하였고, 어디에 가는 데 시간과 비용이 얼마 들었고, 어느 숙박소에서 묵었고, 누구를 만나서 무슨 이야기를 나눴는지 사진과 함께 실은 것이 대부분이다.

만일 그 여행기가 어디서부터 어디를 거쳐 며칠 동안 여행한 기록인지 개요를 먼저 적어 놓고 날짜별로 여행한 곳과 만난 사람을 소개했다면, 유용한 정보를 체계적으로 전달하는 기록문이 되었을 것이다. 그런데 여행의 시작과 끝을 보여 주는 지도도 제공하지 않은 여행기가 태반이다. 자기가 출발하여 거쳐 간 도시 이름을 소개하고 사진을 올려놓으면서도 그 도시가 전체 여정에서 어느 지점인지 지도상으로 알

려 준 여행기가 거의 없다. 이렇게 되면 어디서부터 여행을 시작할 것
인지 또 며칠간 여행할 것인지 결정하는 데 별로 도움이 안 될 수 있다.

　여행기를 수필의 일종인 기행문처럼 쓰는 것은 바람직하지 않다. 여
행기는 기록문이므로 사실을 있는 그대로, 경험한 그대로 적어야 한다.
여기에 문학적인 감수성을 집어넣을 필요가 없다. 여행기는 여행을 하
는 시점이 아니라 여행을 마친 뒤에 쓴다. 그러니 여행을 하면서 보고
들은 것을 여행을 마친 뒤에 기억해 내어 정확하게 쓰는 것이 쉽지 않
다. 그래서 여행 중에 끊임없이 메모를 해 두어야 한다. 여행기는 이 메
모를 근거로 해서 여행을 마친 뒤에 적는다. 따라서 정확하고 완전한
여행기를 쓰려면 행위 시점에서 반드시 치밀하게 메모를 해 두어야 한
다. 앞에서 말한『조선왕조실록』도 처음부터 지금 우리가 보는 것과 같
이 기록한 것이 아니라 사초(史草)라는 기록문을 근거로 작성한 것이다.
행위 시점에서 사실대로 기록한 사초가 있었기 때문에 오늘 우리가 보
는『조선왕조실록』이 사실의 기록으로서 가치가 높아지는 것이다.

　행위 시점에서 메모를 충실하게 적으려면 그에 대한 사전 지식을 폭
넓게 갖추어야 한다. 아는 만큼 보이고 보인 만큼 쓸 수 있는 것이 기
록문이라고 말할 수 있다. 그래서 먼저 알아야 할 것을 알고 그래서 보
아야 할 것을 다 본 뒤에 기록문을 작성하여야 한다. 기록문을 수박 겉
핥기식으로 적는 이유는 대상에 대한 지식과 대상을 이해하는 깊이가
부족하기 때문이다. 사람을 인터뷰하면서 그 사람의 약력을 제대로 모
르는 사람, 행사를 기록하면서 그 행사의 내력과 특징을 모르는 사람
은 치밀하게 메모를 할 수 없고 따라서 기록문을 제대로 쓸 수 없다.

메모를 하고 중요한 것을 사진이나 동영상으로 찍어서 기초 자료를 확보히였으면 그것을 풀어내는 능력이 필요하다. 이른바 이야기하는 능력이 필요한 것이다. 단순히 언제 어디서 무엇을 했다는 식은 글이라기보다는 정보에 가깝다. 적어도 글이 되게 하려면 거기에 주제를 갖춘 이야기가 들어 있어야 한다. 그 이야기는 시간과 장소, 사건과 사람 등의 정보를 날과 씨로 엮어서 베를 짜는 것과 같다. 어떤 베를 짤 것인지는 짜기 전에 정해야 한다. 베를 짜는 데 어떤 글감이 주된 글감이고 어떤 글감이 도움 글감인지 판단해야 한다. 역사적 사건이나 특정 행사를 기록하는 경우에도 주제를 정하여 시간과 공간, 사람과 사건을 날과 씨로 엮어 베를 짜듯이 기록문을 만들어야 한다. 조각조각으로 나뉜 기록문은 정보는 될 수 있지만 기록문은 될 수 없다. 조각조각의 정보를 이야기로 엮어 내야 기록문이 된다. 그 이야기를 정보에서 찾아 하나의 주제로 엮어 이야기를 만들어 내는 것이 기록문을 잘 쓰는 능력이다.

(3) 기록문 쓰기에서 지켜야 할 점

기록문은 사실을 기록하는 글이므로 글의 원천은 '사실'이다. 사실을 있는 그대로 적지 않은 기록문은 기록문으로서 의미가 없다. 그래서 기록문을 쓸 때에 가장 조심해야 할 점이 사실을 사실대로 쓰는 것이다. 없는 일을 있는 것처럼 쓰는 거짓말, 사실을 지나치게 부풀리거나 왜곡하는 거짓말, 있는 사실을 일부러 없는 것처럼 쓰는 거짓말 등 거짓으로 기록문을 작성하는 것은 기록문에서 가장 치명적인 오류이다. 신문 기자에게 가장 치욕적인 비난이 "소설을 썼다."라는 핀잔일 것이다. 이는 사실을 보도해야 할 신문이 기자의 사적 이익을 위해서 사실을 왜곡하였음을 비난할 때에 쓰는 말이다. 기록문은 결코 사실이 아닌 것을 말하거나 일부러 글쓴이의 목적을 위해서 사실을 비틀거나 없는 사실을 있는 것처럼 써서는 안 되는 글이다.

그렇지만 "무엇이 사실인가?"는 간단하게 정답이 나올 문제는 아니다. 보는 각도에 따라서 사실이 달라질 수 있기 때문이다. "북한산이 어떻게 생겼는가?"라는 질문에 누구도 정답을 적기 어려울 것이다. 우리가 눈으로 보면서도 북한산을 사실적으로 묘사하는 일은 어렵다. 그래서 자기가 본 북한산을 이야기하는 수밖에 없는데, 이럴 경우 "어느 각도에서 어떤 기준에 따라서 북한산을 본 바로는 북한산은 이렇다." 라고 적어 최소한 다른 사람이 객관적으로 북한산을 이해할 수 있게 하여야 한다. 이런 객관화 작업을 하지 않으면 독자로 하여금 글쓴이의 주관에 휩쓸리게 하는 잘못을 저지를 수 있다.

사건을 기록할 때에 객관화 작업이 제대로 되지 않으면 심각한 문제를 일으킬 수도 있다. 기록하는 사람이 특정 목적에 맞게 사건을 재구성한다면 읽는 사람을 심각하게 잘못 이끌 수도 있는 것이다. 사관에 따라서 역사적 사건을 기술한 결과가 사뭇 다를 수 있고, 기록하는 사람의 처지나 추구하는 가치관에 따라서 정치적 사건을 기록하는 방향이 전혀 다를 수 있다. 어떤 경우이든 기록하는 사람이 완벽하게 객관성을 가지고 사실을 그대로 기록하는 것은 쉽지 않은 일이다. 그렇기 때문에 기록하는 사람이 누구이며 어떤 환경에서 어떤 목적으로 기록하였는지 파악하는 것이 기록문을 읽는 데 매우 중요한 요소가 된다.

위와 같은 여러 제약 조건을 감안하더라도 우리는 기록문을 사실대로 적어야 한다는 기본 인식에서 벗어나서는 안 된다. 즉, 객관화에 필요한 글쓴이의 태도를 명료하게 제시하여야 한다. 그가 기록한 방법과 수단, 정보를 제공한 사람의 인적사항, 기록한 시기, 기록한 장소 등 기록에 대한 객관적인 정보를 독자가 알 수 있도록 제시해 놓아야 한다.

기록문도 하나의 글이므로 기록하여 전하려는 주제가 있어야 한다. 하나의 사건을 기록하더라도 주제를 무엇으로(또는 어떤 사건으로) 잡는지에 따라서 글의 내용이 달라질 수 있다. 큰 사건이라도 한 사람이 그 사건에 어떻게 대응했지에 따라서 기록할 수도 있고, 그 사건으로 어떤 영향이 미쳤는지에 따라서 기록할 수도 있다. 사건이라는 거대 담론에 묻히면 미시적인 부분을 놓치기 쉽고, 미시적인 사실에 갇히면 거시적인 사건의 전개와 그 의미를 소홀히 다루기 쉽다. 그래서 우리는 거대 담론을 주제로 삼더라도 그 주제를 뒷받침할 미시적 문제를 소홀히 취급해서는 안 된다. 마찬가지로 미시적 문제를 주제로 삼더라도 거시적인 사건의 흐름을 놓쳐서도 안 된다. 기록문을 제대로 쓰려면 사실을 객관적으로 적는 노력과 함께 거시적인 부분과 미시적인 부분이 조화하도록 적는 노력이 필요하다.

(4) 기록문 쓰기의 중요한 열매

기록문을 쓰게 되면 적어도 두 가지 열매를 얻을 수 있다. 첫째는 글쓰기 능력을 높이는 일이고, 둘째는 이야기를 풀어내는 기회를 갖게 되는 일이다. 글쓰기 능력 개선에 관해서는 더 설명하지 않겠다. 왜냐하면 앞에서 이미 말한 것처럼 기록문 쓰기가 글쓰기의 기초이기 때문이다. 여기서는 기록문 쓰기의 둘째 열매인 '이야기 풀어내는 기회 마련'에 대해서 설명하겠다.

기록문을 쓰기 위해서 다양한 자료를 조사하고 여러 사람을 만나다 보면 보통 사람들이 모르는 희귀한 정보를 얻게 된다. 한 지역에 대한 세밀한 정보는 물론이고, 그곳에서 있었던 사건과 관련된 숨은 이야기, 특정인과 관련한 새로운 사실 등의 정보를 얻을 수 있게 된다. 그러면 그 지역의 역사와 문화, 사건, 인물 등에 대해서 알차고 생생한 정보를 갖게 되어 앞으로 그 지역의 스토리텔링 개척자가 될 수 있다.

이제 우리나라도 자연 경관을 구경하는 관광의 시대에서 지역의 문화와 역사 그리고 인물과 사건을 엮어 설명하는, 이야기가 있는 '인문 관광'의 시대로 접어들고 있다. 인문 관광의 시대에는 근래 그 지역의 사람과 사건, 문화와 전통 이야기가 관심을 끈다.

요즘 나는 서울에 있는 한글문화 유적지 답사 프로그램을 마련하여 서울시민들에게 선보이고 있다. 이 답삿길에는 특별히 멋진 건물이나 경관이라고 할 만한 것이 하나도 없다. 다만 한국인이라면 또는 문화인이라면 한 번은 가서 보아야 할 유적지를 소개하면서 왜 이곳을 보려고 하는지 설명한다. 일반 답사 여행이나 관광 여행의 눈으로 보면 참으로 볼품없는 구경이지만 답사를 마친 사람은 하나같이 대만족이다. 기록문을 쓰다 보면 이런 인문 관광의 대상을 발굴하여 많은 사람들에게 인문학적 소양을 심어주는 일을 할 수 있다.

최근에 대중문화가 점점 깊이를 더해 가면서 우리의 역사와 문화를 소재로 삼는 사례가 많아지고 있다. 유명한 드라마 「대장금」이 그 대표적인 결과물인데, 이 드라마는 『조선왕조실록』의 기록에서 찾아낸 글감을 이용하여 만든 것이다. 「대장금」뿐 아니라 수많은 사극, 영화가 기록문에서 실마리를 얻어 만들어지고 있다. 한 사회가 가지고 있는 풍부한 기록물이 그 사회의 이차 문화 상품을 만들어내는 자양분이 되는 것이다. 우리가 해방 이후의 사건과 관련해 풍부하게 기록해 나간다면, 앞으로 우리는 매우 다양하고 유익한 문화 상품을 만들어 낼 수 있을 것이다. 이렇게 볼 때 주위에서 날마다 일어나는 일을 무심히 흘려보내지 않고 기록하는 것이 우리는 물론이고 다음 세대의 삶의 질을 얼마나 높여 줄지 가늠해 주는 일이 될 것이다. 그런 점에서 지금 쓰는 기록문은 우리와 우리 후손에게 문화 상품으로서 의미가 큰 열매를 가져다줄 것이다.

3. 기록문의 꽃, 개인사 쓰기

(1) 개인사란?

개인사(個人史, personal history)란 개인의 역사를 기록한 글이다. 개인의 전 생애 또는 특정 시점의 삶의 이야기를 적은 것인데, 자기의 기억을 더듬거나 남의 도움을 받아 적을 수도 있다. 개인사는 자기가 직접 쓰기에 기록문 가운데에서 가장 손쉬운 글이다. 누구나 마음만 먹으면 쓸 수 있다.

사람들은 자기의 과거를 기록으로 남겨서 다른 사람이 읽기를 바라는 경향이 있다. 의미 있는 삶을 살았다고 평가하는 사람의 삶에 대해서는 많은 사람들이 알고 싶어 하므로 일부러 그에게 물어서 그의 삶을 기록으로 남기는 경우도 있다. 후자와 관련된 책으로는 나많이(나이가 많은 사람)들이 구술한 내용을 적은, 뿌리깊은나무사가 간행한 '민중 자서전'이 대표적이라고 할 만하다. 요즘 언어학자들은 지역어 연구를 위하여 나많이들에게 살아온 이야기를 구술하게 하여 이를 전사하는 작업을 많이 하고 있는데, 이들의 구술이 지역어 조사로만 중요한 것이 아니라 지역의 역사 또는 문화사를 복원하는 데도 매우 중요한 의미를 가진다.

자서전은 대개 사회적으로 성공한 사람들이 자신이 특정한 시기에 겪은 이야기를 기록한다. 정치적으로나 사회적으로 큰 사건에 관계된 일을 한 사람들이 쓴 자서전은 많은 사람들이 읽고 사건을 이해하는 데 도움을 받는다. 다만, 이런 자서전은 대개 자신의 업적을 과장하거나 자신의 가문이나 집단을 자랑하려는 경향이 있어서 객관성이 떨어진다는 문제점이 있다.

개인사는 개인의 역사이므로 어찌 보면 사실성이나 객관성이 담보되지 않을 확률이 높은 기록문이다. 그러나 이것을 하나의 역사물로 인식하고 마치 역사학자가 역사를 기록하는 것처럼 사실적이고 객관적으로 기록할 수 있다면 일반 역사가 품지 못하는 소중한 기록을 개인사가 갖추게 될 것이므로 일반 역사를 보완하는 자료로서 가치를 인정받을 수 있을 것이다.

이제까지의 역사가 통치자 중심의 기록으로 만들어져서 중앙 중심, 권력자 중심의 서술이었다면, 개인사는 보통사람의 눈으로 사건을 바라보고 생활인의 생각과 느낌을 가지고 기록하는 것이어서 기왕의 역사가 담을 수 없는 것들을 다양하게 품게 된다. 그래서 개인사를 통해서 그 지역의 문화와 그 시대의 사람들을 이해하는 데 탁월한 기여를 할 수 있다. 개인사는 이제까지의 하향식 역사를 민주적으로 재구성하는 소중한 가치를 가진다.

한편, 개인사는 개인의 역사를 본인이 직접 적는 것이므로 사회적으로 관심을 끌지 못한 사건이나 사람과의 관계를 기록하는 경우가 많을 수밖에 없다. 그래서 어찌 보면 사소한 기록이라고 말해도 틀리지 않을 것이다. 그러나 이런 사소한 기록이 전승되는 과정을 통해서 문화가 만들어지고 유지되는 것이므로 사소하지만 사소하지 않은 기록이다.

개인사와 비슷한 개념으로 가족사(family history)가 있다. 개인사가 한 사람의 경험의 역사라면 가족사는 조부모, 부모, 자녀, 손자에 이르는 가족의 흐름을 알 수 있게 기록한 것이다. 가족사를 기록하면 가족의 정체성을 세우고 과거에 있었던 가족의 발전과 쇠퇴를 이해함으로써 가족의 미래를 설계하는 데 도움이 된다. 1977년 미국 에이비시 방송이 방영해서 세계인을 울렸던 「뿌리」도 알렉스 헤일리의 가족사를 이용한 것이었다.

개인사나 가족사 기록은 기념 또는 추억의 필요성에서 시작되기도 한다. 어떤 일이 있었을 때 그것을 사진으로 찍어 두거나 동영상으로 촬영해서 뒤에 보려 하는 것이 개인사나 가족사의 가장 단순한 계기가 될 수 있다. 사진이나 동영상은 한 순간의 실제 상황을 보여 주는 것으로는 매우 유용하지만 그것은 순간의 기록일 뿐이므로 앞뒤 상황을 제삼자가 이해할 수 없다는 단점이 있다. 즉 그것은 오로지 그 자리에 있었던 사람들만 이해하고 추억할 수 있을 따름이다.

이에 비해서 글로 된 개인사나 가족사는 그 자리에 있었던 사람의 추억을 되살리기도 하지만 그보다는 거기에 있지 않았던 사람에게 그 자리의 의미와 가치를 전달하고 공감하게 하는 역할을 한다. 특히 개인사는 개인을 통해서 당시 그 지역 사람들의 생각이나 생활 또는 주변 환경을 이해할 수 있게 하는 기능을 하기 때문에 제삼자가 이 기록을 통해서 많은 정보를 얻고 영감을 얻을 수 있는 장점이 있다.

개인사는 우리가 흔히 접하는 전기(傳記)와는 다르다. 전기는 주로 어떤 분야에서 성공한 사람들이 쓰는 기록이다. 그러다 보니 공적에 대해서는 과장법이 등장하기 쉽고, 과오에 대해서는 축소나 왜곡, 삭제하려는 경향이 있다. 그래서 전기는 사료로서 부적절한 면이 없지 않다. 이에 반해서 개인사는 성공의 기록이 아니라 생활의 기록이다. 개인사에는 성공과 실패가 별로 중요하게 다루어지지 않는다. 많은 사람들과 어떻게 살았고, 그 과정에서 어떤 일이 있었으며, 무슨 생각을 하고 무슨 목적을 이루기 위해서 노력했는지 사실을 근거로 해서 진실성 있게 적는 기록이므로 전기에 비해서 객관적으로 믿을 만한 글이다.

만일 각 지방자치단체가 자기 지역의 역사와 문화를 지금부터 기록하려 한다면 먼저 지역민에게 개인사를 집필하도록 권장하는 일부터 시작하는 것이 좋을 것이다. 몇몇 인사들의 학식에 맡겨 지방사를 쓰는 것은 그리 좋은 방법이 될 수 없다. 그것은 왕조 중심이나 지도자 중심의 역사와 다를 바 없는 것이 되기 쉽다.

굳이 지역의 역사까지 가지 않더라도 가족의 역사나 개인의 역사를 기록하는 전통을 만들어 보는 것이 좋겠다. 그런 역사를 기록하는 것 자체가 생각하는 능력을 키워 주고 판단력을 길러 줄 수 있을 뿐 아니라 개인의 성취감을 높여 주기도 한다. 개인의 생활이나 생각을 사회적으로 공유함으로써 개인이 사회화하는 좋은 계기를 마련해 줄 것이다. 그래서 나는 많은 사람이 개인사나 가족사를 쓰기 시작하기를 권한다.

요즘은 60대에 은퇴를 하고 나면 할 일이 없는 경우가 많은데 이제 은퇴자들이 각자 삶의 기억을 되살려서 자기와 지역의 역사를 기록하는 일을 하는 것은 어떨까. 자기의 삶의 궤적을 통해서 과거를 평가하기도 하고 자손들에게 성공과 실패에 대한 교훈을 줄 수도 있다. 잘 쓰인 개인사는 새로운 가문을 여는 계기로 작용할 수도 있을 것이다. 자기의 개인사뿐 아니라 자녀들의 성장사를 적는 것도 의미 있는 시도일 수 있다. 자녀들이 어느 나이로 성장할 때까지는 부모가 자녀의 성장사를 적고 그 후부터는 자녀들이 적도록 함으로써 가족의 기록을 부모에서 자녀로 이어가는 가족사가 될 수 있겠다.

(2) 개인사 쓰기

글쓰기는 주제를 드러내는 작업이라는 말을 여러 번 한 것처럼 개인사도 주제가 있는 글쓰기를 한다는 생각으로 써야 한다. 개인사 전체는 자기의 경험이나 보고 들은 바를 자기 손으로 쓰는 행위이지만, 각 꼭지의 글은 모두 주제가 있는 글로 이루어져야 한다. 그래서 하나하나 주제를 정하고 그 주제에 맞는 글감을 선정하여 글쓰기를 해야 한다.

그러나 개인사의 글감은 매우 광범위하여 그것을 하나로 묶을 만한 큰 주제를 제시해야 하는 것은 아니다. 오로지 자기의 기억과 판단력을 동원하여 자기 손으로 쓰는 글이라는 공통점이 있을 뿐이다. 붓다의 모든 경전이 "나는 이렇게 들었다(如是我聞)."라는 말로 시작하는 것처럼 개인사는 "나는 이렇게 보고 듣고 느끼고 생각했다."에 해당하는 글이다.

개이사를 쓰기 시작하려면 먼저 어떤 사건이나 사람에 대한 간단한 메모를 해 두어야 한다. 사건에 대해서는 사건의 실제 상황에 대한 것이 사실과 부합해야 하므로 그 사건이 언제 어디서 어떻게 일어났는지 다른 사람의 기억을 빌리거나 자료를 찾아서 사실 관계를 확정해 놓아야 한다. 사람에 관해서는 그가 누구이고 어디서 태어나 무슨 일을 한 사람인지, 그의 가족과 친구는 누구인지 등등 사실관계를 할 수 있는 한 폭넓게 찾아 메모를 해 두는 것이 좋다. 글을 쓸 때 이 메모가 자기 글의 사실성을 뒷받침해 주어 글이 주관적으로 흐르지 않도록 도울 것이다.

메모도 자기의 손으로 쓴 것이므로 실수가 있을 수 있고, 잘못 쓸 수도 있다. 그래서 가능하면 사실관계를 확인해 줄 만한 사진이나 녹음 또는 동영상을 확보하는 것이 유용하다. 사진이나 녹음 또는 동영상 자료는 객관적인 사료로서도 이용할 수 있는 것이므로 개인사를 지역사 또는 지역 문화사로 활용하게 하는 데 매우 유용한 자료가 될 것이다.

지역에서 어떤 행사가 있을 때에 빠지지 않고 참여하여 사람들과 어울리는 것도 개인사를 만드는 데 도움이 된다. 그런 행사 속에서 사람들과 교감하면서 자기의 생각을 조금 더 여러 사람과 공유할 수 있기 때문이다. 이러한 조건에서 글을 쓴다면 개인사가 지역 사람들의 공감을 더 많이 받을 수 있고, 지역 사람들과 공유할 수 있는 내용이 더 많아져 좀 더 유용한 개인사가 될 수 있을 것이다.

집안에서 시행하는 세시풍속 때에도 하나하나 사진을 찍고 동영상을 촬영해 두는 것이 개인사를 집필하는 데 큰 도움이 될 것이다. 당시 무엇이 화제가 되었고, 그에 대해서 가족들이 어떤 의견을 나누었는지 기록하는 것은 그 가족의 역사나 개인의 역사에서 중요한 자료로 활용될 수 있다.

특별히 자기가 좋아하는 분야가 있다면 그 분야의 일과 관련한 사소한 자료라도 모아서 그것을 정리하여 개인사에 포함해 둔다면 매우 소중한 자료가 될 수 있다. 판소리를 좋아하는 분이라면 자기 지역 어린이들의 판소리 대회나 어른들의 판소리를 녹음해 두고 이를 개인사에 포함해 두면 훗날 그 지역 출신 판소리꾼들의 역사가 되어 지역 문화사를 만드는 데 매우 소중한 자료로 활용될 수 있을 것이다.

우리나라는 근대와 현대를 거치면서 급속한 산업화 과정을 겪은 나라이므로 이 시기를 살았던 개인은 말할 수 없는 독특한 경험이 있다. 정치적으로나 경제적으로 우리는 다른 나라 사람들이 수백 년에 걸쳐 경험한 것들을 한 세대에서 압축적으로 겪었다. 이런 경험을 글로 적어 놓는다면 다음 세대에게도 유용할 뿐 아니라 우리 사회의 정체성을 확립하고 과거와 현재와 미래를 연결하는 통로로서도 매우 의미가 있을 것이다. 또한 다른 나라 사람들과 소통하는 데도 도움이 되리라고 생각한다.

한편 개인사는 우리가 무엇을 잃었고 그것을 어떻게 다시 우리의 자랑스러운 유산으로 복원해서 후세에 물려줄 수 있을지도 생각하게 해 줄 것이다. 그런 점에서 우리 주위에는 개인사 글감이 널려 있다고 말할 수 있다. 시간이 있고 의지가 있다면 우리는 매우 다양한 개인사를 집필하여 공유할 수 있는 매우 좋은 조건을 가지고 있는 셈이다.

▌예문 1

친일 하다가 겪은 고생

"윤 선생은 입과 붓을 움직이는 사람이니까 그런 쪽으로 움직이는 게 좋지 않겠소? 그쪽에서 선생에게 바라는 것은 민심을 융화시키는 데에 선생의 뛰어난 재능을 발휘해 달라는 것입니다. 국가가 큰일을 할 때에는 안에서 잘 뭉쳐서 이를 뒷받침해 줘야 합니다. 그것이 국가와 국민을 위한 길이 아니겠소?" 하면서 그는 '오족협화회'에서 나를 원하고 있다고 말했다. 그때에 만주에는 중국 사람, 만주 사람, 소련 사람, 일본 사람, 한국 사람이 모두 모여 힘을 합치자고 해서 생긴 단체로서 그 단체의 고문이 관동군 사령관이고 회장은 일본군 육군 중장인 혼다였으니 두말 할 것 없이 일본의 앞잡이 노릇을 하는 단체였나. 그 단체는 정치 일에 실권은 없었지만 암암리에 무시 못 할 만큼 세력이 커서 한국 사람 가운데에도 그 단체에 가입한 사람들이 많이 있었다. 나는 이번에도 거절하지 못하고 승낙하지도 못하고 그저 시간을 달라고만 했다.

그런 지 며칠이 지난 뒤에 이시다가 또 나를 불러냈다. 그를 만나 보니 그의 눈초리가 전과 달리 싸늘해져 있었다. 그는 나를 이리저리 훑어 보더니 "밤낮 시간만 끌면 어떻게 하겠다는 거요?" 하고 짤막하게 말하고선 나를 돌려보냈다. 그제는 나도 그 일을 심각하게 생각하지 않을 수 없었다. 생각 같아서는 당장 거절하고 싶었지만 용기 없는 마음에 뭔지 꺼림칙하게 걸리는 구석이 있어서 섣불리 거절을 하지도 못하겠고 그렇다고 그 단체에 들어가자니 나의 민족 감정이 허락하지 않았다.

그런 일 저런 일을 생각만 하며 마음을 정하지 못하다 보니 스무 살의 젊은 나잇적엔 아이들에게 민족 감정을 불어넣어 주겠다고 정열에 넘쳐 노래말도 쓰고 동요도 짓던 내가 고작 스무 해 남짓한 세월에 이토록 약해졌는가 싶어서 자신이 미워지기까지 했다.

그러는 한편으로는 귀에 들어오는 모든 소식이 일본의 승리를 전하는 말뿐이요, 최남선이나 이광수와 같은 선배들도 입을 모아 일본에 협력하기를 권하고 있으니 나도 일본을 편들어서 영·미를 때려야 하는 것이 아닌가 하는 생각이 슬며시 움터 나오기도 하고, 세력 있는 협화회에 들어가서 명성을 떨쳐 보고 싶은 생각도 일어났다.

— 윤극영 외, 『털어놓고 하는 말』

이 글은 동요 작곡가이며 아동문학가인 윤극영(1903~1988)이 자신이 친일 행위를 하게 된 계기와 그로 인해서 겪은 이야기를 담담하게 서술한 것이다. 당시의 상황이나 겪은 바를 거짓 없이 객관적이고 사실적으로 적어 놓는다면 당시 일부 지식인에게 덮친 갈등의 정도를 어느 정도 이해할 수 있게 될 것이다. 다만 자신의 과오를 덮기 위해서 사실을 왜곡하거나 사실을 감추는 일이 있으면 그만큼 개인사 자료로서 가치는 떨어지게 된다.

(3) 개인사 함께 쓰기

개인사는 개인의 기록이므로 공동으로 집필할 수 없는 것은 당연하다. 다만 개인사를 모아서 하나의 주제를 드러낼 수는 있다. 이러한 방식을 구현하는 것이 개인사 공동 집필이다. 예를 들면 그 사회에 엄청난 영향을 끼친 사건이 생긴다면 그 사건을 겪은 수많은 사람들은 모두 각기 다른 시각에서 그 사건을 바라보고 이야기할 것이다. 가령 한국전쟁을 겪은 수많은 한국인이 있는데 한국전쟁이 한국인에게 끼친 영향을 구체적으로 말하게 된다면 누구의 경험을 토대로 말할 수 있을지 쉽지 않다. 물론 모든 경험을 추상화하여 말할 수 있지만 그것은 나와 조금 다른 경험이 될 것이다. 그래서 한국전쟁의 경험을 여러 사람이 적고 그것을 모으면 한국전쟁에 관한 경험을 공동집필하는 것이 된다. 마찬가지로 광주항쟁의 경험을 몇 사람이 공동으로 집필하면 그것도 개인사를 이용해서 한 사건이 사람들에게 미친 영향을 이해하는 데 유용한 글이 된다.

우리 사회에는 엄청난 사건과 사고가 끊임없이 일어났다. 일본의 침략에 따른 망국(1910년), 해방(1945년)과 한국전쟁(1950년), 4월 혁명(1960년)과 5·16 쿠데타(1961년) 그리고 유신 쿠데타(1972년), 신군부의 등장과 광주항쟁(1980년), 6·10 항쟁(1987년)과 민주적 정권교체(1997년) 같은 정치적 사건을 비롯해서, 삼풍백화점 붕괴(1995년 서울)나 대구 지하철 화재(2003년 대구), 씨랜드 청소년수련원의 화재(1999년 화성)로 인한 어린이 참사 사건, 태풍 매미(2003년) 피해 같은 자연재해, 씨프린스호 기름 유출 사건(1995년 여수 소리도 앞바다)과 삼성-허베이 스피리트호 기름 유출 사건(2007년 태안 앞바다) 같은 해양 오염 사건처럼 한 개인의 경험으로만 풀어낼 수 없는 일들이 매우 많다. 이런 사건에 관한 공동 집필 기록이 있다면 사회적으로 매우 유용한 글이 될 것이다.

주제가 다른 개인사를 하나로 모으는 방법도 있다. 이런 공동 집필은 각기 다른 사람이 각기 다른 주제로 집필한 개인사를 모으는 것이어서 지역별로 공동작업을 하게 되면 지역적 특성을 이해하는 데 도움이 될 것이다. 한 사람이 쓴 개인사를 하나의 책으로 발행하기에는 그 양이 적은 경우에 여러 사람의 개인사를 모아서 하나의 책으로 발행할 때에 유용한 방법이다.

우리 사회는 이념과 지역, 계층에 따라 그 어느 사회보다 더 심하게 분열되어 있다. 선거에서는 지역 분열이 심각하고, 경제 정책에서는 계층의 분열이 심각한데, 이 차이를 이념 분열이 확대하고 심화시키고 있다. 특히 최근에는 북한을 중심에 두고 친북 내지 종북 논쟁이 끊이지 않고 있다. 자국민을 노예 상태로 이용하면서 권력을 유지하는 가장 나쁜 권력 국가인 북한을 우리 정치의 중요한 변수로 악용하는 사람들은 대한민국의 암적 존재이다. 권력 획득과 유지를 위해서 동족의 아픈 현실을 이용하는 추태야말로 가장 불의한 행태인 것이다. 여기에 친일과 반일의 논쟁, 독재와 민주의 논쟁이 아직 우리 사회의 뜨거운 감자로 남아 있다. 중심에서 모든 주제를 통합할 수 있어야 할 대한민국이 오히려 갈가리 찢어져 있는 상태이므로 어지간한 논쟁은 기왕의 이념 갈등, 지역 갈등, 계층 갈등을 고착시키는 방향으로 진행되는 면이 있다. 여기서 지금 이 문제를 제기하는 경우에도 이 문제 제기를 특정한 방향으로 몰아가는 사람이 있을 수 있다. 그래서 함부로 문제를 제기하기조차 두렵기도 하다. 그러나 우리가 해야 할 일은 우리 공동체에 공통되는 담론을 만들어 꾸준히 의견을 나누는 마당을 만듦으로써 갈등을 치유하는 길로 나아가야 한다는 것이다. 무릇 지식인이라면 그런 내용의 글을 끊임없이 써서 사람들의 의견을 통합해 나아가야 한다. 이런 목표에 비교적 쉽게 접근할 수 있는 글쓰기가 기록하는 글쓰기가 아닐까 생각한다.

'동그라미 글쓰기 프로그램' 소개

1. 목적

'동그라미 글쓰기 프로그램'은 이 책이 지향하는 '주제가 있는 글쓰기'를 배워 실제로 그런 글을 쓰는 기회를 제공하는 것을 목적으로 삼는다.

2. 과정

① 틔움 과정(6주 과정): 주제가 있는 글쓰기의 요령을 배우고 실습하는 교육
② 키움 과정(평생 과정): 틔움 과정을 거친 사람들이 함께 주제가 있는 글쓰기
  를 실행하는 활동

3. 목표

① 틔움 과정: 글쓰기 능력 길러 주기

이 과정은 글쓰기 능력을 높이는 데 목적이 있다. 많은 사람이 글쓰기를 배우고 싶어 하면서도 글쓰기에 막연한 두려움을 갖고 있는 것이 현실이다. 틔움 과정은 학력, 경력, 능력에 관계없이 누구나 글쓰기를 편하게 시작할 수 있도록 돕는 것이 목표이다. 지금 글을 잘 쓰는지 못 쓰는지는 중요한 일이 아니다.

글을 잘 쓰려면 필요한 지식과 정보를 갖추어야 하는데 그런 정보는 글쓰기를 배우면서 갖출 수 있다. 물론 필요한 지식과 정보를 스스로 얻는 방법도 알려준다. 이 과정을 마치는 시점에서 참가자 누구나 최소한 두 편의 글을 완성하게 된다.

② 키움 과정: 글로 소통하기

이 과정의 중요한 목표는 누구나 자기 분야에서 멋진 글을 발표하고 더 나아가서 저술 활동을 할 수 있도록 돕는 일이다. 개인의 경험과 그 경험을 통해서 얻게 되는 지식과 판단력은 각 개인에게 독특한 경우가 대부분이다. 같은 경험을 하더라도 각자의 처지와 개성에 따라서 전혀 다른 반응과 생각을 하게된다. 그래서 많은 사람이 각자의 위치에서 자기의 글을 쓰고 사회적으로 소통한다는 것은 매우 중요하다. 사회의 지적 축적이 글쓰기를 통해서 광범위하게 이루어지고, 이렇게 축적된 지식이 사회적 합의를 이끌어내는 과정에 최대한 반영될 때 우리의 사회는 그만큼 진보할 수 있다.

키움 과정 참가자에게는 기록문 쓰는 기회를 많이 주려고 한다. 관심 분야에 대해서 사실 관계를 조사하고 기록하는 것이 그 자체로도 유용하지만 글쓰기 능력을 기르는 데도 도움을 주고, 그 기록을 이용하여 창작 글쓰기를 할 수도 있게 될 것이므로, 일차적으로 기록하는 연습을 많이 할 수 있게 하려한다. 함께 관심 있는 지역을 답사하거나 소중한 사람을 만나서 이야기를 듣는 기회도 마련할 것이다. 기록문이 어느 수준에 이르면 기록 문화 운동 차원에서 기록문 대회를 열어 우수한 기록문을 사회에 소개하는 기회를 만들 계획이다.

4. 프로그램 참가 대상

글쓰기를 실제로 하려는 사람이면 나이, 성별, 학력에 관계없이 누구나 개별로 또는 단체로 참가할 수 있다. 학생은 해당 학교가 이 프로그램을 도입하면 단체로 참가할 수 있으며, 일반인은 개별로 참가 신청을 하면 된다. 특정 지역에서 강의를 듣고 싶은 일반인은 단체를 구성하여 신청할 수 있다. 개인은 자기 계발을 위해서, 학부모는 자녀 교육을 위해서, 은퇴하였거나 은퇴를 준비하고 있는 나많이(어른)들은 제2의 삶을 시작하기 위해서 글쓰기 프로그램에 참여하기를 권한다.

5. 프로그램 진행 기간

① 틔움 과정: 6주 과정으로, 매주 1회 출석하여 강의를 받는다. 현재 서울시청 '동그라미방'에서 진행하고 있으므로 서울시 거주자는 지금 신청하면 정해진 기간에 강의를 들을 수 있다. 이 과정을 설치하여 지역민, 학생 등에게 봉사하고자 하는 시·군·구 또는 학교에서는 자체 계획을 세워 자기 지역이나 학교에 틔움 과정을 설치해 줄 것을 필자가 운영하고 있는 국어문화운동본부에 요청하면 된다.

② 키움 과정: 틔움 과정을 마친 사람을 대상으로 시속적인 글쓰기를 할 공동체를 구성하는 프로그램이다. 이 과정은 무기한이고, 월 1회 모임을 진행할 예정이며 필요한 경우에 개인별 맞춤 지도도 병행한다.

6. 프로그램 참가 방법

이 프로그램에 참가하고자 하는 개인과 단체 또는 학교는 국어문화운동본부 누리집(www.barunmal.com)에서 신청할 수 있다. 개인은 각 과정의 신청서를 작성하여 아래 '원고 보낼 주소'로 보내면 된다. 단체나 기관이 강좌 설치를 요청하게 되면 타당성 조사를 한 뒤에 설치 여부를 결정하는데, 현재는 서울시에서만 시행하고 있다.

■ 틔움 과정

때: 매주 수요일 오후 4시부터 6시까지

곳: 서울시청 시민청 동그라미방

■ 키움 과정(1)

때: 매월 마지막 수요일 오후 4시부터 6시까지

곳: 서울시청 시민청 동그라미방

■ 키움 과정(2)

때: 매월 마지막 토요일 오후 4시부터 6시까지

곳: 아카넷 쉼 카페(서울시 용산구 원효로)

알림: 연습문제 평가 요청

이 책의 연습문제에 따라서 글쓰기를 한 결과물을 평가 받고 싶은 사람은 아래 주소로 원고 파일을 보내면 된다. 원고 파일(HWP 파일)을 보낼 때에 이름, 성별, 나이, 전화 등 기본적인 사항을 적어야 한다. 개인별 평가 요청은 단위 글과 짜임글 각 1개로 제한한다. ■ 원고 보낼 주소: baro@barunmal.com

인용 문헌

단행본

강신주, 『김수영을 위하여』(천년의상상, 2013), 21쪽.

강원국, 『대통령의 글쓰기』(메디치, 2014), 53쪽.

고은, 「시와 제국」, 『나는 격류였다』(서울대학교출판문화원, 2011), 107쪽.

공지영, 『도가니』(창작과비평, 2009), 14쪽.

교과서 포럼, 『대안 교과서 한국 근·현대사』(기파랑, 2008), 98쪽.

기세춘, 「평등, 평화사상은 수메르의 전통이다」, 문익환 외, 『예수와 묵자』(바이
북스, 2009), 265쪽.

김구, 『백범일지』(학민사, 1997), 369쪽.

김미경, 『한국어의 힘』(소명출판, 2011), 96쪽, 227~219쪽.

김슬옹, 『28자로 이룬 문자 혁명 훈민정음』(아이세움, 2007), 222~225쪽.

김종완 엮음, 『한국 명수필』(여울문학, 2009), 8쪽.

김진석, 『더러운 철학』(개마고원, 2010), 293~294쪽.

김하수, 『문제로서의 언어2』(커뮤니케이션북스, 2008), 55쪽.

김훈, 『풍경과 상처』(문학동네, 2012), 139쪽.

노암 촘스키, 『지식인의 책무』(강주헌 옮김, 황소걸음, 2005), 16쪽.

도정일, 「에이브러햄 링컨의 게티스버그 연설」, 조화유 감수, 『세계를 감동시킨 영어
명연설』(월간조선사, 2001)

박영목, 「독서 능력과 독서 학습의 특성」, 《새국어생활》 (2012, 겨울호), 23~24쪽.

박창해, 박곽찬 엮음, 『꼭 읽어야 할 설명·논설·사설 109선』 (타임기획, 1999), 369쪽.

박형준, 「공감의 정치사회학과 한국 사회」, 김문조 외, 『한국인은 누구인가』 (21세기북스, 2013), 124쪽.

법정, 『맑고 향기롭게』 (조화로운삶, 2005), 195~196쪽.

서정인, 『개나리 울타리』 (양영, 2012), 211쪽.

송건호 외, 『해방 전후사의 인식』 (한길사, 1980), 127쪽.

스콧 버거슨, 『발칙한 한국학』 (주윤정·최세희 옮김, 이끌리오, 2002), 28쪽.

스테판 에셀, 『참여하라』 (임희근 옮김, 이루, 2012), 25쪽.

실뱅 테송, 『희망의 발견: 시베리아의 숲에서』 (임호경 옮김, 까치, 2013), 174쪽.

알랭 드 보통, 『여행의 기술』 (정영목 옮김, 청미래, 2012), 80쪽.

앤드류 달비, 『언어의 종말』 (오영나 옮김, 작가정신, 2008), 147~148쪽.

에드워드 사이드, 『지식인의 표상』 (최유준 옮김, 마티, 2012), 97쪽.

엘리자베스 키스 외, 『코리아』 (송영달 옮김, 책과함께, 2013) 77~78쪽.

우치다 다츠루, 『푸코, 바르트, 레비스트로스, 라캉 쉽게 읽기』 (이경덕 옮김, 갈라파고스, 2011), 53쪽.

윌리엄 앨런 닐슨 엮음, 『열린 인문학 강의』 (김영범 옮김, 유유, 2013), 78쪽.

유홍준, 『나의 문화유산 답사기2』 (창작과비평, 1994), 350쪽.

윤극영 외, 『털어놓고 하는 말』 (뿌리깊은나무, 1978), 112쪽.

이규호, 『말의 힘』 (좋은날, 2000), 7쪽.

이상권, 『삶이 있는 꽃 이야기』 (푸른나무, 1995.) 171쪽.

이상규, 『둥지 밖의 언어』 (생각의나무, 2008), 33~34쪽.

이어령, 『디지로그』 (생각의나무, 2006), 143~145쪽.

이종훈 엮음, 『세계를 바꾼 연설과 선언』 (서해문집, 2006), 317쪽.

이지선, 『일본의 전통 문화』 (제이앤씨, 2008), 298쪽.

이필렬, 최경희, 송성수, 『과학』(세종서적, 2004), 86쪽, 284~287쪽.

이희승, 「정의란 무엇인가」, 『딸깍발이 정신』(지성문화사, 1986), 245쪽.

장하준, 『나쁜 사마리아인들』(이순희 옮김, 부키, 2007), 99쪽, 307~308쪽.

재레드 다이아몬드, 『총, 균, 쇠』(김진준 옮김, 문학사상사, 2013), 315쪽, 334~335쪽.

정범준, 『제국의 후예들』(황소자리, 2006)

정재환, 『한글의 시대를 열다』(경인문화사, 2013).

조영래, 『전태일 평전』(아름다운 전태일, 2013), 268~269쪽.

최정규, 『이타적 인간의 출현』(뿌리와 이파리, 2010), 204~206쪽.

클레이본 카슨 엮음, 『나에게는 꿈이 있습니다』(이순희 옮김, 바다출판사, 2000), 289~291쪽.

패트릭 헨리, 「자유가 아니면 죽음을 달라」, 유동환 엮음, 『세상의 벽을 향해 던진 연설』(푸른나무, 2012), 225쪽.

피에르 바야르, 『읽지 않은 책에 대해 말하는 법』(김병욱 옮김, 여름언덕, 2013), 26쪽.

한성우, 『경계를 넘는 글쓰기』(도서출판 월인, 2010).

헨리 조지, 『사회문제의 경제학』(전강수 옮김, 돌베개, 2013), 26쪽.

혜민, 『멈추면 보이는 것들』(쌤앤파커스, 2012)

일간지
《경향신문》 사설 (2010. 9. 31.)

《경향신문》 정제혁 칼럼 (2014. 3. 21.)

《경향신문》 정희진 칼럼 (2013. 2. 14.)

《데일리안》 박효종 칼럼 (2010. 10. 30.)

《동아일보》 김순덕 칼럼 (2012. 12. 31.)

《세계일보》'남녀 싸우는 이유' (2013. 2. 5.)

《아시아경제》 보도기사 (2012. 5. 25.)

《연합뉴스》 연합시론 (2013. 8. 21.)

《조선일보》 보도기사 (2012. 6. 22.)

《조선일보》 보도기사 (2013. 9. 6.)

《조선일보》 보도기사 (2014. 4. 17.)

《조선일보》 사설 (2013. 7. 20.)

《조선일보》 전 철도대학 총장 최연혜 기고문 (2012. 1. 31.)

《조선일보》 태평로 칼럼 (2009. 11. 19.)

《중앙일보》 사설 (2013. 6. 12.)

《코레일뉴스》 한국철도공사 사장 최연혜 호소문 (2013. 12. 5.)

《한겨레신문》 조은미 칼럼 (2013. 7. 8.)

《한겨레신문》 사설 (2013. 7. 16.)

《한국일보》 서화숙 칼럼 (2012. 7. 6.)

기타

김재규 전 중앙정보부장의 보통군법회의 최후진술문 (1979. 12. 18.)

연세대학교 인문·사회과학회 목하회 작성 대자보, 「안녕들하십니까」

정부 조직 개편안 지연에 대한 대국민 담화문 (2013. 3. 4.)

지은이

:: 남영신

남영신은 언어에 바탕을 둔 사회 발전을 꿈꾸며 국어 문화 운동을 하고 있다. 1971년에 서울대학교 법과대학을 졸업한 뒤에, 토박이말을 정리한 『우리말분류사전』을 펴낸 것을 시작으로 『국어용례사전』, 『한+ 국어사전』, 『국어 천년의 성공과 실패』, 『나의 한국어 바로쓰기 노트』, 『4주간의 국어 여행』, 『한국어 용법 핸드북』을 통해 꿈을 지향하고 있다. 이제 이 책을 읽는 분들과 그 꿈을 공유하려고 한다.

글쓰기는 주제다
– 남영신의 주제 중심 글쓰기 수업

1판 1쇄 펴냄 | 2014년 5월 15일
1판 2쇄 펴냄 | 2023년 2월 24일

지은이 | 남영신
펴낸이 | 김정호
펴낸곳 | 아카넷

출판등록 2000년 1월 24일(제2-3009호)
100-802 서울시 중구 남대문로 5가 526 대우재단빌딩 16층
전화 | 6366-0510(편집) · 6366-0514(주문)
팩시밀리 | 6366-0515
책임편집 | 김일수
www.acanet.co.kr

Printed in Seoul, Korea.

ISBN 978-89-5733-361-7 03710

이 도서의 국립중앙도서관 출판시도서목록(CIP)은
서지정보유통지원시스템 홈페이지(http://seoji.nl.go.kr)와
국가자료공동목록시스템(http://www.nl.go.kr/kolisnet)에서 이용하실 수 있습니다.
(CIP제어번호: CIP2014012574)